Marie Luise Ritter

Von der Kunst, das Leben leicht zu nehmen

Marie Luise Ritter

Von der Kunst, das Leben leicht zu nehmen

Wie wir Herausforderungen gelassen begegnen

PIPER

Mehr über unsere Autorinnen, Autoren und Bücher:
www.piper.de

Von Marie Luise Ritter liegen im Piper Verlag vor:
Von der Kunst, das Leben leicht zu nehmen
Vom Glück, allein zu sein
Vom Nichts suchen und Alles finden
Tinder Stories

Disclaimer:
Zum Schutz der Privatsphäre wurden einige Details und Namen verändert. Die männliche und weibliche Form werden abwechselnd benutzt.
Noch ein kurzer Hinweis in eigener Sache: Dieses Buch und die Aufforderung, es leicht zu nehmen, widmen sich Geschichten und Herausforderungen aus dem ganz alltäglichen Leben, nicht schwerwiegenden Erkrankungen, Depressionen oder Ausnahmezuständen wie Verlust oder Trauer. Wenn euch etwas dergleichen beschäftigt, möchte ich euch hiermit dazu ermutigen, professionelle Hilfe zu suchen. *Mental health matters.*

ISBN 978-3-492-06535-1
11. Auflage 2026

Für einen direkten Kontakt und Fragen zum Produkt
wenden Sie sich bitte an: *info@piper.de*
Satz: Eberl & Koesel Studio, Kempten
Gesetzt aus der Adobe Garamond Pro
Litho: Lorenz & Zeller, Inning am Ammersee
Druck und Bindung: CPI books GmbH
Printed in the EU

Ich widme dieses Buch den schönen Dingen des Lebens.

Dingen, die glücklich machen: nach einem langen Winter das erste Mal wieder Sonne auf dem Gesicht zu spüren, bunten Häuserfassaden, blauem Himmel, ruhiger Langeweile, Zitronenkuchen, kleinen schnarchenden Hunden und Hundepfoten, die über den Boden tapsen, Popcorngeruch und frisch gemähtem Gras, sich selbst Blumen zu schenken, Maracujakerne im Mund zu knacken, kopfüber in klares Wasser einzutauchen, dem Zischen beim Öffnen einer eiskalten Coladose, zu spüren, geliebt zu werden, und euch.

Ganz besonders euch.

Inhalt

Einleitung

Straßenlaternen blinken unaufgeregt, ein frischer Wind weht vom Meer zu uns herüber. Er streicht über meine aufgeheizte Haut, legt sich auf ihr in leichter Gänsehaut ab. Es ist spät, vielleicht zehn, oder elf. Möwen kreisen in der Abendluft mit leisem Schnattern über unsere Köpfe. Mintgrüne Fensterläden lehnen sich hinter uns an beige Hauswände an. Aus der Bar flackert warmes Licht auf die Terrasse, das alles in eine orange Blase hüllt. Ihre warme Hand streicht zufällig beim Gestikulieren meinen Oberarm. Ich sehe nur aus dem Augenwinkel die anderen Gesichtszüge, Momentaufnahmen, die uns umgeben. Sie sind unscharf, außerhalb meines Fokus. Irgendetwas bringt mich zum Lachen, zu so einem, bei dem ich nicht mehr an mich halten kann. Es schüttelt mich einmal komplett durch, bis meine Bauchmuskeln wehtun und mein Gesicht glüht. Ein Schauer läuft über meinen Rücken.

Für den winzigen Bruchteil einer Sekunde springe ich aus der Situation heraus, als wäre ich eine der Möwen, die über uns kreisen, sehe meine Freundin und mich von oben, von weit weg, gehe in diese Perspektive, in der man Sachen begreifen und für sich einordnen kann. Weiß, wie glücklich mich dieser Moment macht, retrospektiv machen wird, gehe vom Erleben und Fühlen ins Einordnen und direkt wieder zurück, bin wieder bei ihr, bei diesem Abend, auf den wir schon so lange hingefiebert haben.

Wir sitzen an der Côte d'Azur, an der Promenade in einer der unzähligen Bars mit Blick aufs Meer. Ich arbeite gerade für zwei Monate von hier, sie ist zu Besuch bei mir, der Abend wird danach noch lang, und am Ende torkeln wir weißweingetränkt und Arm in Arm in mein temporäres Zuhause. Am Tag hatten wir ein altes dunkelgrünes Cabrio gemietet und waren durch die umliegenden Berge gefahren, haben am Paloma Plage gehalten und Saint-Jean-Cap-Ferrat zu Fuß umrundet. Mein gelbes Eis war in Villefranche-sur-Mer klatschend auf dem Bürgersteig gelandet, und eine Möwe hatte sich schnatternd mitten hineingestürzt. Neue Sommersprossen kitzeln auf unseren Nasenspitzen, die Gesichter aufgeheizt und warm. Mein Herz fühlt sich an, als würde es gleich überlaufen, weil es die Glücksgefühle nicht in sich behalten kann.

Wenn man gern und viel unterwegs ist, so wie ich es bin, wird gemeinsame Zeit mit Freundinnen noch wertvoller. Heute feiern wir unsere Freundschaft. Ich denke nicht daran, dass wir uns morgen schon wieder verabschieden müssen. Oder wie sehr ich sie vermissen werde. Ich bin nur in diesem Moment, und in dem ist alles leicht, fast schwerelos schön. So habe ich mich schon ewig nicht mehr gefühlt. Ich merke, wie sehr ich das Gefühl vermisst habe: gelassen zu sein, unbeschwert und unbekümmert. Als wären mir hundert Steine vom Herzen gefallen. Als würde ich ein paar Zentimeter über dem Boden schweben.

Auch noch als sie wieder weg ist, ist es dieses Gefühl, was bleibt: irgendwie ganz bei mir zu sein. Alles, was ich tue, fühlt sich richtig an, macht mir Spaß, geht mir leicht von der Hand. Ich stehe morgens gerne auf und genieße die einzelnen Tage. Wenn ich mich so fühle, innerlich gestärkt, bei mir und resilient, treffe ich bessere Entscheidungen. Kann Herausforderungen gelassener begegnen und habe das Gefühl, ich lebe mit meinem Leben im Einklang, lebe in meinem Rhythmus und nicht nur an ihm vorbei. Als würden sich die Dinge einfach so für mich ergeben. So … leicht. Dieses Gefühl, diese Leichtigkeit: Kam sie von selbst, oder wie habe ich sie mir erschaffen? Mit geschlossenen Augen wandere ich auf dem Balkon mit meinem Kopf der Sonne hinterher, die sich Zentimeter für Zentimeter über die rote Fassade des Hauses hinter mir arbeitet.

»Wie erschafft man sich Leichtigkeit?«, schreibe ich an den Rand des Buches, das ich gerade lese, und unterstreiche es zweimal dick. Ich weiß es nicht. Alles, was ich gerade weiß, ist, wie gut mir diese Leichtigkeit gefällt, die ich hier fühle, und dass ich sie nicht wieder gehen lassen will.

Für mich ist Leichtigkeit dieses Gefühl, aus Raum und Zeit auszusteigen und einfach nur zu sein. Mich schwerelos zu fühlen, aber gleichzeitig fest verankert, wie ein Baum, den selbst der stärkste Wind nicht umwerfen kann. Das Gefühl von kompletter innerer Ruhe und einem völlig anlassfreien Glücksgefühl, dieses Kribbeln im Nacken. Vielleicht ist Leichtigkeit, die Vergänglichkeit eines Augenblicks zu ignorieren und ihn so auszukosten, als würde er für immer anhalten.

Ist Leichtigkeit eine Entscheidung? Wie leicht sich etwas anfühlt? Oder ist es die Verdrängung von negativen Gefühlen und Erlebnissen? Kann man alles leicht nehmen? Können wir negative Gefühle fühlen und dann die Dinge trotzdem leicht nehmen? Was mich zu der Frage bringt: Ist gelassen mit einer Situation umzugehen eine aktive Entscheidung? Funktioniert unser Kopf so? Vielleicht. Vielleicht kann man Gelassenheit trainieren wie einen Muskel. Wäre es nicht wundervoll, selbst den größten Herausforderungen des Alltags mit einem Lächeln begegnen zu können? Ich lasse diese Gedanken durch meinen Kopf strömen, während meine rot lackierten Zehen über dem Frühlingstreiben der Stadt auf der Balkonbrüstung wackeln.

*

»Eigentlich will ich über Lebensfreude schreiben. Und innere Ruhe. Diese Art, völlig leicht und gelassen sein Leben anzugehen«, hatte ich bereits vor zwei Jahren mit meiner Lektorin geteilt. »So etwas will ich mal schreiben. Wie man sein schönstes Leben lebt. Also ich weiß, das hat in jedem Buch bisher, bei *Dating*, bei *Liebe*, beim *Alleinsein*, mitgeschwungen. Aber irgendwie so als einzelnes Thema, weißt du, was ich meine?«

Ich habe in meinen Büchern bislang vor allem aus meinem Dating- und Beziehungsleben und von meinen Reisen erzählt. Von Menschen, denen ich begegnet bin, und was sie in mir hinterlassen haben. Was dabei immer mitschwang: die Leichtigkeit am Sein und ein großer Hang zu sehr viel Lebensfreude.

»Du könntest doch als Nächstes über Leichtigkeit schreiben«, schlug sie mir dann im letzten Spätsommer vor.

»Jetzt?« Ich schnaubte und prustete los, das Telefon zwischen Schulter und Ohr geklemmt. Das war sicherlich das Letzte, was ich gerade fühlte.

»Ich weiß«, antwortete sie am anderen Ende der Leitung. »Aber vielleicht kannst du genau das zum Thema machen – seine Leichtigkeit wiederfinden, wenn man sie gerade nicht mehr hat? Und den Weg dahin wieder sucht? Wenn einem das Leben plötzlich so unerklärlich schwerfällt, wo es doch eigentlich recht unbeschwert sein könnte?« Sie wusste um meine private Situation, wusste, wie verloren ich mich gerade in Zeit und Raum fühlte.

*

Man kann sicherlich sehr viel gewinnen, wenn man den Dingen, die einem das Leben an Herausforderungen stellt, gelassen begegnet und sie einigermaßen leichtnimmt.

Wir sehen auf Social Media extreme Glücksmomente und in den Nachrichten extreme Krisen, aber selten den langweiligen, normalen Durchschnitt, als würden unsere Leben nur aus Extremen bestehen. Dabei ist das meiste, was wir erleben, der vermeintlich langweilige Alltag. Ich glaube, meine Bücher und besonders dieses sind ein Plädoyer für diese leichten Momente der Normalität, die ruhige, einfache Schönheit des normalen Lebens. Kleine Gespräche, unerwartete Begegnungen und eine Schönheit in den Details und Gesichtern zu finden, die einen täglich umgeben.

Ich glaube, das ist es, was wirklich zählt und worum es im Leben geht: Mit Menschen in Kontakt zu treten, voneinander zu lernen, sich miteinander zu verbinden. Storytelling und Geschichten zu erzählen ist für mich der wirksamste Weg, das zu tun. Also schreibe ich drauflos.

Das hier ist kein psychologischer Ratgeber (und falls du das bis hierhin dachtest, kannst du an dieser Stelle noch abbrechen und das Buch verschenken), ich mache in diesem Buch das, was ich am liebsten tue: Ich erzähle Geschichten. Von Erlebnissen, die ich hatte, und dem, was sie mit mir gemacht haben. Leicht, kurzweilig.

Die kurzen Geschichten und einzelnen Kapitel stehen alle für sich – du kannst sie chronologisch lesen oder zwischen den Kapiteln hin und her springen und dir im Inhaltsverzeichnis die Message raussuchen, die dir gerade zusagt. Es sind einzelne Werkzeuge, die ich mir über die letzten Jahre hinweg in einen imaginären Werkzeugkoffer gepackt habe (ich wünschte, mir würde eine bessere Metapher dafür einfallen, die beschwingt und nicht nach Handwerk klingt, aber wahrscheinlich ist es genau das). Wir sammeln die passenden Werkzeuge, die man braucht, um das Leben möglichst leicht zu nehmen, eins nach dem anderen auf. Vielleicht kannst du die Erzählungen wie ein Auftanken sehen. Kleine Häppchen der Leichtigkeit, kurze Geschichten, zum »Wegsnacken«.

Dabei werden Kapitel dabei sein, die nicht für alle ins eigene Leben übertragbar sind (mal lustig für ein paar Monate ins Ausland ziehen, weil man da mehr Leichtigkeit fühlt und mal am Meer leben will), und Kapitel, bei denen das leichter fällt (wie gelassen zu bleiben, wenn du mit einer Waschanlage kollidierst – wobei, ich hoffe, das passiert dir nicht). Ich erzähle sie trotzdem alle, weil ich glaube, dass man aus jeder Geschichte etwas mitnehmen kann. Dann eben im übertragenen Sinne. Wenn du nicht so sehr darauf achtest, was ich erzähle, sondern eher darauf, was es in dir auslöst. Und was du daraus für dich machen kannst, auf dein eigenes Leben, auf deine Erlebnisse angewendet. Als Pauspapier, als eigene Schablone.

Der Titel verspricht viel, dessen bin ich mir bewusst. Genauso weiß ich, dass nicht jeder das auf sich anwenden kann. Auch wenn das für euch nicht möglich ist: Ich hoffe, ihr findet euren Weg, und ich habe den größten Respekt davor, wie auch immer ihr ihn bewältigt und für euch geht. Die Freiheit, das zu tun, was einem im eigenen Leben als wichtig erscheint, ist definitiv ein unschätzbares Privileg.

*

Eine Woche später sitze ich neben Gustav an der Strandpromenade von Nizza. Der Ort ist nicht riesig groß, ich sehe die gleichen Menschen immer wieder. So wie ihn. Schon ein paarmal saßen wir nebeneinander auf den Stühlen, die hier die Promenade pflastern. Meine Freundin ist wieder weg, das Gefühl, das ich mit ihr hatte, ist geblieben.

Der Himmel hier ist hellblauer, als ich ihn den Winter über in Erinnerung hatte. Blaue Metallstühle sind überall in den Boden gearbeitet, auf denen in Reih und Glied zehn oder zwanzig Menschen nebeneinandersitzen können, um aufs Meer zu sehen. Manchmal, zum Beispiel zum Sonnenuntergang, sind alle Plätze besetzt. Heute ist kaum etwas los. Gustav habe ich vor ein paar Tagen hier kennengelernt, wir teilten anscheinend dasselbe Ritual: Egal, wie der Tag war, ihn dort am Strand zu beenden.

Ich erzähle ihm von diesem Manuskript. Er prustet oder schmunzelt, irgendwie eine Mischung aus beidem. Mein Französisch ist noch nicht vorhanden, aber gebrochenes Englisch, das kriegt er hin.

»Natürlich kann man alles im Leben leicht nehmen. Das Leben kann sich so anfühlen, wie du willst«, sagt er zu mir und winkt ab. Sein verhaltenes Lächeln, so, wie es eben nur alte Männer tun, die sich nichts weiter an Gefühlsregungen anmerken lassen wollen, schweift in die Ferne ab. Ich sonne mich ein wenig in der Ruhe, die er ausstrahlt. Wenn sich innere Ruhe breitmacht, wird alles möglich, und alles irgendwie ganz leicht, denke ich.

Kurzer Check-in: Wie leicht fühlst du dich jetzt gerade? Wie viel Stress ist gerade in dir? Achte mal auf deine Zunge, und ob sie gerade am Gaumen festklebt. Deine Zähne, ob sie aufeinanderbeißen. Ob du deine Augenbrauen irgendwie leicht zusammenziehst. Oder die Schultern hoch. Lass das alles mal aktiv los. Du brauchst die Schultern nicht hochzuziehen, du musst dich nicht darauf vorbereiten, irgendwo einzuschreiten. Und dann atme durch.

Wir können zwar nicht immer entscheiden, was uns im Leben passiert, aber vielleicht, wie wir damit umgehen. Wie wir den Aufgaben begegnen, die uns das Leben vor die Füße wirft. Etwas leicht zu nehmen ist wie eine Vereinbarung, die man erst einmal treffen muss: mit sich selbst. Ich nenne es »Mein schönstes Leben leben«.

Dieses Buch ist auf Mallorca und in Südfrankreich entstanden und ist eine Hommage ans leichte, beschwingte Leben, eine Liebeserklärung an den Augenblick.

Herzlich willkommen in meiner Welt.

1

Die Sehnsucht nach Leichtigkeit

Was uns beschwert

»Du tust ja so, als ob man immer die Wahl hätte, alles leicht zu nehmen«, schnaubt sie, ein wenig angefressen. Tessa zieht die Augenbrauen zusammen, und es entsteht eine tiefe Furche auf ihrer Stirn, die mir böse entgegenblickt.

»Hast du nicht?«, frage ich.

»Natürlich nicht? In welcher Welt lebst du?« Natürlich verstehe ich direkt, worauf sie hinauswill. Auf die großen, ungeplanten und vor allem ungewollten Ereignisse des Lebens: Verlust, Schicksalsschläge, Ausnahmezustände. Doch ich meinte die Grundeinstellung den eigenen Aufgaben gegenüber, im Alltag.

»Stell es dir doch mal vor«, beharre ich weiter auf meinem Standpunkt. Ich denke an den Alltag, in dem wir uns gerade befinden, das größere Ganze, und sehe meine Freundin eindringlich an. »Könntest du nicht auch Probleme leicht und beschwingt nehmen? Wenn dir irgendein Mist oder Malheur passiert? Statt dich den ganzen Tag darüber aufzuregen – eben darüber lachen?« Sie denkt nach, wirkt aber nicht gerade begeistert von dieser Idee.

»Wenn du dich mal rauszoomst und dir vorstellst, dass alles möglich ist. Also, ich meine *alles*. So ganz prinzipiell. Ist dann nicht auch jedes Gefühl zu jeder Zeit möglich? Das meine ich.« Wir schweigen und überlegen. Ich finde keine Antwort darauf.

Also klären wir mal die erste Frage: *Was ist Leichtigkeit überhaupt?*

Das Gefühl von Leichtigkeit, das ist für mich: auf der Landstraße an einem schönen Sommertag das Fenster runterzukurbeln, das Radio lauter zu drehen und aus voller Lunge mitzusingen. Mit einem Eis in der Hand durch die Kleinstadt zu marschieren, mit Freunden zusammen zu sein und aus tiefstem Herzen zu lachen, die Zeit zu vergessen, während ich mich richtig amüsiere und kein Gefühl dafür habe, wie schnell der Abend gerade vergeht. Aufs Meer zu sehen und meinen Blick in den Wellen zu verlieren, auf denen sich das Sonnenlicht glitzernd bricht. Nicht aufs Handy zu sehen, nicht darüber nachzudenken, wie die eigene Außenwirkung ist. Mich so richtig wohlzufühlen. Im Moment zu sein. Das Leben zu genießen. Zu wissen, dass mich gerade nichts aus der Ruhe bringen kann. Ein anlassfreies Glücksgefühl von Zufriedenheit.

Wenn ich das so beschreibe, habe ich sofort das Gefühl, dass mich diese Bilder überkommen, dass ich mich wirklich leichter fühle. Als hätte ich mich in diese Situationen hineintransportiert. All diese Momente haben gemeinsam: keine Termine und gute Gesellschaft, viel Zeit, ein entspannter Kopf, die Abwesenheit von Stress und vollkommen im Moment verankert zu sein. Wie schön wäre es, wenn ich alles in meinem Leben mit diesem Grundgefühl angehen könnte. Aber Leichtigkeit in schönen Momenten ist einfacher als in herausfordernden.

Für viele hat die Pandemie eine tiefe und unerschütterliche Sehnsucht nach Leichtigkeit entstehen lassen. Doch vieles hält uns davon ab, sie zu fühlen: Verantwortung, Probleme, Herausforderungen, ungeplante Situationen. Funktionieren, den Erwartungen anderer entsprechen. Ein übertrieben ausgeprägtes Pflichtgefühl oder ein stark perfektionistisches Ich. Das Gefühl, nicht gut genug zu sein. Das Gefühl, gerade nicht man selbst zu sein. Dieser innere Druck, was man noch alles tun muss. Etwas tun müssen – statt etwas tun wollen. Tausend To-dos, quengelnde Kinder, Liebeskummer. Das Gefühl, es niemandem Recht machen zu können, gefangen im Hamsterrad, immer nur hinterher zu sein, aber nie vor den Dingen. Manchmal ist das Leben eine einzige Aufgabe.

Jeder erlebt andere Herausforderungen, eingebettet in völlig unterschiedliche Leben. Es gibt Menschen, die fürsorgliche Eltern oder einen liebevollen Partner haben, die immer da sind. Andere, die ganz auf sich allein gestellt sind. Mit unterschiedlichen finanziellen Voraussetzungen stehen einem im Leben ganz verschiedene Möglichkeiten offen. Männer haben es grundsätzlich einfacher als Frauen, *White* und *Pretty Privilege* sind Realität. Jeder von uns startet an einer anderen Startlinie ins Leben, manche bei minus zweihundert. Chronische Krankheiten, finanzielle Belastungen, existenzielle Probleme, es gibt viele Gründe, das Leben *nicht leicht* nehmen zu können. Zu glauben, alle hätten die gleichen Möglichkeiten und Chancen, ist illusionär.

Als Gefühl ist eine gewisse Leichtigkeit auch nicht richtig greifbar. Wenn wir näher unter die Lupe nehmen wollen, was Leichtigkeit auslöst, müssen wir vielleicht erst einmal klären: Können wir ein leichteres Leben erlernen?

Zuallererst einmal sind wir das, was wir uns als Kinder über das Leben eingeprägt haben. Ein Teil eingekerbt in die Festplatte, teilweise im Laufe des Lebens durch unser Umfeld gelernt. Alles, was wir erleben, hinterlässt etwas in uns. Wir bewegen uns auf den immer gleichen Pfaden in unserem Gehirn, sehen die Welt so, wie wir sie eben schon immer sehen. Quasi alle Gedanken von heute haben wir gestern auch schon gedacht.

Hier kommt etwas Schönes namens Neuroplastizität ins Spiel, das ich kurz einwerfen möchte: Unser Gehirn ist erstaunlich anpassungsfähig. Ähnlich wie ein Muskel kann es sich verändern, je nachdem, wie es benutzt wird. Die Nervenbahnen in unserem Gehirn können wir immer wieder neu anpassen und ausbauen. Ich stelle mir da Trampelpfade im hohen Gras beim Wandern vor, die erst so richtig begehbar sind, wenn sie über längere Zeit eingetreten wurden. Manchmal dauert das eine Weile. Wir haben alles im Leben irgendwann zum ersten Mal gedacht.

Also muss es ja so sein: Das Leben leichter zu nehmen, also anders zu reagieren als bisher, kann man durchaus lernen. Wir entscheiden, wie wir etwas sehen, fühlen, wie wir die Dinge wahrnehmen. Meine Persönlichkeit kann ich nicht ändern, die bleibt. Aber wie ich mit Situationen umgehe, ob ich nervös reagiere oder ruhig bleibe, gelassener, ausgeglichener bin, das kann ich beeinflussen. Mit meinem Denken und Handeln kann ich arbeiten. Leichtigkeit und auch Glück sind vielleicht nicht nur Glückssache, sondern das Ergebnis deiner eigenen Entscheidungen, Gedanken und Handlungen. Die Positive Psychologie beschäftigt sich genau mit diesem Thema.

Es gibt viele Studien, die belegen, dass eine lebensbejahende Einstellung viele körperliche und gesundheitliche Vorteile mit sich bringt: Ein längeres Leben, weniger Herz-Kreislauf-Erkrankungen, positive Emotionen stehen mit einer erhöhten Aktivität des Immunsystems in Zusammenhang, einer höheren Schmerztoleranz oder mit besserem Schlaf.[1] Schlafstörungen zum Beispiel können einem immens die Leichtigkeit nehmen. Im Schlaf verarbeitet der Kopf Erlebtes und legt Erinnerungen an. Lohnt sich also doppelt, sich damit zu beschäftigen.

Für mich habe ich ein paar Grundpfeiler, die es mir überhaupt erst erlauben, das Leben leicht zu nehmen. Das sind vor allem auf den ersten Blick völlig banale Gewohnheiten: Ich esse gesund, gehe täglich an die frische Luft, räume jeden Abend kurz auf, stehe früh auf, bin möglichst wenig am Handy, treibe Sport. Denn eine intakte Gesundheit macht einem das Leben definitiv leichter.

Es gibt bei allem einen kurzfristigen und einen langfristigen Effekt. Es hilft, nicht nur auf kurze Sicht zu denken, sondern zu überlegen, was nachhaltig das Leben leichter machen könnte. Das stelle ich mir manchmal wie den Appetit auf einen Burger vor, der mich kurzfristig glücklich, aber langfristig nicht gesünder macht. Gibt es natürlich trotzdem ab und zu. Aber die Metapher passt: Ich kann besser kurz etwas Unangenehmes erledigen, das auf lange Sicht alles einfacher macht, als mich lange zu ärgern. Jetzt kurz Sport, dafür im Alter keine Rückenschmerzen. Bewegung hat dabei einen doppelt guten Effekt, denn sie schafft einerseits die Voraussetzung für eine langfristige körperliche Gesundheit und macht andererseits direkt im Moment etwas leichter. Durch solche Gewohnheiten, an die man sich wirklich routiniert hält, erschafft man sich die Möglichkeit, insgesamt zufriedener, gesünder, fitter, leistungsfähiger, ausgeglichener und am Ende glücklicher zu sein. Klingt alles nicht weiter kompliziert, richtig? Ist ja nicht so, als würde man Japanisch lernen müssen. Bis auf die Tatsache, dass das natürlich keine Kleinigkeiten sind, sondern tägliche Arbeit, die Zeit und manchmal auch Überwindung erfordert. Grundvoraussetzungen eben.

*

In Lissabon sitze ich, während ich das hier schreibe, in einem Café und werde von Licia angesprochen, weil sie *Vom Glück, allein zu sein* gelesen hat und sich zu mir setzt. »Ich fühle mich immer leicht, wenn ich in Bewegung komme. Also laufe, gehe. Ich bin den Jakobsweg gelaufen von Santander nach Santiago de Compostela und dann noch mal den Fischerweg in Portugal runter, direkt an der Küste entlang, mit Blick aufs Meer. Dabei wurde ich so richtig frei in meinem Kopf und klar. Diese Klarheit ist für mich Leichtigkeit«, erzählt sie mir. »Meine Füße haben gebrannt, irgendwann habe ich meine Wanderschuhe weggeschmissen und nur noch Turnschuhe getragen. Hat sich leichter angefühlt. Ich hatte so eine Sehnsucht danach. Und dort, auf diesem staubigen Weg, habe ich sie endlich wieder gefühlt.« Ich nicke. Kann ich sehr gut nachfühlen. Bewegung löst etwas, auch in mir.

Ich reibe mir zurück zu Hause in meinem Wohnzimmer meine Schläfen, diese kommende Abgabe meines nächsten Buches macht mir Druck. Meine guten Gewohnheiten habe ich in diesem Moment alle links liegen lassen, keine Zeit. Alles an meinem Körper fühlt sich zentnerschwer an. Wie ein schwerfälliges Nilpferd trotte ich zwischen Kühlschrank und Schreibtisch hin und her, meine Augenlider hängen mir so tief, dass ich die unordentliche Küche vor mir kaum scharf stellen kann. Ich brauche Schlaf. »Mach dir keinen Druck!«, lese ich online, als ich kurz von meinem Weg abkomme und mich erwische, wie ich nach Tipps zu Schreibblockaden suche. Ach so, danke, dann mache ich das jetzt einfach nicht mehr. Ging ja einfach.

Wir begegnen verschiedenem Druck in unserem Leben. Zwischen Abgabeterminen und Verpflichtungen ist er allgegenwärtig. Druck ist das Gegenteil von Leichtigkeit, alles, was schwer auf uns liegt, killt unsere Kreativität. Druck ist Schwere. Was liegt da manchmal so schwer auf den Schultern, dass wir nicht nur wie ich eine Schreibblockade haben, die lähmt, sondern vielleicht in einem viel größeren Rahmen uns blockiert fühlen, nicht mehr weiterwissen? Was blockiert uns und macht uns solche Schwere? Muss das gerade so sein? Mache ich mir diesen Druck nicht eigentlich nur selbst? Vertraue ich vielleicht nicht in meine Fähigkeiten? Und kann ich ihn mir einfach von meinen Schultern »runterschütteln«?

Ich denke an Licia in Lissabon und will es ihr gleichtun, ich muss in Bewegung kommen. Ich glaube, ich muss mal raus. Meinen Kopf erfrischen. Gehen. Laufen. Vielleicht ist diese Erkenntnis ein erstes Werkzeug, das ich in meinen Werkzeugkoffer packe, der mir helfen soll, wenn ich mal nicht mehr weiterweiß: Ich kann mein Empfinden beinflussen, ich entscheide selbst, wie leicht oder schwer ich etwas nehme. Ich kann mir den Druck selbst von den Schultern nehmen. »Dafür stehe ich nicht mehr zur Verfügung«, als Vereinbarung zu mir selbst. Kurz alles abschütteln. Gerade aufrichten. Auf meinen Schultern liegt jetzt nichts mehr.

2

Halt mal kurz an

Warum Pausen uns weiterbringen

Zwischen Weinbergen und Apfelfeldern stelle ich auf der kleinen Terrasse in den Bergen von Südtirol meinen Kaffee ab und schiebe mit der Fußspitze den Holzstuhl zurück, um mich auf ihn fallen zu lassen. Ich atme und sehe ein paar Minuten still vor mich hin, bevor ich meinen Laptop aufschlage. Es ist noch früh an diesem Morgen im Mai, das Haus hinter mir ganz still. Vor mir Grün und Blau, die sich abwechseln. Die Berge mit schneeweißen Spitzen erheben sich eindrucksvoll um mich herum. Ich schirme meine Augen vor der Sonne ab, um nicht geblendet zu werden. Als Gott Südtirol erschaffen hat, muss er einen wirklich besonders guten Tag gehabt haben.

Noch in der letzten Woche habe ich in einer Schreibblockade gesteckt, die mich unheimlich frustrierte. Ich wusste noch nicht einmal, was mich blockierte. Ich war wütend auf mich, wütend darauf, dass mir das, was mir sonst Spaß bereitet, gerade so schwerfiel. Mein Schädel brummte. Es fühlte sich an, als würde es einfach nicht weitergehen. Ich stand innerlich vor einer Mauer, die immer höher wurde. Konnte mich tagsüber nicht konzentrieren und nachts nicht schlafen. Wenn mich etwas sehr beschäftigt und ich es nicht lösen kann, zeigt sich das immer daran, dass ich mich nachts nur wild herumwälze und nicht in den tiefen Schlaf finde. Mit dröhnenden Kopfschmerzen stand ich jeden Tag auf. Nichts fühlte sich leicht an. Der Abgabetermin des Buches saß mir bedrohlich im Nacken. Wenn man Sachen muss, dann gehen sie nicht wie von selbst und mit Leichtigkeit von der Hand, wenn man sie darf, schon viel eher. *Oder?*

Aber ich musste das hier nicht, ich durfte. Was lähmte mich dann so? Mein Kopf war wie verknotet, unruhig, kein Gedanke, den ich fasste, kam mir schlüssig vor. Ich war so genervt, ich wurde richtig wütend auf mich selbst. Also habe ich meine Tasche gepackt und bin einer Einladung in die Berge gefolgt. Sie kam aus Südtirol und relativ unverhofft. Eine Runde von Journalistinnen sollte die Gegend rund um das Thema »Workation« vorgestellt bekommen, das passte mir aktuell ganz gut.

Die Pandemie hat neue Arbeitskonzepte erst nötig gemacht. Sie hat angestoßen, dass wir uns vernetzen, auch wenn wir uns nicht treffen können. »Müssen wir uns wirklich sehen? Können wir auch von woanders arbeiten? Und wo wäre ein guter Platz dafür, der meine Kreativität oder Konzentration gerade wirklich fördert?«, stand in der angehängten Pressemitteilung. Südtirol fand, das war Südtirol. Workation meint dabei, arbeiten mit runterkommen zu verbinden, mit der Kraft der Natur wieder aufzutanken und neue Inspiration zu finden. Also habe ich mir meine Arbeit geschnappt und bin raus in die Berge gefahren. Mit dem Zug erst nach München und dann mit dem Mietwagen über den Brenner bis nach Tisens.

In jeder Reihe zwischen den grünen Apfelreben sind Netze aufgestellt, die bald aufgespannt werden, um die Apfelernte vor möglichem Hagel zu schützen. Noch sind sie geschlossen und geben den Blick auf die Reben frei. Die Ernte beginnt erst im August und geht bis in den November hinein. Hier ist es so ruhig, dass ich kurz vergesse, worüber ich zuvor nachgedacht habe, und nur die Stille genieße. In der Großstadt sind meine Gedanken dauerhaft von einem leisen Smog aus Autos, aus Menschen, aus fremden Gedanken übertönt.

Bevor die Tagestouren losgehen, sitze ich für mein Buch übers Alleinsein an diesem Morgen an einem neuen Kapitel über die Sehnsucht nach Berührungen, über die Einsamkeit ohne, über den Moment, wenn man sich allein auf einer Reise zum ersten Mal selbst behaupten muss. Auf der Suche nach dem nächsten Satz, vielleicht dem nächsten Absatz, einer Überleitung, lasse ich den Blick über das Tal schweifen, das man von hier oben nur erahnen kann. Die umliegenden Berge und alles darunter sind in einen schattigen Dunst getaucht, als würde die Sonne sich nur kurz aus zurückgelassenen Nebelschwaden herausschälen. So weit oben wird man dafür mit klarer Luft und schönstem Morgenlicht belohnt. Ich bin gestern Abend in der Dämmerung die Serpentinen hochgefahren, zu dieser kleinen Unterkunft auf halbem Weg auf den Pass, die sich aufs Arbeiten und Abschalten in den Bergen spezialisiert hat.

Sarah, die Besitzerin der Unterkunft, die sich kurz mit einem Kaffee neben mich setzt, erzählt mir mit leiser Stimme von der Apfelernte, von Wanderstrecken in der Nähe, die wir in den nächsten Tagen abends ausprobieren könnten, und davon, wie sie nach ihrem Studium hierher zurückgekommen ist. Südtirol ist ihre Heimat. Sie hat die Unterkunft nach ihren Großeltern benannt, Franz und Mathilde. »Das ist so zeitlos«, erzählt sie mir. Ich nicke ergriffen und denke an meine eigenen Großeltern. »Schöne Namen«, höre ich mich sagen. Sie lächelt und verschwindet barfuß wieder hinein, um das Frühstück anzurichten. Mein Kopf döst ein wenig in der Sonne vor sich hin.

Am gleichen Nachmittag erkunden wir die Gärten Trauttmansdorff bei Meran und das Schloss, in dem Kaiserin Sissi einst Urlaub machte. Ich stehe in ihrem Schlafzimmer und blicke auf die Berge vor dem Fenster. Sie umgeben mich zu jeder Zeit. Meran ist in leichten Sprühregen getaucht, und während der Rest der Gruppe anschließend in die anliegende Therme geht, bleibe ich draußen sitzen und schlage unten am Bach mein Buch auf. Nur Sekunden später kommt die Sonne raus, und ich muss mich aus meiner Jacke schälen. Wir haben die ganze Woche über fünfundzwanzig Grad.

Südtirol hat über dreihundert Tage Sonne im Jahr, hier wandert man mit der Fast-Garantie auf fabelhaftes Wetter.

Wir nehmen uns jeden Tag ein paar Stunden Zeit, um etwas in der Gegend zu erleben: Verbringen eine Mittagspause bei einem veganen Kochkurs in einem Kräuterhof (so gesund und ausgewogen habe ich sicher ein Jahrzehnt nicht mehr gegessen), lernen bei einer Apfelführung etwas über den Anbau in der Region (mindestens jeder zehnte Apfel in Deutschland stammt aus Südtirol, weil hier das perfekte Klima für den Anbau herrscht), arbeiten einen Vormittag in einem anderen Workspace (einer alten Kaserne in Vinschgau), verkosten Wein bei Franz, dem selbst ernannten Vinosophen, der uns seine Lebensweisheiten mitgibt (»Wissenschaft existiert nur, um Halt im Leben zu haben«, »Es ist auch schön, wenn man etwas nicht hat«, »Das, was man im Leben erreichen muss, ist, sich selbst kennenzulernen. Sonst nichts.«) Mein Dokument bleibt weiterhin leer. Aber nachts schlafe ich tief und fest.

Als ich Mitte der Woche neben Sarah und den anderen auf der Laugenalm stehe und mir der Schweiß von der Stirn rinnt, merke ich, wie wenig fit ich gerade bin. Als ich es dennoch rauf auf den Gipfel und zum Laugensee schaffe, bin ich glücklich und stolz auf mich. Darauf, etwas geschafft zu haben. Es tut mir gut, gerade hier zu sein. Auf Berge zu klettern und sie dann wieder hinunterzurennen wird zu meiner neuen Lieblingsbeschäftigung an den lauen Abenden dieser Woche. Das Gefühl, wenn Adrenalin einen durchströmt, wenn man ganz oben steht, auf einem Gipfel auf die winzige Welt zu den eigenen Füßen blickt, und dann losrennt, einfach rennt, ist unbeschreiblich.

Die frische Luft und die Unternehmungen kurbeln in den darauffolgenden Tagen meine Gedanken an: Tatsächlich merke ich, dass ich in weniger Zeit mehr schaffe, wenn ich nur ein paar Stunden des Tages konzentriert am Laptop sitze, weil ich das Ziel habe, dass ich abends noch einmal rauswill, meine vier bis sieben Kilometer wandern.

Am letzten Morgen in Südtirol gehen wir mit Berta Waldbaden, sie bietet die Touren jeden Freitag hier in Tisens an. Ich war noch nie zuvor aktiv in einem Wald, um mich »aufzuladen«, und weiß nicht, was mich erwartet. Ganz langsam gehen wir in den Wald hinein, jede für sich. Am Ende des Weges wartet Berta auf uns. »*Im Wald zwei Wege boten sich mir dar/ich ging den, der weniger betreten war./ Dies veränderte mein Leben.* Das ist von Robert Lee Frost«, rezitiert sie, als wir alle bei ihr angekommen sind, und zeigt auf einen Pfad, der vom Hauptweg abgeht, direkt in das Dickicht hinein. Unter unseren Turnschuhen knacken die Äste, die Geräusche des Dorfes, wie die Kirchenglocken, werden immer mehr verschluckt, je tiefer wir in den Wald eintauchen. Auf einer kleinen Lichtung, die mit Moos bewachsen ist, halten wir an und setzen uns im Schneidersitz hin. »Halt mal kurz an«, sage ich leise, wie zu mir selbst, und mein Kopf schaltet in Stand-by. Ich streiche mit den Händen durch den grünen Flaum, der mich umgibt. Es ist warm und weich, fast flauschig.

»Das Sehr-schnell-Sein nimmt uns die Leichtigkeit und auch die Sanftheit«, erzählt Berta mit gedämpfter Stimme. »Wir gehen von A nach B und kennen Start und Ziel, aber kriegen den Moment dabei nicht mit. Unser Kopf ist so voller Sorgen, dass wir keinen Speicherplatz haben für die Schönheit des Weges. Wir hören gar nicht mehr richtig zu. Kriegen die Details nicht mit. Versucht in der kommenden Woche mal, den Weg zu genießen, jeden einzelnen Schritt. Alles aufzunehmen und mitzubekommen. Wie das Auto vor uns aussieht, wenn wir unterwegs sind, welche verschiedenen Farben der Wald hat, wonach es hier riecht. Versucht, all die Details zu bemerken.«

Ich schließe meine Augen und lasse mich, wie die anderen auch, von ihr durch eine geführte Meditation leiten. Irgendetwas daran, an der Stille des Waldes, an dem grünen Flaum unter meinen Händen, berührt mich so sehr, dass unaufhörlich Tränen meine warmen Wangen hinabtropfen. Ich lasse sie zu, all die Gefühle, die aufkommen. Alles kommen und ziehen lassen, sage ich mir. Danach fühle ich mich so befreit wie lange nicht mehr. Das Unterwegssein zu genießen, ohne zu wissen, wo man ankommt, ist gerade mein großes Thema. Und die Unsicherheit, die darin verborgen liegt.

»Der Wald hat mich aufgenommen und mir gespiegelt, wie es mir gerade geht. Ich bin am Anfang unfassbar müde geworden. Jetzt fühle ich mich frisch und aufgetankt«, erzählt Carla, als wir alle die Augen wieder öffnen. Waldbaden, auf Japanisch *shinrin-yoku*, beschreibt die meditative Erfahrung und die gesundheitliche Wirkung eines Aufenthaltes im Wald. Geräusche werden hier gedämpft, der Blutdruck sinkt. Damit haben sich insbesondere japanische Wissenschaftler beschäftigt und dabei positive Veränderungen des Immunsystems und eine erhöhte Aktivität von natürlichen Killerzellen im Blut nachgewiesen. Die positive Wirkung im Blut soll noch sieben bis dreißig Tage nach einem einstündigen Waldspaziergang anhalten.[2] Ich für mich kann spüren, wie das Herz in meiner Brust ruhiger schlägt und sich hinter meiner Stirn eine Anspannung löst. Ich hatte die Brauen vorher unmerklich zusammengezogen. Langsam atme ich ein und aus und blicke mich um. Das Licht, das durch die Äste bricht, und die Farben, die sich immer wieder verändern, faszinieren mich.

Nur fünf Minuten in einem Wald erzeugen schon eine positive Wirkung auf das Selbstbewusstsein und hellen unsere Stimmung auf. Eine andere Studie zeigt, dass ein Umzug in Parknähe unser Glückslevel in gleichem Maße steigert wie eine Heirat. Die Stärkung unserer seelischen Abwehrkräfte, unserer Resilienz, führen die Forschenden auf eine Wirkung auf den Parasympathikus zurück, unseren körpereigenen Ruhe-Nerv, der durch den Mix aus Sauerstoff, ätherischen Duftstoffen und Waldesruhe aktiv wird. Die Leichtigkeit, die die Nähe zur Natur uns mitgeben kann, ist wohl nicht zu unterschätzen.[3]

Es ist wahrlich kein Geheimnis, dass die Reizüberflutung der Stadt – Sirenen, Verkehrslärm, Menschenmengen – uns mental erschöpft und wir unsere ständig präsente Reizabwehr im Wald herunterfahren dürfen. Nun können wir nicht alle Försterinnen werden, aber ab und an ein kleiner Spaziergang darin ist wohl machbar. Hier mit Berta und den anderen in völliger Stille im Wald zu sein und nur das Vogelzwitschern zu hören zeigt mir, wie wichtig Pausen für meine mentale Gesundheit sind. Wie gut es tut, meine Perspektive zu verändern und meine Achtsamkeit zu trainieren. Vielleicht sollte ich zukünftig in Stressphasen mal einen Moment alle Arbeit weglegen und in einen Wald gehen, wandern, in die Natur. Durchatmen. Selbst wenn eigentlich keine Zeit dafür ist, dann erst recht. Und den nächsten Schritt ein bisschen kleiner machen. Nicht das ganze Manuskript sehen, sondern nur den nächsten Satz.

Während wir weitergehen, den Moosboden inzwischen barfuß berühren, sehe ich mich um und betrachte die Umgebung, die hohen Baumwipfel, durch die sich das Licht bricht, die verschiedenen Grüntöne, das Braun und Blau. Eine Stunde lang schweigen wir alle. Mein Kopf fühlt sich so klar an, dass mir die ganze Zeit Sätze einfallen. Ich muss mich bemühen, mein Handy in der Tasche zu lassen und nicht alles zu notieren, was gerade auf mich einprasselt, so, wie ich es sonst immer mache. Statt still zu stehen ist mein Kopf hier in der Verbindung mit der Natur voller neuer Ideen. Ich versuche, sie ziehen zu lassen, sie werden schon wieder kommen, wenn ich sie brauche. Hier im Wald fühle ich mich federleicht, auch weil ich der ständigen Produktivität nicht nachgebe.

Als wir am Ende des Waldes ankommen, sehe ich wieder das Panorama der Berge vor mir. Diese Woche löst etwas in mir. Die Schreibblockade der letzten zwei Wochen, ein paar Gedanken, die sich festgesetzt hatten, jede Menge aufgestaute Emotionen. Hoch oben in den Bergen gebe ich mir die Möglichkeit, wirklich einmal loszulassen. Und neue Gedanken zu sammeln. Am Abend setze ich mich raus auf die Terrasse und schreibe in Windeseile alles runter, was mir am Tag für das fehlende Kapitel meines Buches eingefallen ist, während die Sonne gerade untergeht. Die Kraft und die Ruhe der Natur inspirieren anders als das bunte Treiben der Großstadt.

Irgendetwas am Rauskommen, an der Abwechslung aus Schreiben und frischer Luft, aus so viel Grün und Blau, südlicher Gelassenheit, aus Wanderungen und diesem Blick, aus Roadtrips und Weitsicht und Verbindung zur Natur gibt mir Kraft. Ich fühle mich, als würde ich ein paar Schritte neben mich treten und mich selbst von dort beobachten. Und so auch meinen Kopf entknoten, wie ein Wollknäuel, dessen Fäden ich jetzt in saubere Bahnen lege. Ich lasse den ganzen Druck in diesem Wald zurück.

Statt meine Füße in ein Meer zu stecken einen Urlaub zu verbringen, in dem man die Weitsicht genießt, ist für mich etwas Neues. Ganz oben zu stehen und hinunterzublicken – nicht nur auf Täler und Häuser und Abhänge, auf Wolken und kleine Wege, die sich hochwinden, sondern vielleicht auch auf den Weg, den ich bisher gegangen bin. Nicht nur hier direkt vor Ort.

Ich kann nur für das Schreiben sprechen, aber Worte fließen besser aus einem heraus, wenn man es leichtnimmt, mit größtmöglicher Freude angeht und immer mal wieder eine Pause einlegt und den Kopf frei bekommt. Wahrscheinlich gilt das für jede Aufgabe. Wandern zu gehen wird nach der Südtirol-Reise zu einer festen Routine für mich.

Ich gehe auch mental noch oft in diesen Wald zurück. Fühle, wie alles wieder leichter wird, und baue ihn mir als mein inneres Bild, wenn ich eines brauche, das Ruhe und Erdung ausstrahlt. Es ist das zweite Werkzeug, das ich in meinen Werkzeugkoffer packe: die Perspektive zu verändern. Mich mit der Natur verbinden. Durchatmen. Achtsam Pause machen. Oder kurz: Ab in den nächsten Wald. Dann sieht die Welt direkt viel leichter aus.

3

Irgendwann ist jetzt

Über Träume, Vorfreude und Mut

Ein Landhaus umbauen, ein Schreibtisch mit Blick raus ins Grüne. Irgendwann am Meer wohnen. Die Welt mit einem Rucksack bereisen. Ein Jahr in Paris leben. Mit fremden Menschen und zu teuren Drinks anstoßen, auf das Leben. In Gedanken fühlt sich das alles so leicht an, und bunt. Ich liege auf meinem Bett und starre auf die reglosen Punkte der weißen Raufasertapete über mir. Ohne Brille kann ich ihre Existenz kaum ausmachen. Also schließe ich die Augen und tauche in meine allabendliche Welt ein. Jeden Abend vor dem Einschlafen male ich mir meine Zukunftsträume aus. Weil sich dann alles so schwerelos und schön anfühlt. Die Szenarios laufen in meinem Kopf ab wie ein Film, den ich anschalten kann. Und sie machen mir Lust auf alles, was noch kommen könnte.

Wisst ihr, welchen Gedanken ich liebe? Den, dass wir noch gar nicht alle Orte und Menschen kennengelernt haben, die wir in unserem Leben lieben werden. Diese immense Vorfreude darauf. Und vor allem auch: dass wir noch nicht alle Teile von uns selbst kennengelernt haben. Dass da noch so viele Sonnenuntergänge, Aussichten und Fotos, feste Umarmungen und geschenkte Lächeln, Feiern, Ereignisse, Charakterzüge und Eigenheiten kommen werden, von denen wir jetzt noch keine Ahnung haben. Kurz: Wie viel da noch ist, was noch kommt, was wir noch gar nicht greifen können. Manchmal unterschätzen wir, welche immense Leichtigkeit Vorfreude mit sich bringt. Einfach rumzuspinnen. Zu träumen. Sich auf etwas zu freuen. Ich liebe es.

»Irgendwann wohne ich noch mal ein paar Monate irgendwo im Ausland am Meer«, sagte ich immer mal wieder zu immer unterschiedlichen Menschen, denen ich in jenen Momenten gegenübersaß. Wir teilten Brot oder Sushi, Fünfjahrespläne oder Reisetipps, unsere tiefen Träume oder alberne Ideen, die uns in den Sinn gekommen waren. Am Meer leben war von all meinen Träumen definitiv der größte. Ich hatte diese Idee vom temporären Auswandern. Etwas von der Welt sehen, aber mit meinem Hund zusammen, nicht reisen, sondern an einem Ort bleiben.

»Irgendwann lebe ich mal am Meer« ist ein Satz, den man so dahersagt, eine vage Idee, die bestimmt viele schon hatten. Mein Leben hier ist schön, aber mal die Arbeit einpacken und sie von einem Strandort im Süden Portugals aus erledigen? Nur für einen Monat vielleicht? Einen regnerischen Herbst in London verbringen? Einen Sommer in Südfrankreich, sich ein kleines Apartment mieten, in süßen Cafés sitzen und am ersten eigenen Roman schreiben, nette Menschen kennenlernen, abends alleine kochen. Das war etwas, was ich als »Traum« abgespeichert hatte. Jeder hat seinen eigenen.

Es sind so Dinge, die man sagt, aber nicht anpackt, die man träumt, aber nie konkretisiert. *Irgendwann* … werde ich mir eine Auszeit nehmen, mir einen neuen Job suchen, einen Bootsführerschein machen, werde ich ein Buch schreiben, eine Woche allein reisen gehen, werde ich mich aus meiner unglücklichen Partnerschaft befreien und ausziehen, werde ich ein Landgut renovieren, eine weitere Ausbildung anfangen, eine Familie gründen, mich selbstständig machen, im Camper auf Europatour gehen oder einen Hund aus Griechenland adoptieren. Andere träumen vom Hausbau, von einem eigenen Unternehmen, ich davon, eine neue Sprache zu erlernen. Die Herausforderung an all dem: solche Träume auch wirklich umzusetzen. Ich schob den Satz »Irgendwann lebe ich mal am Meer« ein ganzes Jahrzehnt wie ein Schutzschild vor mir her. Denn wo fängt man da überhaupt an? Meist ist die Umsetzung eines Traums mit nichts mehr als Arbeit, Abschied oder Veränderung verbunden. Die Idee davon dagegen ist schön und warm, einfach nur davon zu erzählen und in romantischen Vorstellungen zu schwelgen. Manchmal ist allein das schon genug. Oder vielleicht sogar noch besser? Oder nur bequemer? Der Gedanke daran, dass man etwas tun könnte. Wenn man wollte. Aber nicht muss. Eine Leichtigkeit, was noch alles möglich wäre. Aber ohne die Herausforderungen, die es mit sich bringt.

Manche Träume schieben wir vor uns her, in ein unkonkretes Irgendwann, das wie ein weiches, warmes Kissen in der Zukunft thront, wo es Leichtigkeit und Vorfreude bringt, sich einfach gut anfühlt, weil es da ist, irgendwann da sein könnte, aber auch keine Schwierigkeiten bereithält. Wenn wir nur träumen, können wir die Schattenseiten, die es immer auch gibt, ausblenden. So machte ich das abends vor dem Einschlafen mit meinem »Irgendwann wohne ich einmal ein paar Monate irgendwo im Ausland am Meer«.

Vielleicht ist es sogar so, dass es immer unwahrscheinlicher wird, dass wir uns einen Traum erfüllen, je länger wir ihn träumen. Je länger wir darüber reden, desto mehr wird die Idee vielleicht für immer nur eine Erzählung bleiben. Eine schöne Erzählung. Und manchmal ist das vollkommen genug und genau richtig so. Nicht jeder Traum ist in der Realität genauso schön wie in der eigenen Vorstellung, und oft mögen wir nur die Idee von etwas. Von dem, was sein könnte. Ich mochte dieses »Irgendwann …«. Aber ich hatte auch Lust auf die Realität. Auf die Herausforderungen.

Ich war vor einer Weile dreißig Jahre alt geworden und hatte das Privileg, dass ich von überall arbeiten konnte und nicht an einen Ort gebunden war. Also entschied ich mich, meinen Traum in die Tat umzusetzen. Es löste Bauchkribbeln in mir aus, immer wenn ich daran dachte, gab mir Schwung und Leichtigkeit. Mich selbst auf ein Abenteuer einladen, das Leben etwas bunter machen, groß denken, den Traum in die Tat umsetzen.

Ich hatte mich und meine Selbstständigkeit und den kleinen Hund, der seit sieben Jahren betont langsam und gelangweilt hinter mir hertrottete. Ich war so frei, meist allein, einsam selten, aber manchmal auch das. Ich hatte einen schönen Sommer gehabt, ich hatte die Tage genossen, aber fühlte mich seit der Pandemie auch, als würde ich auf der Stelle treten. Keine Situation ändert sich, wenn ich sie nicht ändere. Deswegen beschloss ich – oder vielleicht beschloss ich es nicht einmal, es war mir einfach mit einem Mal vollkommen klar, dass ich das jetzt tun würde – irgendwann, das war genau jetzt. Ich hatte erst die Idee von einem Ort (Barcelona), dann die Intuition für einen anderen (Palma). In meinem Kalender markierte ich den Herbst, damit ich meine Masterkurse noch abschließen konnte und der Hund nicht in der Hitze zerlief. Spontan, aber doch mit Verstand. Und sobald der September vor der Tür stand, schrieb ich eine Liste und regelte alles in Windeseile. Als der Sommer zu Ende ging und es September wurde, wusste ich einfach, das jetzt der richtige Zeitpunkt gekommen war. Wegzuziehen, allein.

*

»Was, wenn du scheiterst? Keinen Anschluss findest? Wenn irgendetwas schiefgeht, und dann bist du in einem fremden Land ganz allein?«, fragte meine Freundin mich. Lotta überlegte auch schon lange, Berlin für eine Weile oder für immer zu verlassen, vielleicht sogar ins Ausland, aber die Furcht vor dem Unbekannten hielt sie in dem, was ihr vertraut war.

»Na ja, dann komme ich eben wieder zurück.« Vielleicht tat eine gewisse Naivität der Sache ganz gut – sie bewirkte nicht nur, dass ich überhaupt erst einmal davon träumte, sondern auch, mich nicht selbst davon abzuhalten, meinen Traum in die Tat umzusetzen. Einfach mal etwas ausprobieren, weil man die meisten Entscheidungen auch wieder rückgängig machen kann. Mich nicht darauf konzentrieren, was schiefgehen kann, sondern was sich ergeben könnte.

Meiner Erfahrung nach gehen große Aufgaben, wenn man sie denn erst einmal anpackt und in viele kleine Schritte zerteilt, oft leichter von der Hand als erwartet. Ich fahre eine Fuhre zum Recyclinghof, dann noch eine zweite. Praktischerweise habe ich mir mit irgendeinem meiner letzten Einkäufe Lebensmittelmotten geholt, es muss eh alles aus meiner Küche entsorgt werden. In den restlichen Räumen sortiere ich seit einer Woche hin und her und schichte einzelne Stapel in der Mitte der Zimmer auf. 1: Was muss mit? 2: Was kann weg? 3: Was soll hierbleiben und irgendwo gelagert werden? Ich gehe akribisch vor, bis ich keine Lust mehr habe und den letzten Kram einfach in zwei oder drei großen blauen Säcken ins Auto werfe.

Ins Gepäck kommen meine Kleiderstange und die Siebträgermaschine, ein großer Vorrat aus analogen Kodak-Gold-Filmen, Pennys veganes Hundefutter, meine Steuerunterlagen für dieses und letztes Jahr, der kleine Handstaubsauger, die Kingsize-Bettdecke, die neuen Laufschuhe und die Bücher von meinem Fensterbrett, die sich ungelesen über den Sommer immer höher stapelten.

Weg kommen der alte Teppich, der schon Fäden zieht, das Regal in der Küche, das auch von den Lebensmittelmotten befallen sein könnte, die ganzen Kartons und Kassenzettel und dieser ganze Kram und Klüngel, alles, was ich aufbewahre, weil ich es ja doch noch einmal gebrauchen könnte, und die Klamotten, die ich nicht mehr anziehe, aber die noch so gut und intakt sind, dass ich sie spenden werde.

Hier bleiben meine Fotokisten und Fotoalben von den letzten Jahren, meine Masterunterlagen, die Geschenke und Karten zu meinem runden Geburtstag letztes Jahr und andere Erinnerungen von Freunden, die richtig dicken Wintersachen und Pullover, die ich nur bei Minusgraden rauskrame und sicher nicht brauchen werde (ein Fehler, wie sich später herausstellt). Ich verstaue die

Sachen sorgfältig und schaffe sie in fünf Kisten zu meinem Bruder in den Keller.

Dann geht alles ganz schnell: Innerhalb einer Woche habe ich für vier Monate eine Wohnung auf Mallorca gefunden, direkt in Palma, mit Balkon und offener Küche, klein, aber für mich perfekt. Ich habe sie per Videocall besichtigt, den Vertrag unterschrieben, die Route recherchiert und ein Ticket für die Fähre für Auto, Hund und mich ab Barcelona gebucht. Ich rufe meine Krankenversicherung an und gehe meine Unterlagen fürs Ausland durch, lege ein paar Termine um, erzähle meinen Freundinnen davon.

Wir gehen noch einmal essen, aber das Treffen ist kurz, und es hängt etwas in der Luft, das ich nicht definieren kann. Nicht Schwere, nicht Aufbruchsstimmung, sondern eher unangenehme Bedrückung, etwa als wären wir alle gerade lieber woanders. Die letzten Minuten vor einem Abschied sind das, was man manchmal am liebsten überspringen würde, es sind taube Minuten, die einfach still ablaufen. Die letzten Vorbereitungen zum Sonntagmorgen ziehen sich ebenso, ich vergesse die Hälfte, laufe ziellos durch die leer geräumte Wohnung, fühle mich ein bisschen betäubt, als würden Gefühle sich in mir aufstauen, die jetzt noch keinen Platz haben dürfen, Konzentration, dafür ist wann anders Zeit.

Neugier und Anspannung, mein Herz, das mir bis zum Hals schlägt. Es sind diese letzten Minuten, man kennt sie, die, die nervig sind, in denen man sich konzentrieren muss, bevor die Reise losgeht. Ich gehe noch einmal durch jeden Raum, als müsste ich mir alles extragut einprägen, schließe die Tür und drehe den Schlüssel rum, schließe wieder auf, doch ich habe alles, zu, atme durch, alles dabei, okay los, steige ins Auto, sehe in den Rückspiegel, tschüss, mach's gut, ich weiß nicht, ob ich wiederkomme. Tränennasses Gesicht, unbändige Vorfreude.

Mich packt diese Lust auf alles Unbekannte. Ich wische die Tränen weg, als ich aus meiner Parklücke ausparke und noch einen Blick in den Rückspiegel werfe, bevor ich losfahre. Lache und weine, bin auf eine selige Art glücklich und traurig zugleich.

Die Reise zieht sich, sie ist länger, als ich in Erinnerung hatte. Allein sieben Stunden brauche ich bis Nürnberg, erst kurz vor Mitternacht passiere ich hinter Freiburg die Grenze nach Frankreich. Ich springe an der Raststätte raus, um mir die Beine zu vertreten, versuche in dieser Nacht für zwei, drei Stunden im vollgepackten Auto zu schlafen, aber die Raststätten sind so gut besucht wie Bienenstöcke, und ich werde immer wieder von aufblendendem Licht geweckt. Also fahre ich in den frühen Morgenstunden weiter, noch eine Weile wird es dunkel sein, ein, zwei, drei Kaffee werden es schon richten. Ich kenne viele, die am liebsten auch den ganzen Reisepart überspringen würden, sich einfach von zu Hause – zack – in den Urlaub beamen, aber ich liebe jede einzelne Sekunde an diesem Unterwegssein durch die französische Nacht.

Kostenlose Raststättentoiletten, wie schön ist Lyon, die Sonne scheint mir ins Gesicht, ich singe mit, so laut und so schief ich kann, bis mein Gesicht wehtut vom Lachen und Singen und Grinsen und eigentlich von allem gleichzeitig. Auf der Suche nach einem Haustiergeschäft irgendwo auf dem Land (ich brauche eine Hundebox für die Fähre, natürlich vergessen) fahre ich über von großen Bäumen gesäumte Landstraßen, die Lichtspiele auf die Straße zaubern, und mir laufen die Tränen, wie ständig auf dieser Reise, ich lasse sie los und fahre weiter, irgendwann direkt am Mittelmeer entlang, halte ständig an, halte die Reise auf Fotos fest, und ich trödele so sehr herum und genieße diesen Tag, dass ich abends fast die Fähre vom spanischen Festland verpasse.

Da sind so viele unterschiedliche Gefühle auf einmal in mir. Ich bin voll im Moment und erlebe alles wie durch eine Lupe, durch die sich die Sonne einbrennt. Es fühlt sich heilsam an, mich selbst aus meiner Komfortzone zu schubsen. Ich erfülle mir einen Traum, und zwar ganz allein.

Ab diesem Moment ist alles in die verheißungsvolle Dämmerung getaucht, mit der Barcelona mich empfängt und in der ich mehr zufällig als geplant im Hafen vor der richtigen Fähre lande und meine neue Heimat PALMA auf einem weißen A4-Zettel ans

Auto gepappt bekomme. In diesem Moment weiß ich noch nichts, außer: Das hier, das will ich immer und immer wieder so machen. Mich rausholen. Neues sehen. Länder bereisen. Spontan sein. Mir etwas zutrauen. Irgendwo hingehen, wo ich niemanden kenne. Ich glaube, dass wir, egal wohin wir gehen, uns noch einmal völlig neu kennenlernen. Und damit will ich niemals aufhören.

Palmen begrüßen mich in der Dunkelheit, als ich an einem Dienstagmorgen im Schritttempo von der Fähre runter in den Hafen fahre und mein neues Viertel ansteuere. Wie ein neugieriges Kind laufe ich später am Tag durch die Straßen und kann nicht genug bekommen von diesem Leben, das ich noch nicht kenne. Das kleine Apartment ist im vierten Stock gelegen. Behutsam schließe ich zum ersten Mal die fremde Tür auf, erspähe den kleinen Balkon und den Ausblick auf den Sonnenaufgang, schalte spanische Musik an. Ich werde jetzt für die nächsten Monate hier wohnen. In diesem mir unbekannten Leben, nur einen kleinen Fußweg vom Meer entfernt. Irgendwann? Jetzt. Ich schwebe wie auf Wolken. Ich habe mich getraut. Aber in diesem Moment ist der Traum ja nicht zu Ende. In diesem fängt er eigentlich erst an.

Nicht die Umsetzung war die größte Herausforderung, sondern eher das, was danach kommen sollte. Wenn wir mutig sind und Träume nicht in der Vorstellung belassen, verlassen wir damit unsere Komfortzone und stellen uns zwangsläufig neuen, unbekannten Problemen. Vielleicht ist die Herausforderung also, mit den eigenen Träumen richtig umzugehen. Einerseits, manche Träume zu verwirklichen und sich nicht beirren zu lassen. Auch nicht von dem, was andere einem erzählen. Andererseits, es leicht zu nehmen, dass noch Dinge im eigenen Leben unerfüllt sind und vielleicht für immer bleiben werden. Frieden damit zu schließen, dass wir nur eine begrenzte Zahl Erlebnisse in unserem Leben wirklich erleben werden. Manche Träume dürfen Träume bleiben. Auch die Vorfreude allein kann uns Antrieb und Schwung verschaffen.

Während ich das schreibe, die Sonne scheint gerade durchs Fenster und auf den Strauß Tulpen vor mir, sehe ich mich in diesem Apartment um und realisiere außerdem: Viele Träume verwirklichen wir uns bereits, ohne es zu merken. Vieles von dem, was wir heute haben, war mal nur ein Traum, und kommt uns jetzt ganz selbstverständlich vor. Ich habe mal davon geträumt, selbstständig zu sein, einen kleinen Hund zu adoptieren und vom Schreiben leben zu können. Jetzt ist das mein Alltag. Mir das bewusst machen, genauso abends, vor dem Einschlafen, mit dem Blick auf die Knubbel an der Raufasertapete – auch das macht leicht. Nicht nur daran zu denken, was sein könnte. Sondern auch an alles, was man bereits hat.

4

Dann ist das eben so

Was die spanische Mentalität uns über Gelassenheit lehrt

Ich drehe den Wasserhahn im Bad auf. Nichts. Testweise versuche ich es in der Dusche und dann noch an der Klospülung. Alles bleibt still. Meine Zahnbürste halte ich immer noch leicht irritiert unter den Hahn am Waschbecken, aus dem nichts rauskommt. Ich versuche es in der Küche. Ein sehr unbefriedigendes Gefühl, einen Wasserhahn zu öffnen, aus dem kein Wasser sprudelt. Ich kippe den silbernen Griff irritiert vor und zurück, vor und zurück. Mein Wasser scheint abgestellt zu sein, dämmert es mir erschreckend langsam, als auch in der Küche nichts funktioniert.

Es ist der schönste Herbst, den ich seit langer Zeit verbracht habe. Wöchentlich fahre ich neue Buchten ab, springe in glitzerndes Wasser, küre meinen Balkon zum schönsten Ort der Welt, kaufe mir morgens *Coca de Trampó*, kleine, mit Tomate, Paprika und Zwiebeln belegte Hefeteigscheiben, und jogge an den Yachten im Hafen vorbei. Meine Wohnung ist nur ein paar Straßen von Santa Catalina entfernt, wo sich abends das Leben in den Bars tummelt. Ich fange einen Spanischkurs an und werde im Café von einer Gruppe eingeladen, mich dazuzusetzen. So lerne ich schon in den ersten Wochen wirklich tolle Menschen kennen, völlig zufällig. Als würden sich die Dinge hier für mich ergeben. Ich melde mich wie immer direkt in einem riesigen Fitnessstudio an, um in eine Routine zu kommen, und gerate fast täglich in Missverständnisse, wenn ich versuche, mich auf Spanisch zu unterhalten. Einmal gehe ich mit pinken statt weißen Nägeln aus dem Nagelstudio, aber abgesehen davon sind die Tage voller Neugier und neuen Entdeckungen. Wie dieser.

Heute stehe ich irritiert dort, ungeduscht zum Montagmorgen in meiner Wohnung, putze mir die Zähne mit Wasser aus der Flasche, verkneife es mir, die Toilette zu benutzen, und schnappe meine Sporttasche lustlos vom Haken im Flur. Ich vertage es auf später, das Problem zu lösen, und dusche im Fitnessstudio. Als ich am späten Vormittag zurückkomme, geht das Wasser allerdings immer noch nicht. Genauso wenig am Nachmittag oder am frühen Abend. Zögernd rufe ich bei meinem Vermieter an, der mich auf die Wasserwerke verweist. Die Telefonnummer vom Band plärrt mir in hektischem Spanisch entgegen, dass sie bereits geschlossen haben. Okay, toll. Am nächsten Morgen um acht Uhr rufe ich als Allererstes wieder an und bekomme erklärt, dass kein Problem vorliegt. Ach so, na dann.

Es sind die Tücken einer neuen Wohnung, die man nicht kennt, und bei denen man noch nicht weiß, worauf man sich da eingelassen hat. Ich war gerade erst hier hingezogen, in diese warme, kleine Stadt, und in ein ganz anderes Leben eingetaucht. In meiner ersten Nacht schrecke ich auf, weil um zwei Uhr nachts röhrend laut der Müll geleert wird. Da weiß ich noch nicht, dass das ab jetzt jede Nacht so gehen wird. Ich versuche es mit einem Schulterzucken hinzunehmen, na ja, das bringt mich jetzt auch nicht um.

Am Ende geht das Wasser zwei ganze Tage lang nicht. Zwei Tage, in denen ich bestmöglich versuche, so wenig Flüssigkeit wie möglich in meinen Körper zu schütten (sehr ungesund), ab und an bei der Nachbarin klingele oder ins Café unten sprinte und mir sonst jeden Toilettengang einfach verkneife. »Wir kommen es morgen früh um acht reparieren!«, kriege ich am zweiten Nachmittag bei meinem hundertsten Versuch, jemanden dafür ans Telefon zu lotsen, noch gesagt. Ich stehe also am Folgemorgen so früh auf, dass ich im Fitnessstudio duschen kann und um acht wieder zurück zu Hause bin. Niemand da. Auch um neun nicht. Langsam werde ich genervt. Außerdem muss ich schon wieder aufs Klo.

»Ich dachte, acht Uhr«, begrüße ich den Handwerker, als er um kurz nach elf bei mir klingelt.

»Ach na ja, acht, neun, zehn, Hauptsache ist doch, wir erledigen das, findest du nicht auch?«, antwortet er gut gelaunt und munter in typisch spanischem Singsang und öffnet die Schranktür unter der Spüle. »Dann ist das eben so«, sagt er noch fröhlich, grinst breit und zuckt die Schultern. *»Así es como es.«*

Es ist ein ganz anderes Lebensgefühl, hier in Spanien zu sein. Die eng geparkten Autos in den engen Straßen unter meiner Wohnung werden einfach angefahren und beim Parken ein bisschen weggeschoben, um sich Platz zu verschaffen. Ein Teil meiner Post kommt nicht an, die Briefkästen sind für alle offen. An den Klingeln stehen keine Namen, manchmal Apartmentnummern, meistens nicht einmal das. Und das Wasser wird noch häufiger in diesem Herbst und Winter nicht gehen.

»Super, du hast wieder Wasser! Das ging doch schnell«, freut der kleine Spanier sich, als er sich in der Wohnung zu schaffen gemacht hat.

»Ja«, nicke ich gequält. »Total schnell, danke.« Ich widerstehe dem Impuls, sofort ins Bad zu rennen und mein Klo zu spülen, das wäre jetzt vielleicht auch ein bisschen privat. Sei dankbar, ermahne ich mich. Dankbar dafür, dass ich überhaupt (wieder) fließend Wasser habe. Darauf sollte gerade mein Fokus liegen. Ich verabschiede ihn bemüht herzlich und schließe die Tür.

Als das Wasser wieder glucksend aus dem Hahn sprudelt, als wäre nichts gewesen, ich abgewaschen, einen Kaffee gekocht, die Wohnung gewischt und mich noch einmal geduscht und geschrubbt habe (zur Sicherheit), kann ich dann auch endlich darüber lachen, wie ich die letzten zwei Tage hier gehaust habe, und genehmige meinem ausgetrockneten Körper eine große Flasche Wasser auf ex.

Je länger ich hier meine Zeit verbringe, desto mehr lerne ich, mich in Geduld zu üben. Andere Kulturen können einem ganz schön viel über die eigenen Privilegien, über erlernte Strukturen, aber auch über eine neue innere Gelassenheit lehren.

Diese gelassene spanische Mentalität begegnet mir dann immer wieder. »Wir nehmen alles erst einmal entspannt. Wenn etwas nicht um acht Uhr geschieht, dann machen wir es um neun. Oder eben irgendwann anders.« Die Uhren gehen hier langsamer. Auf eine Art entschleunigt das das Leben.

Versteht mich nicht falsch: Auch ich mag es, meinen Tag planen und strukturieren zu können, aber ich glaube, dass wir uns von dieser Gelassenheit etwas abschauen können. Wo renne ich eigentlich die ganze Zeit hin? Ist es schlimm, wenn das heute nicht erledigt ist? Davon geht die Welt jetzt auch nicht unter. Arbeit läuft nicht weg, und es schadet nicht, die Dinge langsam und gewissenhaft anzugehen. Eingestehen: Ich würde hier gerne einen guten Job machen, dafür brauche ich länger als geplant. »Dann ist das eben so.« Dieser Satz gibt mir Ruhe.

Das muss nicht bedeuten, dass wir alle ziellos durch das Jahr wandern. Aber vielleicht lädt es ein, mal einen Gang runterzuschalten und die Perspektive zu verändern. Wie wichtig ist das jetzt wirklich, wozu ich mich gerade pushe oder worüber ich mich aufrege? Welche Relevanz hat es tatsächlich für mein Leben? Diese Gedanken helfen mir zu sehen: Was ich heute nicht schaffe, dafür ist auch morgen noch Zeit. Was dieses Jahr nicht passt, kann ich später noch angehen. Es ist eine Inspiration, langsamer zu werden.

Was sind schon zwei Tage ohne Wasser? Was sind schon zwei Tage auf die Woche gerechnet oder ein ganzes Leben? (Immer noch ziemlich beschissen, aber darüber rege ich mich nicht weiter auf.) Die spanische Mentalität lehrt mich eine Gelassenheit, von der ich mir etwas abschauen möchte.

Auch im Arbeitsleben könnte etwas mehr Gelassenheit häufig ganz guttun. Ein Freund von mir verbringt seine Zeit fast täglich mit Überstunden im Agenturbüro, sagt unsere Verabredungen oft kurzfristig ab oder tippt hektisch in den Chat: »Ein Pitch muss dringend raus, sorry, girl, bin heut doch busy«, wenn ich mich schon die ganze Woche auf das gemeinsame Abendessen gefreut habe.

Auch bei ihm frage ich mich oft: Ist das denn wirklich so wichtig? Dieser Stress ist ja eigentlich – ausgedacht. Warum muss dieser Pitch genau heute raus? Oder besser: zu welchem Preis? Woher kommt dieses Tempo, und wem tut es gut, dass da Menschen bis dreiundzwanzig Uhr im Büro sitzen, um gegen sieben Uhr wieder auf der Matte zu stehen?

Meine Freundin Charlie hat mir über ihren Freund in einer großen internationalen Unternehmensberatung häufiger erzählt, dass er nur zwischen zwei und sechs Uhr nachts kurz zu Hause war, oft im Büro auf dem Boden schlief oder ihm schwummrig wurde, weil »keine Zeit war zu essen«.

»Du sagst das so, als wäre das völlig normal?«, fragte ich irritiert. Inzwischen sind sie getrennt.

Klar, das ist ein berufliches Leben, für das man sich entscheiden muss. Das muss man wollen. Das kann ja jeder für sich entscheiden. Will ich ein entzerrtes Leben oder stehe ich auf dieses Tempo, und es steht mir auch nicht zu, das zu beurteilen. Aber mal von weiter weg betrachtet: Woher kommt dieser vor allem berufliche Stress? Brauchen wir den? Und wie kann ich mich gegen den abgrenzen, so, dass es mir dort auch langfristig gut geht? In Spanien lerne ich auf jeden Fall einiges dazu. Nämlich vor allem, wie es ohne Stress geht.

»Ich operiere nicht am offenen Herzen, es geht hier nicht um Leben und Tod, ich mache das gerne morgen«, erzählt Maja, sei ihr neuer Standardspruch, wenn jemand ihr nach achtzehn Uhr noch eine Aufgabe, die »noch ganz dringend sofort« bearbeitet werden muss, auf den Schreibtisch wirft. »Ich identifiziere mich nicht mit dem Stress, also setze ich mich nicht unter Stress. Man muss sich ja auch stressen lassen.« Ich kenne niemanden, der seine Grenzen so gelassen und freundlich kommunizieren kann wie sie. Sätze wie »Wie wollen wir das denn umverteilen? Mein Arbeitspensum übersteigt das natürlich« sagt sie so nebenbei, als würde sie fragen: »Hat jemand mal einen Kuli für mich?« Ich glaube, damit hilft sie sich auch, langfristig Freude an ihrem Job zu empfinden. So kenne ich das auch aus meiner Selbstständigkeit. Manchmal halte ich eine Deadline nicht ein, vor allem wenn sie von Anfang an zu knapp war. »Dann ist das eben so« könnte ich ja auch mal versuchen, an dieser Stelle zu antworten. »Ich gebe mein Bestes. Aber da kann ich jetzt nichts machen. Meine Zeit heute ist abgelaufen.« So seine begrenzten Kapazitäten zu verstehen und auch zu kommunizieren, mit seiner Energie zu haushalten ist nicht immer leicht. Als ich an diesem Tag selbst pünktlich um siebzehn Uhr meinen Computer zuklappe, denke ich an den spanischen Handwerker und sein gelassenes Gemüt.

Ein paar Tage später stehe ich in einer Schlange an und warte zwanzig Minuten auf meinen Kaffee, weil die Bedienung mit jedem eine herzliche Unterhaltung führt. Auch mich fragt sie nach meinem Tag, hofft, dass der Kaffee schmeckt, fragt, wo ich herkomme, erzählt von ihrem Onkel, der auch mal in Deutschland war. Nicht zu ausschweifend, sondern mit jedem ein paar ausgewählte, nette Sätze. Währenddessen hantiert sie gelassen an der Maschine. Verschönert meinen Tag, diese Entspannung. Zeit hat man nicht, Zeit nimmt man sich, denke ich. Und hier haben alle davon eine Menge.

Hinter mir in der Schlange räuspert sich jemand und beschwert sich darüber, dass es so langsam vorangeht. Langsam drehe ich mich zu ihm um, lächele und zucke mit den Schultern. »Dann ist das eben so«, flüstere ich ihm verschwörerisch zu, gepaart mit meinem freundlichsten Gesichtsausdruck, und fühle mich wie der Übermittler einer wichtigen Botschaft bei Stille Post.

»Dann ist das eben so«, wiederhole ich abends lächelnd. Den Satz werde ich mir merken. Egal, wie lange ich noch in Spanien bleiben werde, der wird mit mir im Gepäck zurück nach Deutschland reisen.

5

Mich kann hier nichts aus der Ruhe bringen

Über (innere) Ruhe

Ich halte mein Gesicht in die Sonne, die langsam über die umliegenden Häuser bis auf meinen Balkon klettert, und schließe meine Augen. Es ist noch früh am Morgen, es wird noch eine halbe Stunde dauern, bis die klamme Kälte der Nacht endgültig verscheucht wird. Der Hund schnarcht leise zu meinen Füßen, und ich winkele die Beine an den Oberkörper und stülpe meinen übergroßen Pullover über sie. Meine Finger umklammern eine dampfende Kaffeetasse. Die Wohnung ist noch ganz still. Meine Freundin, die mich gerade hier besucht, ist noch nicht aufgewacht. Die Stadt rauscht leise im Hintergrund, ein monotones Geräusch, von dem ich mir einrede, es sei das Meer. Finde ich eine schöne Vorstellung.

»Das sieht ganz ruhig und friedlich aus, wie du da sitzt«, sagt Diana zu mir, streckt sich und gähnt, als sie eine Stunde später aus meinem Schlafzimmer geklettert kommt und sich zu mir auf den Balkon gesellt. »So fühle ich mich hier auch. So ruhig irgendwie.«

Wir setzen uns mit Kaffee in mein Auto, schalten die alte Playlist an, die wir bei einem Trip vor vier oder fünf Jahren zusammen erstellt haben. Der Sonnenschein flimmert auf dem warmem Beton der Autobahn, auf der wir Richtung Norden fahren. Sie kurbelt das Fenster meines alten VW-Busses runter und lehnt ihren Arm raus, ich nippe an meinem Kaffee, grinse sie an, wir beide schweigen. Eine gute halbe Stunde dauert die Fahrt, von der Autobahn in einen Tunnel, dann ein paar Serpentinen runter nach Sóller, durch die kleine enge Stadt hindurch bis zu einer Zitronenfarm in den verstreuten Ortschaften dahinter. Sóller ist die größte Ortschaft im Tramuntana-Gebirge, ungefähr die Hälfte aller Bewohner hier in den Bergen wohnt in dieser Stadt. Auf dem letzten Stück muss ich immer wieder anhalten und zurücksetzen, um entgegenkommende Autos durchzulassen, weil die Gassen so eng sind. Wir parken, und ich klappe beide Seitenspiegel ein. Diana hat mit *ölsalzessig* ein eigenes Foodmagazin und liebt es, mit Zutaten, Texturen und Geschmackskomponenten zu spielen. Heute will sie sich hier einen Zitronen- und Orangenanbau ansehen. Ich begleite sie gerne dabei, mache ein paar Fotos.

Auf kleinen Schildern neben den Bäumen werden die verschiedenen Sorten erklärt, inklusive der Geschichte, wie sie hier hingekommen sind. Wir laufen über eine riesige Wiese zwischen den Bäumen auf markierten Pfaden entlang. Immer mal wieder halte ich an und nehme vom Baum gefallene Zitronen in die Hand. Ich höre ein paar Vögel, die ich nicht näher bestimmen kann, einen Uhu vielleicht. Die Ruhe hier ist unglaublich. In der Ferne Geräusche, als würden sich Maschinen über angrenzende Felder arbeiten. Es könnten Mähdrescher sein, aber ich weiß nicht mal, ob um diese Zeit im Jahr hier gemäht wird. Ein leises, kaum verständliches Hintergrundrauschen. Das Panorama der Berge ist in ein diesiges blaues Licht getaucht. Es ist ungewöhnlich warm für Ende Oktober. Wir verbringen ein paar richtig schöne Tage zusammen, essen gut, reden viel und schweigen, das können wir miteinander am besten. Auch sie bringt diese Ruhe für mich hinein. Einen Tag später reist sie von hier ab, und es ist komisch und doch ganz normal, dass sie geht und ich bleibe. Inmitten meiner Ruhe.

Am nächsten Sonntagmorgen sitze ich wieder so da, in der klammen Morgensonne mit nackten Beinen auf meinem Balkon, diesmal allein, und will darüber schreiben, über diese Ruhe. Ich lasse meinen Blick schweifen über die flachen Hausdächer zu meinen Füßen, sehe die ältere Frau gegenüber, die in ihrem Wintergarten Blumen neu arrangiert, und wie die Sonne davor auf die Kreuzung fällt. Mir fallen keine Worte ein, keine passenden zumindest. Da ist nur ein Gefühl, nicht so richtig in Worte zu fassen. Es fühlt sich an wie ein Meer, das sich nach einem Sturm endlich legt und aufhört, nervös hin und her zu schwappen.

Woher kommt diese Ruhe in mir? Alles klingt schwülstig oder zu nüchtern, irgendwie gekünstelt, nicht so, wie ich es meine, und egal, was ich tippe, keiner dieser Wortfetzen schafft es, mein Gefühl auszudrücken. Ich schließe das Dokument wieder. Ich bin nicht genervt, ich lasse es einfach gut sein. Es ist da, ich fühle es, kann es einfach ein Gefühl sein lassen, davon zu erzählen ist nicht so wichtig.

Vielleicht ist Gelassenheit das Gegenteil davon, ständig auf der Suche nach einem neuen Reiz zu sein. Gelassen zu sein, auch wenn man nichts erlebt, gelassen zu bleiben, wenn schlechte Gefühle sich ankündigen, es einfach anzunehmen, wie es kommt. Gleichmütig, leicht.

Ich lasse manche Nachrichten eine ganze Woche liegen und telefoniere stattdessen am Wochenende ausführlich mit zwei engen Freundinnen. Alles fühlt sich entschleunigt und dafür intensiviert an. Vielleicht liegt es daran, hier auf einer Insel zu sein, so abgeschieden, aber da ist dieses Gefühl: Die Welt läuft nicht weg, auch wenn ich sie eine Weile ignoriere. Ich verpasse nichts. Ich muss nichts. Ich darf einfach nur sein. Ich bin mir sicher, dass die ständige digitale Verfügbarkeit krank machen kann. Dass es guttut, sie immer mal wieder abzuschalten und sich auf sich selbst zu konzentrieren. Vielleicht ist es genau das, was mich hier so ruhig fühlen lässt. Der Abstand zu allem und das Gefühl, dass die Welt sich weiterdreht. Auch ohne mich.

Meine Zeit hier fühlt sich heilsam an. Ich versuche, das Beste aus meinen Monaten auf Mallorca zu machen, gehe wandern, springe morgens ins vierzehn Grad kalte Meer. Dieses Gefühl, sich so ganz klar, aufgeräumt und bei sich zu fühlen – ich würde es gegen nichts auf der Welt tauschen wollen.

*

Ein paar Wochen später bin ich wieder in Sóller, diesmal allein, klemme mir den Bastkorb unter den Arm und schlappe in meinen flachen Sandalen über die Pflastersteine des vollen Marktes. Sóller ist inzwischen zu meinem Lieblingsort hier geworden. Meinen Pullover habe ich mir lose um die Schultern geknotet. Auf dem Platz vor der Kathedrale und überall in den Gassen tummeln sich die Menschen. An einem Obst- und Gemüsestand halte ich an und reihe mich hinter einem Paar ein, das gerade auf der Suche nach den saftigsten Orangen verschiedene in die Hand nimmt.

Die Verkäuferin erklärt den beiden, während sie die Paprika neu sortiert, wie sie das Gemüse anbaut, dass sie die größten Zucchini hat, die auf dem ganzen Markt zu finden sind, und dass sie sich sicher ist, das liege nur daran, da sie so viel Liebe in sie steckt. Ich nicke im Hintergrund.

Sie strahlt so eine überaus mitreißende Lebensfreude aus, während sie gestikuliert und auf das farbenfrohe Gemüse vor sich zeigt. Die Falten furchen sich tief in ihre braune Haut, ihr Lachen ist ansteckend, ihre Augen funkeln in der Sonne wie Bernsteine. Jeder Satz klar, lächelnd, souverän. Vollkommen authentisch und so ganz speziell sie. Ich mag Menschen, die ausstrahlen, welchen Charakter sie in sich tragen. Die ein wenig eigen sind. Ich bin kein Teil der Unterhaltung, nur eine Beobachterin des Geschehens. Sie stattdessen ist mittendrin, der Mittelpunkt ihrer Welt, dieser Welt hier, als würde es nur diese eine geben und nichts um uns herum zählen. Was hier zählt, ist nur das, was auf diesem Markt stattfindet, in dieser kleinen Stadt. So will ich auch sein, denke ich, während ich ihr zuhöre. So … strahlend.

»Ich verhandele nicht«, höre ich wieder mit, gar nicht unfreundlich, sondern bestimmt und klar, als sie die Pilze in eine Papiertüte verpackt und über die Auslagen reicht. Wenn Menschen in sich ruhen und ganz sie selbst sind, geben sie uns damit auch die Möglichkeit, so richtig wir selbst zu sein. Woanders hinzugehen eröffnet so viel Raum, durch Teile an anderen Teile an uns selbst zu finden, glaube ich.

Die Menschen hier an diesem Sonntag, dem letzten im Oktober, schlendern durch die Stadt, halten an und genießen die Sonne. Alles ist entzerrt. Es ist nur so ein loses Gefühl, das bleibt: Dieses, dass mich gerade nichts aus der Ruhe bringen kann. Genau das schreibe ich abends noch handschriftlich auf, um diesen Gedanken festzuhalten. Dahinter setze ich kein Fragezeichen, kein Ausrufezeichen, nichts, was etwas besonders betont oder die Antwort offen lässt, sondern nur einen Punkt. Dann klappe ich das Tagebuch wieder zu. Ich liebe die Abendstunden auf meinem Balkon. Wenn nach sechzehn Uhr die Sonne weiterzieht und warmen, aufgeheizten Schatten zurücklässt, kann man es hier fabelhaft aushalten. Den spanischen Straßen beim Aufleben zusehen, einen Blick in die Ferne werfen und mich dann wieder in das Buch auf dem Schoß einkuscheln, die Gedanken zwischen die Zeilen legen und für eine Weile nicht wieder daraus auftauchen: Das Leben leicht nehmen gelingt mir hier besonders gut.

Die Welt ist so laut, manchmal müssen wir sie wie ein Radio abschalten, um etwas in unserem Inneren wieder lauter zu drehen und unsere innere Stimme wieder zu hören. In uns hineinhorchen. Innere Ruhe in uns aufbauen, die nichts von außen stören kann. Ich spüre: Das Meer in mir ist zur Ruhe gekommen, füllt mich vollkommen aus.

6

Ich habe mich geirrt

Wie wir zugeben, dass wir falsch lagen

Als ich mir die Wohnung in Spanien miete, um Herbst bis Frühling dort zu wohnen, bin ich mir merkwürdig sicher, dass mir ein milder, entspannter Winter bevorsteht. Die meisten Wohnungen in Spanien sind ohne Heizung gebaut, lese ich vorher noch. Aber das ist ja nicht schlimm, denke ich, wenn man im Süden wohnt. *Och, na ja … doch.*

Die Wohnung ist wirklich schön. Als ich im September einziehe, sind es zweiunddreißig Grad. Ich sehe den schönen Balkon, bin völlig außer Puste, als ich oben ankomme, und schäle mich verschwitzt aus meinen Sachen. Der Blick aus dem vierten Stock ist grandios. Ich verschwende keinen Gedanken an die nicht vorhandene Heizung. Im September springe ich in kleinen Buchten vor Felsen in türkisfarbenes Wasser. Im Oktober wandere ich an Olivenhainen vorbei und streichele kleine Schafe. Im November verbringe ich meinen Geburtstag allein mit einem Buch im Sand. Und im Dezember … da friere und niese ich, abwechselnd oder gleichzeitig.

In das Küchenfenster ist ein kreisrundes Loch gefräst, in dem eigentlich der Abzug der Dunstabzugshaube enden soll. Die Vorrichtung ist allerdings kaputt, und der Schlauch sitzt nicht im

Loch, sondern hängt lustlos am Küchenschrank herunter. Im Fenster ist jetzt eben einfach ein kreisrundes Loch. Frische Luft all day to go, ganz ohne die Fensterfront aufzuschieben.

Ich bibbere und ziehe den Schal enger, den ich um die Kapuze meines Hoodies gewickelt habe. Meine Atemluft bildet vor meinem Gesicht weiße Wolken. Ich befinde mich in meiner Wohnung am Esstisch. In Stiefeln. Mit Mütze. Die fünf Grad, draußen und in meiner Wohnung, fühlen sich nach minus zwanzig an. Das Loch im Küchenfenster trägt nicht gerade dazu bei, dass mein kleiner Heizlüfter die Wohnung wirklich erwärmt. Wenn ich morgens in Socken auf dem Weg ins Bad bin, fühlt es sich an, als würde ich auf Eisplatten laufen. Das ganze Haus wird einfach nicht warm, es zieht durch jede Ritze, der Boden ächzt, nichts scheint isoliert zu sein. Meine Zitterpartie geht den ganzen Januar, Februar, März genau so weiter.

Ich wurde sicherlich davor gewarnt, wie kalt der europäische Winter auf einer Insel sein kann. Windig und eine Feuchtigkeit, die in jede Ritze kriecht. Habe ich mir ja so ausgesucht: Wenn man Träume verwirklicht, nimmt man auch die Schattenseiten davon in Kauf. Leben am Meer heißt somit auch, dass im Winter alles nass und kalt ist. Mich begleitet das Gefühl, jeden Moment krank zu werden, und ich niese in Rekordquantität vor mich hin.

Irgendwann besorgte ich mir also einen kleinen, billigen Heizlüfter für knapp dreißig Euro. Jeden Abend stelle ich ihn eine Stunde vor dem Ins-Bett-Gehen auf, um die Bettwäsche zu wärmen und zu trocknen. Die Feuchtigkeit zieht hier so in alle Ritzen der Wohnung, dass es sich sonst unangenehm nass anfühlt, abends ins Bett zu klettern. Ich wünschte, ich hätte in mich selbst so viel Vertrauen wie in dieses kleine, winzige Ding, von dem ich nun hoffe, dass es mein Leben regelt und all meine Probleme löst. Tatsächlich sieht es so billig aus, dass ich Angst habe, es könnte jeden Moment explodieren.

Ich schlafe in voller Montur, mit langen Sachen, Schal, Mütze und Handschuhen. Das erinnert mich an mein Auslandssemester in Schweden, damals im Studium, nur dass es dort wirklich minus zwanzig Grad kalt war. Die ständige nasse Kälte lässt etwas in meiner Seele, einen Teil meiner Lebensfreude einfrieren. Ich habe keine Lust mehr, morgens mein Bett zu verlassen, mich mit Menschen zu verabreden, meiner Arbeit beschwingt nachzugehen. Ich fühle mich sprichwörtlich wie eingefroren.

Aber ich weiß auch: Ich kann jetzt nichts ändern, außer die ganze Wohnung mit kleinen, stromfressenden Heizlüftern auszustatten und das Beste daraus zu machen. Ich halte mich viel in angrenzenden Cafés auf und versuche, so oft es geht, darüber zu lachen und nicht krank zu werden. Das Kind ist in den Brunnen gefallen, also brauche ich mich jetzt nicht den ganzen Tag lang über meine eiskalte Wohnung zu ärgern. Ich habe wohl einfach nicht genug nachgedacht bei der Wohnungssuche. Aber: Fehler sind menschlich.

Ich lag schon ziemlich oft in meinem Leben falsch. Bei der Einschätzung von Menschen, denen ich vertraute. Bei der groben Kalkulation, wie viel Alkohol in meinen Körper passen könnte. Ich war mir auch sicher, dass ich mein Studium in Regelstudienzeit schaffen oder dass ich mit dieser einen Freundin für immer befreundet bleiben würde. Ich habe Namen vergessen, schon Sekunden, nachdem sich jemand mir vorgestellt hat, und die Person dann mit einem falschen angesprochen. Manchmal irrt man sich eben.

Ich plane meinen Tag nach dem Wetter, bin so viel wie möglich draußen, weil es dort manchmal wärmer ist als in der Wohnung, nutze jeden Sonnenstrahl, halte mich auf dem Balkon auf, gehe nur zum Sport oder Einkaufen, wenn es dunkel ist, um den Tag nicht damit zu verschwenden. Ich werde erfinderisch. Wie ich so in voller Skiurlaubmontur, die ich in der letzten Ecke meines Autos noch gefunden habe, durch die Wohnung renne, kommt mir der Gedanke: Ich sollte es einfach spielerisch, wie ein Kind sehen. Als Kind hätte ich das lustig gefunden. Wenn schon scheitern, dann mit Freude, und einfach mal richtig herzlich über sich selbst lachen.

Mein bester Freund will mich besuchen und meldet sich zu unserem verabredeten Telefonat.

»Pack die langen Thermosachen ein«, bibbere ich ins Telefon. »Und kannst du mir eine Heizdecke mitbringen?«

»Für Spanien?«, fragt er entgeistert zurück.

»Ja, ich wohne in einem Eiswürfel, aber du bist herzlich willkommen.« Ich stelle mir schon vor, wie wir hier in Skimontur zu zweit durch meinen Eispalast rennen. Vielleicht lässt sich mit allem leichter umgehen, wenn man über sich selbst lachen kann und erfinderisch wird, wenn man sich in etwas reinmanövriert hat, bei dem man kolossal falschlag. Wie ein Spiel, quasi. Und sich gelassen einzugestehen: Hier habe ich einen Fehler gemacht. Völlig okay.

Eines der wichtigsten Dinge, die ich im Leben gelernt habe, ist wahrscheinlich: Auch der schlimmste Winter geht irgendwann einmal vorüber, so wie der vor elf Jahren in Schweden. Alles kommt und geht wieder. Vor allem bedeutet das, dass irgendwann alles Eingefrorene wieder auftaut.

Es sind die Polaritäten des Lebens: Yin gibt es nicht ohne Yang, Schatten nicht ohne Licht, Sommer nicht ohne Winter. Nur die Existenz des Gegenteils ermöglicht es uns überhaupt, einen Zustand als solchen zu erkennen und wertzuschätzen. Nach dem Erleben von psychischem oder physischem Schmerz stellt sich oft eine große Dankbarkeit ein. Nach einem Tief fühlt sich die Normalität des Ist viel leichter an. Und vor allem nimmt man alles Schöne dann nicht mehr als selbstverständlich, sondern als besonders war.

Die Zeit, die ich damals in Schweden gelebt und studiert habe, lehrte mich, meine Aufmerksamkeit vom Außen nach innen zu richten. Die Skandinavier, die die längsten Winter erleben, gestalten diese Zeit nämlich ganz bewusst: Sie zelebrieren ihre Beziehungen. Denn die sind noch wichtiger als das Licht. Gemeinsame Spieleabende bei Tee und Kaminfeuer, Zeit für das langsame Leben, für Umarmungen, Nähe und gemeinsames Lachen, fürs Kochen und Gemütlichkeit, während sich draußen Schneeberge vor dem Fenster türmen. Wenn wir Beziehungen haben, ob Freundschaften oder Partnerschaft, können wir damit eine Menge ausgleichen.

Ich bibbere noch ein paar Wochen vor mich hin. Lebensfreude ist auf eine Art auch an Sonnenschein und Wärme gebunden. Als könnte ich mich in Wärme besser entfalten, strecke ich mich wie eine Pflanze zum Licht. Der erste Tag, der sich auch in der Wohnung wie ein Aufwärmen anfühlt, ist vielleicht der schönste im ganzen Jahr. Wie die Jahreszeiten ziehen auch wir uns zurück und blühen wieder auf. Bei meinem Spaziergang knie ich mich hin, um ein paar Blumen, die verloren am Wegesrand sprießen, genauer in Augenschein zu nehmen. Die ersten Blumen, die nach dem Winter aus dem Boden spitzen, heißen Frühblüher. Sie gelten als Vorboten des Frühlings. Es wird wieder wärmer. Sie irren sich nie.

7

Etwas, was dich beschützt

Sich Sorgen machen

Ich setze mich in meinen Bus und fahre von Palma aus dreißig Minuten raus aufs spanische Land. Zwei-, dreimal biege ich ab, und dann immer nur geradeaus, bis ganz ins Innere der Insel. Über eine kurze Onlinerecherche habe ich Frau T. gefunden, eine deutsche Therapeutin, die sich auf der Insel niedergelassen hat. Es ist unser Kennenlerngespräch.

Eine Therapie beginnen übertrug ich wie einen lästigen Neujahrsvorsatz, der schnell wieder in Vergessenheit geriet, von Jahr zu Jahr auf meine Notizen. Diese ewigen To-dos, die man dann doch nie angeht. Ich wollte schon lange eine Therapie beginnen. Irgendetwas ist doch in jedem von uns, das etwas durcheinander geraten ist, oder? Und ich war mir sicher, dass ich nur davon profitieren würde, mich dem mal zu stellen. Ich glaube, viele Menschen würden das. Man braucht keine psychische Erkrankung, um sich Support zu holen. Und man kann das auch präventiv sehen. Je mehr man durch Sport und gesunde Ernährung auf sich achtet, desto mehr kann man auch Infektionen vorbeugen. Das funktioniert für die Psyche auch: an der eigenen Resilienz arbeiten, wenn alles gut ist, um Herausforderungen im Notfall besser zu verarbeiten.

Während ich gar nicht wusste, wie eine Therapie in der Realität wirklich abläuft, gibt sie in meiner Vorstellung Antworten auf Fragen wie: Warum bin ich so, wie ich bin? Warum stoße ich immer wieder auf ähnliche Probleme? Was habe ich aus meiner Kindheit übernommen, was mir das Leben schwerer statt leichter macht? Gibt es etwas in mir aufzuräumen, wovon ich in meiner eigenen Zukunft profitieren könnte? Wenn man dem Spruch glaubt »Das Leben geht nur sechs Jahre, alles danach ist Wiederholung«, ist doch die Frage, was wir da erlebt haben und seitdem wiederholen. »Meinen Keller aufräumen« nannte ich es also die folgenden Monate.

Ich bin mir zwar sicher, dass man auch ohne Therapie zu vielen Erkenntnissen über sich selbst gelangen kann, aber denke dennoch, dass auch Selbstreflexion seine Grenzen hat. Ich sah es daher wie einen wichtigen Schritt, den ich selbst für mich bezahle. Ein Fitnessstudio für meinen Kopf, quasi. Ich habe mich entschieden, die Therapie privat zu zahlen, was eine ganz schöne monatliche Bürde darstellt. Ich will es mir nicht leisten, aber ich will es mir noch weniger leisten, es nicht zu tun, denke ich mir, und versuche daher, es als Investition zu sehen.

Eine Therapie zu beginnen ist in unserem Land mit Hürden verbunden, die nicht jeder stemmen kann und die an dieser Stelle dringend erwähnt gehören. Man wartet teilweise monatelang auf einen Therapieplatz, was vor allem in Zeiten großer persönlicher Not ein schier unmögliches Hindernis darstellt. Anschließend folgen andere Hürden wie die, mit abgeschlossener Therapie keine Möglichkeit mehr zu haben, zeitnah in eine Berufsunfähigkeitsversicherung aufgenommen zu werden. Meine Freundin Melina hat eine Petition gestartet, um genau darauf aufmerksam zu machen.[4] Es gibt also viele Gründe, keine Therapie anzufangen oder anfangen zu können. In unserer Gesellschaft ist es neben organisatorischen Hürden außerdem immer noch ein schambehaftetes Thema, eine Therapie zu machen. Ich finde, souverän ist eher, selbstreflektiert und ehrlich zugeben zu können, woran man an sich selbst noch arbeiten möchte.

Vor der Finca stehen zwei weiße Pferde auf einer Koppel, ich schirme meine Augen gegen das helle Sonnenlicht ab, nachdem ich geparkt habe. Eine taffe Frau in ihren Fünfzigern steht mir auf ihrer Veranda gegenüber. Sie ist aus Berlin auf die Insel gezogen – unsere erste Gemeinsamkeit. Ich fühle mich seltsam eingeschüchtert, aber auch mit ihr verbunden. Eingeschüchtert, weil ich mich frage, was ich hier mache und was ich hier eigentlich über mich erzählen will. Mein Kopf fühlt sich merkwürdig verknotet an.

Unser Gespräch findet im Anbau ihrer Finca statt, in einem hellen Raum mit Blick auf die Pferdekoppel und ein paar Hühner, die eifrig in der Mittagssonne im Gras picken. Ich habe das Gefühl, wir verstehen uns auf Anhieb. Meine Bedenken, worüber wir überhaupt sprechen würden, lösen sich ziemlich schnell auf. Wir reden jede Woche über etwas anderes, über die Panik, die ich eine Zeit lang verspürt habe, über Herzrasen, Sorgen und Ängste.

Unsere Welt kann voller Tretminen sein, die dazu einladen, sich über etwas Sorgen zu machen. Generell die Zukunft der Welt, politische Spannungen, über die eigene Existenz, die persönliche Zukunft, den Kontostand, darum, wie es weitergeht, was demnächst passieren könnte. Wenn man nachts allein unterwegs ist oder eine wichtige berufliche Entscheidung trifft. Sorgen lauern überall.

Wir bewegen uns täglich auf einem Straßennetz aus den gleichen Gedanken und damit auch immer wieder den gleichen Sorgen. Schon der Konsum von zwei Minuten negativer Schlagzeilen kann die innere Sorgenmühle in Gang setzen und einen ganzen Tag runterziehen. Das allermeiste, worüber wir uns Gedanken machen, ob es passieren könnte, ist dabei ganz umsonst. Mark Twain hat es einmal so formuliert: »Ich habe viel Schreckliches erlebt, doch das meiste davon ist zum Glück nie eingetreten.«

Als ich ihr ein paar Wochen später von einer meiner Sorgen erzähle, die mich die vergangene Nacht wach gehalten hat, antwortet sie schlicht: »Denken Sie das doch mal zu Ende.«

»Wie?«, frage ich.

»Denken Sie das mal zu Ende. Bis ganz ans Ende, komplett durch diese ganze Angst durch. Und dann stellen Sie sich zwei Fragen: Erstens, was kann schlimmstenfalls passieren? Und zweitens, wie wahrscheinlich ist das, dass genau das passiert?«

Ich schweige und denke nach.

Ich komme in den Sitzungen immer wieder auf die gleichen Antworten, und wir reden über die Abgrenzung zur Außenwelt.

»Vielleicht können Sie sich vorstellen, dass irgendetwas Sie umgibt, was Sie beschützt. Was da ist, und wo alles daran abprallt, etwas Starkes um Sie herum. Machen Sie sich dazu doch mal ein inneres Bild.«

Ich blicke kurz aus dem Fenster und sehe so etwas wie eine goldene Bubble um mich herum. Eine Art Seifenblase, die nicht zerplatzen kann, sondern eine feste Hülle hat. Ich weiß nicht, warum sie golden ist. Vielleicht weil sich das Licht der Sonne in schönsten warmen Farben gerade draußen vor dem Fenster, auf der Pferdekoppel spiegelt und auch in meinen Innenlidern weiterleuchtet, als ich die Augen schließe.

»Okay, ich hab eine Vorstellung«, sage ich.

»Gut, dann gehen Sie jetzt in dieses Gefühl rein, dass da jemand mit seinen Sorgen kommt. Vielleicht weil Sie an so einem Nachmittag das Gefühl haben, richtig viel leisten zu müssen. Woher kommt denn die Leere nach so einem Gespräch?« Dann prallt es an meiner Seifenblase ab, beantworte ich mir selbst. Wer leerer wird, hat sich nicht genug selbst abgegrenzt, füge ich innerlich hinzu.

In den nächsten Monaten beschäftige ich mich wöchentlich intensiv mit jedem Input, den ich aus der Therapiestunde für mich mitnehmen kann. Jedes Mal setze ich mich danach in mein Auto und fahre die halbe Stunde zurück nach Palma in meine aktuelle Wahlheimat rein. Drehe Musik auf, die mich berührt, lasse Tränen laufen oder singe so laut mit, wie ich kann, oder bin still und nachdenklich. Ich wusste nicht, was da in mir ruht, aber ich merke, wie in jeder Woche ein Backstein von dieser Mauer abgetragen (oder eben aus dem Keller geräumt) wird.

»Kann man lernen, das Leben leicht zu nehmen?«, frage ich meine Therapeutin irgendwann, bevor ich die Insel verlasse.

»Leicht vielleicht nicht, aber leichter auf jeden Fall«, antwortet sie und nickt. »Das Leben ist nicht immer nur leicht. Man muss nicht alles leicht nehmen. Aber vielleicht kann man daran arbeiten, wie schwer man etwas nimmt und wie lange es einen beschäftigt.« Ich nicke.

Diese goldene Schutzhülle nehme ich ab da überallhin mit. Und zumindest versuche ich es, manche Dinge an ihr abprallen zu lassen. Wer sich beschützt fühlt, egal wovon, dem kann eigentlich nichts passieren. Ein bisschen fühlt es sich an, wie ein paar Zentimeter in meiner Bubble über dem Boden zu schweben.

8

Ich kann das, ich muss es nur noch lernen

Von Hilflosigkeit und Selbstvertrauen

Die Luft flirrt und knistert in der Sonne vor mir auf dem Beton. Wir verlassen die Hauptstraße hinter dem Leuchtturm und wandern über unebene Steine und Platten den Hang nach oben, bis die Aussicht auf das türkisblaue Meer in der Bucht von Port de Sóller aus dem Blickfeld verschwindet. Inzwischen mache ich das hier jeden Samstag: Suche mir eine Route raus, packe meinen Rucksack und fahre in die Natur. Jeder dieser Nachmittage ist wie ein heilsames Auftanken, oft freue ich mich die ganze Woche darauf. Heute habe ich Samira dabei, eine junge Frau, die ich hier in einem Café kennengelernt habe. Zusammen klettern wir auf dem Wanderweg von Port de Sóller nach Deià zwischen den Steinmauern hoch.

Olivenhaine säumen den Pfad, auf dem wir uns befinden, wir passieren drei Esel, die uns neugierig begrüßen. Eine gelbe Finca mit grünen Fensterläden mitten auf dem Weg, an einem der höchsten Punkte der Strecke, zieht uns wie magisch hinein. Dort bekommen wir den köstlichsten Mandelkuchen serviert, den ich je gegessen habe, zu frisch gepresstem Saft und warmen Empanadas. Nichts davon passt zusammen und irgendwie doch alles. Was für ein schöner Nachmittag. Die Strecke wird in den nächsten Monaten meine liebste auf der Insel werden.

Ich würde auf dem weiteren Weg lieber die Stille genießen, der Luft und den Vögeln zuhören. Die warme Sonne auf meinen Unterarmen spüren und mich mit allen Sinnen der Natur hier hingeben. Meine Begleiterin dagegen quasselt fröhlich und aufgekratzt laut vor sich hin. Wir haben definitiv verschiedene Bedürfnisse hier. Ihre Worte wiegen schwer in der federleichten Umgebung dieser atemberaubenden Natur. Sie vertreiben für mein Empfinden die Leichtigkeit, zu der die Wanderroute uns einlädt.

Sie geht motiviert voran, ich inzwischen nur noch träge hinterher. Irgendwo in meinem Unterbewusstsein klingelt eine Stimme, dass das der falsche Weg war, aber so viel, wie sie redet, schalte ich meinen Kopf ab und gehe nur hinter ihr her, einen Fuß vor den anderen. Wir kennen uns kaum, und ich weiß nicht, wie ich das äußern soll. Dieses Bedürfnis nach Ruhe gerade.

»Ich glaube, wir hätten gerade die andere Abzweigung nehmen müssen«, sage ich irgendwann abwesend. Sie bleibt abrupt stehen. Mein Handy verliert den Empfang, und wir sind eine Weile offroad unterwegs, obwohl der Weg eigentlich gut ausgeschildert ist. Ich merke, wie sie nervös wird und auf ihr Telefon hämmert.

»Einfach immer bergab. Mallorca ist nicht so groß, irgendwo werden wir schon wieder rauskommen«, scherze ich matt und halte an, um die Hand nach einem Olivenbaum auszustrecken. Sie sieht mich entgeistert an.

»Ich bin mir sicher, dass wir den Weg gleich wieder finden, vertrau mir«, ich senke den Kopf und wechsele zu einer verschwörerischen Stimme. »*Ich* find den Weg schon«, korrigiere ich dann beschwingt. »Mein Orientierungssinn ist wirklich gut.« Sie wird unruhig. »Ich glaube, ich kann nichts besser als das. Wenn ich etwas aussuchen müsste, du weißt schon, so ein Supertalent an mir, dann das.« Ich habe fast das Gefühl, als müsse ich mich ihr verkaufen, um sie davon zu überzeugen, dass ich mir sicher bin. Aber was das angeht, habe ich wirklich ein unerschütterliches Vertrauen in mich selbst. Meine Orientierung hat mich bislang noch nie verlassen.

Wer behauptet, etwas gut zu können, wird in unserer Gesellschaft gern mal als arrogant abgestempelt. Hier ist es die pure Klarheit in mir darüber, wo meine Stärken liegen. Ein ganz grundsätzliches und souveränes Selbstvertrauen in meine Fähigkeiten. Aber auch sonst behaupte ich gerne, dass ich etwas gut könne. Es ist ein Relikt, eine Erinnerung an meine eigene Kindheit.

Mein Vater hatte meine ganze Kindheit lang die Angewohnheit zu behaupten, dass er in allem der Beste sei. Er erzählte uns immer, dass er Weltmeister ist, und eine ganze Weile habe ich das auch geglaubt. Ich war mit drei Jahren sehr beeindruckt davon, worin er alles Weltmeister ist: Einparken. Eis essen. Aufräumen. Ich denke an meinen Vater. Den Weg finden? Klar, darin bin ich Weltmeisterin. »Ich kann das. Ich muss es nur noch lernen« war auch so ein Spruch von ihm. Alles war nicht ein Problem, sondern nur eine Aufgabe, die gelingen würde. Natürlich kann niemand alles, aber darum ging es damals auch nicht. Es war eher spielerische Motivation denn ernst gemeinte Selbstüberschätzung. Ich mag auch heute noch die kindliche, naive Komponente und den Schwung, der dabei mitklingt.

Auch wenn das nicht auf alles anzuwenden ist, brachte es mich dazu, die Dinge einfach mal auszuprobieren. Wird sich ja dann noch herausstellen, ob ich etwas wirklich kann. Ich konnte mir auch mal nicht die Schuhe binden oder Fahrrad fahren, aber ich habe es irgendwann gelernt, und so kann es doch mit allen Aufgaben des Lebens sein. Erfolg misst sich an der Bereitschaft, dazuzulernen. Den Raum betreten zwischen dem, was ist, und dem, was sein könnte.

Es macht einen Unterschied, ob wir den Dingen positiv oder negativ begegnen. Der Glaubenssatz »Das habe ich noch nie gekonnt« und überzeugender Missmut führen wahrscheinlich nicht dazu, dass wir an uns glauben und etwas ausprobieren, demnach auch nicht dazu, in etwas gut zu werden. Es ist eine Charakterfrage, ob wir forsch vorangehen oder zögern, aber vorangehen tun wir ja dennoch alle. Auch wenn man gerade mal nicht weiterweiß, hilft es, sich nicht aus der Ruhe bringen zu lassen. Nach dem Motto: »Ich habe keine Ahnung, deswegen mache ich jetzt einfach mal das.«

»Hier lang, dann links. Da müsste Westen sein«, navigiere ich uns über einen Hang runter. Wir finden nicht nur den Weg, auf dem Weg zurück runter zur Bucht von Port de Sóller kommen wir unverhofft an Schafen und Ziegen vorbei, die friedlich auf einer Lichtung grasen, an Zitronen und Orangenbäumen sowie weiten Olivenplantagen. Ich hebe einen kleinen Olivenzweig vom Boden auf. Eine halbe Stunde später klettern wir aus einem Gebüsch, das uns wieder auf die richtige Route bringt: Wir sind fast zurück im Hafen von Port de Sóller. Mein Handy klingelt, um zu verkünden, dass es wieder Empfang hat.

»Alles gut gegangen«, atmet Samira erleichtert auf, als sie die Umgebung wiedererkennt. Ja. Ich hatte keine Sekunde einen Zweifel daran.

*

Auf der Suche nach einem Parkplatz in den Hügeln von Son Dameto trotte ich ein paar Tage später in erster Reihe hinter einem Fahrschulauto hinterher. Der kleine Opel schlingert über die Straße, macht ruckelnde Sätze nach vorn und kommt immer wieder vor mir zum Stehen. Mein Van versperrt dem restlichen Verkehr die Sicht darauf, was vor mir passiert. Ich höre ein Hupkonzert und sehe Autos hinter mir ausscheren, um zu überholen, aber dafür ist die Straße viel zu eng.

Durch die Heckscheibe des Autos vor mir beobachte ich, wie der Fahrlehrer immer wieder ins Lenkrad greift. Ich male mir aus, wie es der jungen Frau am Steuer gerade damit gehen muss, hier den ganzen Verkehr aufzuhalten. Ich erinnere mich an meine eigenen Schweißausbrüche, als ich an ihrer Stelle war. Siebzehn Jahre, schweißnasse Hände und das Bedürfnis, mich in Luft aufzulösen.

Durch meine erste Prüfung bin ich durchgefallen, weil ich viel zu aufgeregt war und alles falsch gemacht habe. Erst die zweite habe ich geschafft, und ich weiß kaum etwas, was sich schwieriger und aufreibender anfühlt, als mit Angstschweiß auf der Stirn in so einem Wagen zu sitzen. Sie ist ich und ich bin sie, nur zu anderen Zeitpunkten in unseren Leben.

Eine halbe Ewigkeit später sitze ich nun im Auto dahinter, habe Zeit, kurbele das Fenster runter. Meine Arme werden von der Sonne gestreift. Früher konnte ich nicht Auto fahren, und jetzt mache ich nichts lieber. Es ist die Übung, die Routine, die uns in Dingen gut macht. Aber dafür müssen wir eben mit ihnen anfangen.

Ich würde zum Beispiel gern mal Roller fahren im Verkehr von Paris, selbst, nicht nur als Mitfahrerin. Das habe ich noch nie gemacht, habe ich mich bislang nicht getraut, und ich stelle mir es mental fordernd vor. Aber irgendwann macht man alles zum ersten Mal. Und Dinge zum ersten Mal zu tun, damit will ich nie aufhören. In meiner goldenen Bubble habe ich Platz, Selbstvertrauen aufzubauen. Wie ein Haus, das ich einrichte. Als würde ich die Wände von innen damit tapezieren und ständig davon umgeben sein.

Ich betrachte den kleinen Olivenzweig vom Wandern, der jetzt auf der Ablage auf dem Armaturenbrett liegt. Ich glaube, Selbstvertrauen ist, über die Jahre zu lernen, was man selbst gut kann und was einen glücklich macht. Bei mir weiß ich das inzwischen. Manches davon ist weniger nützlich im Alltag (lange Strecken Auto fahren), manches schon mehr (sich überall orientieren können). Vieles andere kann und darf ich noch lernen. Wenn wir das Leben lebenslang als Lernphase begreifen, fühlt sich auch alles, was noch im Unbekannten vor uns liegt, dennoch ganz leicht an.

Und ich weiß auch, was ich nicht kann. Aber grundsätzlich traue ich mir alles erst mal zu. Skiurlaub? Locker, kein Problem. Am Ende kann ich ja nicht wissen, ob dem so ist. Man kann ja auch nicht kochen, nur weil man mal ein Buch darüber gelesen hat. Machen ist etwas anderes. Leben ist ausprobieren.

Führt das nicht zu Enttäuschungen? Sollte man sich selbst lieber realistisch sehen?, könnte man hier fragen. Klar, kann man auch. Man kann das ja alles mit einem Augenzwinkern sehen. Und, um sich erst einmal irgendwohin zu entwickeln, muss man diese Lücke aufmachen zwischen dem, was ist, und dem, was sein könnte. Also muss man an sich selbst glauben. Sonst bleibt man immer dort, wo man schon ist.

Ich gehe seither am liebsten allein wandern. Es hat etwas Meditatives, die Stille für mich zu genießen. Und den Weg finde ich auf jeden Fall. Ich kann das eben.

9

Loslassen kann frei machen

Schönes gehen lassen

Es ist das siebte Mal, dass ich an diesem Abend in einem großzügigen Radius meinen Häuserblock in Palma umfahre und versuche, einen freien Parkplatz zu erwischen. Die Straßen sind so eng, da scheint es mir wirklich verwunderlich, dass ich noch nicht aus Versehen einen fremden Seitenspiegel abgetackert habe. Schließlich gebe ich auf und halte wieder einmal im Halteverbot vor einer bereits geschlossenen Bäckerei.

Verschwitzt klettere ich aus meinem Auto. Die Parkplatzsuche war viel anstrengender als die Sportsession zuvor. Ich hatte mich direkt nach meiner Ankunft auf der Insel in einem großen Fitnessstudio außerhalb Palmas an der Autobahn angemeldet, das all meine Träume wahr werden ließ: Yoga, Pilates, Bootcamp-Kurse, freies Krafttraining, eine Außenterrasse, Palmen. Dorthin komme ich aber nur mit meinem Auto. Das wiederum kann ich nicht jeden Tag bewegen, weil es mich danach jedes Mal über eine Stunde kostet, wieder einen kostenfreien Parkplatz zu finden. Also gehe ich immer seltener zum Sport und bezahle meine Mitgliedschaft irgendwann umsonst.

Natürlich, das Fitnessstudio ist riesig und schön, und hier gäbe es alle Kurse, die ich mir erträumen könnte – aber den Aufwand, den es mir bereitet, und die Kopfschmerzen, die damit verbunden sind, sind das Erlebnis dann doch nicht wert, entscheide ich. Also melde ich mich in einem winzig kleinen Fitnessstudio bei mir um die Ecke an. Die Geräte sind alt, es gibt keine Kurse, und manchmal glaube ich, es befinden sich mehr Menschen als Hanteln in diesen winzigen Räumlichkeiten. Aber ich laufe dorthin nur drei Minuten zu Fuß, ich habe also fast keinen Aufwand, wenn ich Sport machen möchte. Und das ist so schön, dass ich vor Erleichterung zu weinen anfangen könnte.

Mit meinem VW-Bus habe ich mir zwar einen Traum erfüllt, aber in der Realität ist die ewige Parkplatzsuche, vor allem in den engen Gassen im Süden Europas, einfach nur belastend. »Da kann ich jetzt nicht hin, dann müsste ich erst eine Stunde einen Parkplatz suchen«, denke ich ständig. Schnell mal morgens zum Strand? Vergiss es. Abends finde ich nach meinen Tagestouren oft nur noch einen Spot im Halteverbot oder hänge halb auf einem Zebrastreifen und muss morgens halb sieben schlaftrunken raus, um einen neuen Parkplatz zu finden, bevor irgendjemand Stress macht. So kann das nicht weitergehen. Es dämmert mir: Mit einem winzig kleinen Auto wäre mein Leben hier deutlich leichter.

Was ich mit meinem Bulli verbinde, sind Ungezwungenheit und Freiheit. Alles kann passieren, ich kann jederzeit an die Seite fahren und im Auto schlafen. Aber wenn ich ehrlich bin: Ich nutze ihn gar nicht. Wann habe ich das letzte Mal irgendwo gecampt?

Manchmal ist die Vorstellung von etwas schöner, als es dann wirklich zu besitzen oder zu erleben. Deswegen gilt es, Vorstellungen von Dingen loszulassen und sich zu fragen: Passt das überhaupt zu mir? Macht es mein Leben leichter oder schwerer?

Die Vorstellung, die wir von etwas haben, ist nicht immer so bunt und unkompliziert wie die Realität. Ich mag die Idee, einen Schrebergarten zu haben, aber jedes Wochenende bewirtschaften möchte ich ihn nicht. Ich mag auch die Idee, mir einen zweiten Hund anzuschaffen, aber in der Praxis würde es mich nur stressen, zwei von diesen Rabauken, die mich um Essen anbetteln, zu betreuen. Ich stelle es mir toll vor, einem Tennisclub beizutreten und regelmäßig spielen zu gehen, aber praktisch würden mich die horrenden Gebühren höchstwahrscheinlich schnell nerven und mir die zeitliche Gebundenheit an vorreservierte Plätze auch recht schnell die Freude nehmen.

Ewiges Habenwollen und das Streben nach mehr beschwert das Jetzt. Daher lohnt es sich, sich zu fragen: Sollen die Dinge in meinem Leben schwierig sein? Wie kann ich sie mir leichter machen? Was kostet mich wie viel Lebensenergie, und will ich die wirklich dafür aufbringen? Was gibt mir gerade innere Ruhe? Wenn man sein ganzes Leben und jede Entscheidung danach ausrichtet, vereinfacht das das Leben enorm. Wie eine innere Standardkonfiguration. Egal ob Klamotten oder alte Lebensentwürfe, die nicht mehr passen: Haben wir erst einmal Gepäck abgeworfen, fühlen wir uns danach leichter.

»Manchmal ist es auch schön, etwas nicht zu haben«, hatte der Sommelier in Südtirol gesagt. Dieser Satz ist mir im Kopf geblieben.

*

Zu den wichtigsten Ritualen meines Lebens gehört, immer mal wieder Dinge loszulassen und auszusortieren. Denn hier kommt ein Geständnis: Ich bin unordentlich. Selbst wenn ich nur drei Dinge besitzen würde, ich würde es schaffen, sie verstreut rumliegen zu lassen. Dabei liebe ich aufgeräumte, klare Strukturen. Wenn ich in sehr zugestellte Wohnungen komme, kann ich keinen klaren Gedanken fassen. Mein Gehirn ist dann von zu vielen Sinneseindrücken überfordert. Und trotzdem fällt es mir selbst schwer, Ordnung zu halten und alles wieder dorthin zu legen, wo es hingehört.

Wie leicht man das Leben nimmt, ist sicherlich nicht zwingend von der Menge der Besitztümer abhängig. Aber davon, für sich persönlich das zu machen, was einem selbst hilft, es leicht zu nehmen. Einer unordentlichen Person wie mir ist zum Beispiel damit geholfen, mich in meinen Möglichkeiten zu limitieren, wie mit einer Capsule Wardrobe, also einer begrenzten und aufeinander abgestimmten Menge an Anziehsachen. In der sind nur wenige untereinander kombinierbare Teile in einem Schrank, die je nach Jahreszeit angepasst werden. Ich erleichtere mir also mein Leben, weil ich nur noch wenige Optionen habe und weniger aufhängen und sortieren muss.

Es gilt, das Leben ganz grundsätzlich mal auszumisten: Was ist da in meinem Rucksack? Was trage ich mit mir rum, was mir mein Leben buchstäblich schwerer macht? Das kann wie bei mir ein Hang zum Chaos sein, eine noch nicht verarbeitete ehemalige Beziehung, schlechte Angewohnheiten oder die immer noch nicht gemachte Steuererklärung. »Wenn wir uns weniger im Außen ablenken, haben wir mehr Zeit, um mal nach innen zu sehen«, hat Berta beim Waldbaden in Tisens gesagt. Kein Wunder, dass sie neben ihrer Tätigkeit mit dem Waldbaden auch als Aufräumberaterin arbeitet.

*

Meine Freundin Tessa besucht mich in diesem Frühling auf Mallorca, um allein und ohne ihren Mann schon einmal ein paar Hochzeitslocations anzusehen. Der ist die nächsten Wochen beruflich eingespannt und konnte sich nicht freinehmen. Sie schon – und ich auch.

Nach Son Togores und Son Sampol sind wir jetzt auf dem Land bei Santanyí. Jede Finca oder Villa auf ihre Art eine schöne Location und damit auch eine ganz andere Hochzeit. Mal verträumt, mal minimalistisch, mal uriges Landhausambiente. Der Weg hierher ist eng gewesen, wir haben geparkt und uns schockverliebt.

Eine frei stehende Finca, ein großer Pool, mediterranes Ambiente und ein von drei Häuserseiten begrenzter Innenhof, in dem man ohne Lautstärkebegrenzung bis in die frühen Morgenstunden feiern kann, weil es keine Nachbarn gibt: Es ist die perfekte Location. So würde ich auch heiraten wollen.

»Ich bin für diese hier. Die toppt alles«, rufe ich, als ich mit zwei frischen Orangensäften, die ich im Inneren der Landhausstilküche gepresst habe, wieder nach draußen trete. Tessa sitzt zwischen ausgebreiteten Unterlagen im Gras, den Kopf in die Hände gestützt.

Eine Hochzeitsplanerin namens Veronica, die sich auf Hochzeiten auf der Insel spezialisiert hat, rennt hektisch um uns herum, einen Klemmblock unter dem Arm, ihre Haarspange löst sich und gibt ihre Haare in Strähnen frei. Sie sieht aus, als würde jetzt gleich geheiratet werden. Ob so viel Zerstreuung gerade schon nottut?

»Was überlegst du? Denkst du, die ist zu teuer?«, frage ich und werfe einen Blick auf die Kalkulationen vor Tessa im Gras. Ich merke, wie sie ganz still wird.

»Gefällt sie dir nicht? Ich kann das der Planerin sagen, wenn du magst.« Nervös schiele ich zu Veronica rüber, die langsam die Geduld mit uns zu verlieren scheint.

»Ich kann ihn einfach nicht heiraten«, erklärt sie mir unvermittelt. »Ich kann das nicht erklären. Er ist nahezu perfekt das, was ich mir für mein Leben vorgestellt habe. Er trifft jede Checkbox. Aber ich kann das einfach nicht. Mein Bauchgefühl wehrt sich richtig stark dagegen. Es sagt mir ganz klar: Das wäre ein Fehler.« Uff, das ist ja ein starkes Stück. Weiß ich gar nicht, was ich dazu sagen soll. Ich blicke zur Partynacht in der Finca auf, die in diesem Moment wie eine Seifenblase vor uns beiden zerplatzt.

»Wirklich?«

Sie nickt. »Es ist ein ganz leises Gefühl. Aber stetig.«

»Hast du denn Angst vor der Hochzeit … kalte Füße? Kann es nicht einfach auch das sein?«

»Nein, ich freue mich sogar drauf, irgendwann zu heiraten. Aber das hier … Das fühlt sich einfach nicht richtig an. Anders kann ich es nicht erklären. Es ist, als würden mir die Worte fehlen, aber als würde mein Körper wissen, was zu tun ist.« Das Gefühl kenne ich. Jetzt nicke ich.

Intuition ist in meiner Vorstellung mein zukünftiges Ich, das den Weg schon kennt und mir etwas mitteilen will. Als würde da eine Version von mir aus meiner Zukunft mit mir sprechen oder mir von ganz weit weg zuwinken, über einen riesigen imaginären Graben hinweg. Und die gibt es ja irgendwann wirklich. Wenn ich heute auf Situationen vor vielen Jahren zurückblicke, denke ich mir, vielleicht hat wirklich mein jetziges Ich mein damaliges vor Dingen gewarnt. Es hat mir ein schlechtes Bauchgefühl geschickt und mich weiterziehen lassen. An so etwas muss man nicht glauben, aber wenn Zeit nur ein Konstrukt ist und alles möglich sein könnte, dann glaube ich, dass mein Bauchgefühl eigentlich ich selbst bin, ein höheres Ich, das mehr begreifen kann als das, was ich hier gerade vor mir sehe.

Ich kenne dieses eindeutige Magenziehen gut, das mich vor einer großen Entscheidung warnt. Vielleicht ist einer der schlechtesten Ratschläge, die wir im Laufe unseres Lebens bekommen, der, niemals aufzugeben. Zu wissen, wann der richtige Zeitpunkt gekommen ist, aufzugeben und weiterzumachen braucht wirkliches Selbstvertrauen. Etwas aufzugeben öffnet dir den Weg dahin, wohin du vielleicht wirklich gehörst.

Sie hat ihn tatsächlich nicht geheiratet. Ein paar Wochen nach der Reise und nach etlichen Gesprächen sagten sie gemeinsam die Hochzeit ab.

»Ich fühle mich so befreit«, schluchzte sie ins Telefon.

Auch wenn es drastisch klingt, eine Hochzeit abzusagen, auch wenn es schmerzhaft ist, eine Beziehung zu beenden oder etwas anderes aus dem eigenen Leben gehen zu lassen, das »eigentlich« ganz schön ist, ist es manchmal doch das, was uns wahre Freiheit schenkt. Wenn die Sachen sich nur einigermaßen gut, aber nicht so ganz richtig anfühlen, ist es nicht unbedingt erfüllender und vollständiger, mit ihnen zu bleiben, als ohne sie zu sein.

Wahrscheinlich ist der Hauptgrund dafür, dass wir nicht loslassen wollen, von einer mittelmäßigen Beziehung, einem Wunsch oder einem Lebenstraum, einer bestimmten Vorstellung, einer Freundschaft, die nicht mehr guttut, einem Job oder von der Vergangenheit, dass wir uns nicht vorstellen können, was danach noch Besseres kommen könnte. Dass wir nicht daran glauben, dass auf uns etwas Schöneres wartet. Dass wir es uns schlichtweg nicht vorstellen können. Es ist ein sehr kraftvolles Werkzeug, auf dieses innere »Mein Gefühl rät mir etwas anderes« zu hören. Der Körper weiß, was zu tun ist.

Wir können Dinge gehen lassen. Auch die schönen. Ich lasse mich fallen und schwelge darin. Fühle Sonne auf meinem Gesicht. Wie schön es war. Wie schön dieses Ende ist. Ich stehe Ende Mai auf der Fähre aus Mallorca zurück aufs Festland rüber, die spanische Flagge weht über mir im Wind. Ich stehe mit dem Hund an Deck und beobachte, wie die Insel vor mir, auf der ich gerade acht Monate gelebt habe, immer kleiner wird. Wenn man sich irgendwo anders zu Hause fühlt, wird man vielleicht nie wieder ganz zu Hause sein. Ein Teil des eigenen Herzens ist ab da immer auch gleichzeitig woanders. Ein Teil meines Herzens würde ab jetzt immer auf Mallorca bleiben.

10

Ausflippen würde das Problem auch nicht lösen

Kollision mit einer Waschanlage

Zurück in meiner Heimatstadt. Es ist ein unaufgeregter Donnerstagmorgen im Sommer, als ich kurz vor der Autobahnauffahrt noch einmal abbiege und konzentriert an meinem Kaffee nippe. Acht Uhr morgens im Juli und schon brütend heiß, hier in der Kleinstadt meiner Eltern. Eine Autowaschanlage am Straßenrand hat meinen Blick auf sich gelenkt, und ich beschließe, ach, dafür ist noch Zeit! Ich fahre die blaue Tankstelle an, löse ein Ticket und fahre direkt hinein. Ich bin die Einzige, die um diese Uhrzeit ein sauberes Auto haben will. Alles läuft wie am Schnürchen, ich parke, stelle den Motor des Vans ab und gehe dabei gedanklich durch, was ich später noch einkaufen will.

Die Maschine beginnt ihr Werk und stoppt kurz darauf wieder. Oh, ich stehe wohl zu weit rechts und nicht richtig zwischen den vorgezeichneten Linien. Na, das kann ich ja noch kurz justieren. Mein Seitenspiegel ist im Weg. Ich klappe ihn ein, aber auch so funktioniert es nicht. Am Rand der Anlage stehen einige Regeln, eine davon: »Auto nicht verrücken!« Okay, solange es noch nicht losgeht, wird das ja nicht so wild sein, oder? Ich starte den Motor noch einmal, setze das Auto nach links hinten zurück, um es besser in Position zu bringen. Wohl keine gute Idee. Als ich gerade wieder nach vorne rolle, geht die Waschanlage röhrend wieder los und kracht mir mit voller Wucht vorne rechts in die Stoßstange. Wir scheinen beide gleichermaßen irritiert über unseren Zusammenstoß zu sein, denn sie setzt vor und wieder zurück, schrammt ein paarmal an der Vorderseite meines Autos entlang, bis ich richtig schön im Metall eingekeilt bin, und geht dann aus. Huch.

»Bei Problem hupen!« ist eine der weiteren Regeln, die am Rand zu finden sind. Vielleicht sollte ich sie doch befolgen. Ich drücke auf die Hupe. Nichts passiert. Noch mal, etwas weniger zaghaft. Nichts. Mein Herz klopft schneller. Widerwillig klettere ich aus dem Auto und betrete die leere Tankstellenfiliale.

»Entschuldigung, ich habe da ein Problem, könnten Sie mir kurz weiterhelfen? Ich glaube, ich habe die Waschanlage angefahren …«, sage ich zur jungen Frau hinterm Tresen.

»Was?!«, schellt es aus dem Hinterzimmer, und ein untersetzter Herr betritt die Szene. »Was haben Sie gemacht?«, schreit er augenblicklich. Ich fühle mich wie ein Kind, das sich eine Standpauke abholt. Nervös straffe ich meine Schultern, sehe ihn fest an und lächele so, dass es aufgeschlossen, aber nicht unangebracht wirkt: »Ich glaube, ich habe einen Zusammenstoß mit der Anlage verursacht, könnten Sie kurz mitkommen? Ich kriege mein Auto aktuell nicht mehr raus, vermute ich. Es klemmt fest. Könnten Sie mal kurz mitkommen?«, wiederhole ich mich und lotse ihn rückwärts zum Ort des Geschehens. Dass ich Angst habe, was dieses automatisch betriebene Ungeheuer als Nächstes tun könnte, behalte ich lieber für mich.

Als er sieht, wie mein VW-Bus in der Waschanlage verkeilt ist, prasseln Schimpftiraden auf mich nieder, die gar nicht mehr aufhören wollen. Sein ganzer Tag sei jetzt versaut, wie man denn nur so blöd sein könne, die Anlage sei idiotensicher, so etwas hat noch niemand hinbekommen, wie dumm man denn sein könne, und überhaupt, was fiele mir ein, ich solle die Augen aufmachen. Beschimpfungen ergießen sich wie warmer Sommerregen über mich. Und ich lasse sie an mir abprallen. Er hat völlig recht, meine schlauste

Tat des Tages war das nicht, aber allein diese Erkenntnis und mich zu beschimpfen befreien mein Auto nicht und erscheinen mir auch sonst wenig zielführend.

Es gibt verschiedene Möglichkeiten, wie man mit verärgerten Menschen umgehen kann. Wütend werden und zurückschreien. Diskutieren. In Tränen ausbrechen. Oder gelassen bleiben und sich sofort entschuldigen. Ich entscheide mich für die letzte Variante. Ich kann nicht sagen, woher ich meine Besonnenheit in diesem Moment nehme. Vielleicht liegt es daran, dass ich erst einen Schluck Kaffee hatte und noch nicht ganz wach bin.

»Ich weiß, das ist jetzt blöd, es tut mir sehr leid, und Sie haben völlig recht, aber können wir kurz eine Lösung finden, wie ich wieder rauskomme, und dann nehmen Sie einfach meine Daten für die Versicherung auf?«, frage ich ebenso freundlich wie unbeirrt dazwischen. Mein Versuch, ihm zu vermitteln, dass wir keine Gegner sind, sondern auf der gleichen Seite des Ärgers stehen. Die Morgensonne brennt in unsere Gesichter, eins geschockt, eins nur sprachlos.

»Wie können Sie denn da so ruhig bleiben?« Er fuchtelt wild mit seinen Armen vor mir herum und stemmt dann die Hände in die Hüften. Er ist ehrlich erschüttert über meine unbeteiligte Reaktion, darüber, dass ich nicht in seinen Monolog einsteige. Ich möchte ihm von meiner neuen goldenen Bubble erzählen, aber stattdessen höre ich mich nüchtern, aber freundlich sagen: »Ausflippen würde das Problem für mich gerade nicht lösen. Ich bin eher an einer Lösung interessiert. Am besten überlegen wir lieber, wie ich da wieder rauskomme. Damit Sie weitermachen können, meine ich. Sie haben ja sicherlich auch viel zu tun heute, da will ich Sie nicht länger als nötig hiermit aufhalten.« Hinter der Waschanlage reihen sich Autos auf, ein Mann steigt aus seinem Mercedes und betätigt nebenbei genervt die Hupe. Falls die Waschanlage überhaupt noch geht, denke ich still und schicke ein Stoßgebet gen Himmel und in Richtung Mister Mercedes am anderen Ende dieses Tunnels. Mit der Elektrik dahinter kenne ich mich nun wirklich nicht aus. Habe ich das Teil geschrottet? Übernimmt das überhaupt meine Haftpflichtversicherung? Oder die vom Auto? Irgendeine eben?

Der Tankstellenbesitzer ist erst erbost über meine Ehrlichkeit, irritiert, aber nickt dann. Seine Gesichtszüge glätten sich wieder.

»Lassen Sie mich nachdenken, Sie geben Gas, und ich halte die Maschine davon ab, loszustarten?« schlage ich vor und drücke ihm dafür meinen Autoschlüssel in die Hand. Keine zehn Pferde kriegen mich dazu, da noch mal einzusteigen. Zumindest nicht in seiner grimmigen Anwesenheit. Er reibt sich die Nase und sagt dann matt: »Versuchen wir's«.

So machen wir es, er setzt mit Vollgas zurück, ich haue auf den roten Notausschalter, als die Maschine sich wieder in Bewegung setzen will, und wir beide sehen uns, halb geschockt, halb erleichtert, durch meine Windschutzscheibe an.

»Geht die Anlage noch?«, frage ich, als er mein Auto draußen geparkt hat. Zum Prüfen schmeißt er einen neuen Waschgang an und stoppt dann wieder über den roten Schalter.

»Ja, scheint alles zu gehen. Ein bisschen verbogen hier am Rand das Metall, aber das kriege ich wieder rausgedrückt, vielleicht wenn ich es mit dem Brenner kurz erhitze ...« Plötzlich ist er wie ausgewechselt. Erleichtert. Voller neuem Tatendrang. Ich lasse mir nicht anmerken, dass ich noch um einiges erleichterter bin. Gerade noch einmal gutgegangen!

»Fotografieren Sie dennoch kurz meinen Personalausweis und am besten auch den Schaden ab und speichern Sie meine Nummer, nur falls die Beule nicht rausgeht? Falls es an die Versicherung muss, meine ich.« Welche denn auch immer. Meine Daten muss ich ihm geradezu aufzwängen, so sehr steht er immer noch neben sich, unfähig, die logischen Notfallschritte nacheinander abzugehen.

Wir verabschieden uns mit Handschlag. »Aber das nächste Mal fahre ich Ihr Auto in die Anlage, okay? Sie haben ja jetzt meine Nummer.«

Ich schlage ein.

»Toller Service, davon habe ich schon immer geträumt. Werde ich weiterempfehlen.« Wir lachen beide.

Wenn etwas passiert, mit dem ich nicht gerechnet habe, wie an diesem Morgen, hilft es mir, in einen völlig emotionsfreien Problemlösemodus umzuschalten. Generell ist das mit Unfällen und jeder Art von Gefahr, mit vielem, womit wir nicht rechnen, so: Es schadet nicht, ruhig zu bleiben. Immer einen Schritt nach dem anderen, was kann ich gerade tun? Manchmal ist man selbst überrascht von sich, an diesem Tag war ich es.

Man kann auf zwei unterschiedliche Arten mit so einer Situation umgehen, eigentlich kann man das mit jeder: gelassen und konstruktiv – oder impulsiv und durcheinander. Der Schaden bleibt der gleiche, die Lösung am Ende wahrscheinlich auch, nur der Weg dahin ist anders. Eine ruhige Reaktion kann man trainieren und jede neue Gelegenheit einfach nur als Übung genau dafür sehen, habe ich mal gelesen. Wenn man das Leben als Spielfeld begreift, ist jede Situation eine Gelegenheit, bei der man noch etwas dazulernen kann.

Wie nehme ich anderen den Ärger aus den Segeln, wenn ich ihn selbst verursacht habe? Ich entschuldige mich und signalisiere: Das war mein Fehler, und ich bin auf Ihrer Seite. »Ich verstehe, wie ärgerlich das jetzt für Sie ist« hilft, dem anderen das Gefühl zu geben, das man sieht, was er damit jetzt zu tun hat. »Das muss herausfordernd sein, sich mit so etwas hier herumschlagen zu müssen. Hätte ich auch gar keine Lust darauf. Tut mir sehr leid« kostet absolut nichts, es über die Lippen zu bringen. Um gemeinsam an einem Strang zu ziehen, nicht gegeneinander. Um anderen empathisch zu begegnen.

Ich könnte mich jetzt den ganzen Tag ärgern oder die Schuld auf die vorschnelle Funktion der Waschanlage schieben. Oder ich kann einfach sagen: »Ja. Das war ich.« Einen Fehler eingestehen, wie ich mir selbst das mit der falschen Wahl der Wohnung ohne Heizung für den Winter. Statt mich monatelang zu ärgern, kann ich einfach zugeben, dass ich einen Fehler gemacht habe. Na und, zukünftig werde ich besser darauf achten. Nur wenn man etwas eingesteht, nimmt man der Sache auch die Schwere und erlaubt sich, gemeinsam oder allein, irgendwann darüber zu lachen.

Auch wenn andere ihre Fehler eingestehen, kann uns das sehr erleichtern. Vor ein paar Jahren begab ich mich in einen Friseursalon, mit dem Wunsch, meine ersten grauen Haare im mittelbraunen Schopf in meiner Naturhaarfarbe zu *tönen*, gerne so natürlich wie möglich. In aller Kürze: Nur eine Stunde später saß ich mit strohigen schwarzblauen und *gefärbten* Haaren da, die nichts mit dem zu tun hatten, was ich gewollt hatte. Obwohl ich im Salon während der Prozedur mehrmals darauf aufmerksam gemacht hatte, dass die Farbe ganz schön dunkel aussah und schon etwas zu lange einwirkte. Die Friseurin fuhr mich an, dass ich jetzt bezahlen sollte. Tränen schossen mir in die Augen, wütend taumelte ich nach Hause. Es kostete mich über ein Jahr, die Farbe mit Blaustich aus meinen Haaren rauswachsen zu lassen und mich in meiner Haut wieder richtig wohlzufühlen.

Fehler sind menschlich, klar. Wenn ich heute auf diese Situation zurückblicke, erkenne ich, was mich damals so wütend machte: Viel schlimmer als die falsche Haarfarbe war, dass die Friseurin ihren Fehler nicht eingestand, sondern behauptete, ich hätte das genau so gewollt. Wo wir doch beide wussten, dass das nicht der Fall war. Wenn sie mir und sich einfach eingestanden hätte »Entschuldigung, da habe ich einen Fehler gemacht, das tut mir leid«, hätte mir das einen großen Teil meiner Frustration genommen. Wenn andere ein »Ich habe mich geirrt« aussprechen können, zeugt das nicht nur von innerer Souveränität und Größe, sondern hilft uns auch, eine schwere Situation leichter zu nehmen. Statt auf gegenüberliegenden Seiten stehen wir dann beide auf der gleichen: Wir ziehen an einem Strang. Die Anspannung kann nachlassen, wir können uns gegenseitig zu mehr Gelassenheit verhelfen. Gegenüber anderen die Größe haben zu sagen: Da lag ich falsch. Ich habe mich geirrt. Es tut mir leid.

»Mich aufregen oder ausflippen würde das Problem auch nicht lösen« ist ein Mantra, das eigentlich auf viele Situationen zutrifft, die wir nicht ändern können. Ob das vierzig Minuten ICE-Verspätung sind, während ich mir die Beine in den Bauch stehe. Oder dass die Arzthelferin Termine vertauscht und alle aufruft, außer mich. Manches können wir nicht ändern. Wie kann ich meine Zeit besser nutzen, als mich zu ärgern, zum Beispiel beim Warten? Eine alte Freundin mal wieder anrufen. Ein Hörbuch fertig hören und noch eine Runde spazieren gehen. Mich in Ruhe langweilen und meine Augen entspannen wie in einem Spa. Die Menschen beobachten. Meine Zeit sinnvoll verbringen. »Bevor ich mich aufrege, ist es mir lieber egal« kann auch ein schönes Mantra sein, finde ich. Gilt vielleicht nicht für Blechschäden und Unfälle, für Zugverspätungen aber auf jeden Fall.

Ich bin den ganzen restlichen Tag verwirrt von dem Zusammenstoß mit der Waschanlage. Seit diesem Morgen habe ich eine neue Schramme in der Stoßstange, aber ansonsten ist meinem Auto überraschend wenig passiert. Es sah auf den ersten Blick schlimmer aus, als es tatsächlich war. Autofahren ist so ein Automatismus für mich, dass ich oft geistig abschalte. Bis zu diesem Donnerstagmorgen war das immer gut gegangen. Dieser Vorfall lehrt mich, konzentrierter zu sein, auch morgens. Mit den Gedanken im Moment zu bleiben. Und mein Auto gefällt mir seither leicht verdreckt auch ganz gut. Zur Sicherheit.

Ein paar Wochen später telefoniere ich mit meinem Opa.

»Ich war heute früh mein Auto waschen«, erzählt er mir. »Da hängt jetzt ein Schild draußen, dass man wirklich zwischen den Linien stehen muss. Mit drei Ausrufezeichen. Das warst doch du, oder?«

Ich grinse in mich hinein. Ja. Weiß nicht, ob ich darauf jetzt stolz sein kann.

11

Ich kann mich nicht für dich freuen

Gefühle wahrnehmen und authentisch leben

Berlin, ein kleines Café, Sommeranfang.

»Anna ist wieder schwanger«, überfällt mich meine Freundin Lene mit schwerem Blick, während sie mich umarmt.

»Oh … toll!«, freue ich mich, nur um gleich darauf fragend zu korrigieren: »Toll?« Anna ist nicht meine Freundin, aber ihre. Ich habe zu ihr eine Beziehung, wie wir sie zu vielen Leuten pflegen: Wir sind nicht unmittelbar mit ihnen befreundet, bekommen aber über Freunde einen Einblick in ihr Leben.

»Okay … Wie geht es dir damit?« Ich kann es schon an ihrem Gesicht ablesen. Es ist nichts, was sie in erster Instanz betrifft, nichts, mit dem es ihr gut gehen muss. Aber ich frage es trotzdem. Weil sie sich auf ihrer eigenen Reise befindet. Wir kennen uns seit der fünften Klasse, sie hat mit zwanzig geheiratet und versucht seither, ihren Mann und sich mit eigenem Nachwuchs zu beglücken. Das sind jetzt über zehn Jahre mit einem unerfüllten Kinderwunsch.

»Ich habe gesagt: Ich wünschte, ich könnte mich mehr für dich freuen, aber ich kann es gerade nicht.« Wie stark von ihr, denke ich. Was für ein guter Satz. Ich kann mir wenige Dinge vorstellen, die sich zermürbender anfühlen müssen als ein eigener unerfüllter

Kinderwunsch. Vor allem, wenn man, im Gegensatz zu mir, schon in sehr jungen Jahren das eigene Gegenstück gefunden hat.

Man könnte die Reaktion meiner Freundin zuerst egozentrisch finden. Warum geht es denn bei der guten Nachricht von jemand anderem jetzt um dich? Aber es ist ja so: Unsere eigenen Wunden können wir nicht verleugnen. Sie sind eben da. Und die Ehrlichkeit, mit der Lene sie sich eingestand, konnte für ihre Freundschaft zu Anna bedeuten, gemeinsam füreinander da zu sein, statt sich voneinander zu entfernen. Als ich länger darüber nachdenke, finde ich ihre Reaktion gar nicht mehr egozentrisch. Sondern finde eher, es zeugt von Größe und auch von der Tiefe einer Freundschaft, wenn man sich genau so etwas sagen und eingestehen kann. Ich mag die Ehrlichkeit, mit der Lene die Situation für sich gelöst hat. In Freundschaften sollten widersprüchliche Gefühle gleichzeitig bestehen dürfen. Sie auszudrücken zeigt, dass man sich selbst gut kennt und dafür einsteht, wie man ist. Dass man an sich arbeitet, aber eben nicht perfekt ist. Dass Ehrlichkeit und Nähe in einer Freundschaft wichtig sind.

Ich kenne nicht viele, die in so einer Situation wirklich ehrlich ihre Gefühle ausgedrückt hätten. Die meisten hätten wahrscheinlich ein »Herzlichen Glückwunsch« rausgepresst, sich oberflächlich gefreut und zu Hause den eigenen Schmerz ins Kissen geweint, den Kontakt zur Freundin vielleicht sogar zukünftig vermieden. Weil es zu schmerzhaft ist.

Es kann emotional herausfordernd sein, wenn Freunde das Leben leben, das man selbst gerne leben würde, quasi direkt vor der eigenen Nase. Dabei ist es doch natürlich, dass mehrere Gefühle wie Neid, Eifersucht, Schmerz, Wut und Freude nebeneinander in uns bestehen können, das ist menschlich. Und es ist nicht einfach, sich einzugestehen: Ich kann gerade nicht damit umgehen, das für mich auseinanderzusortieren. Also, wie geht man »leicht« damit um, wenn Freunde etwas haben, was man sich selbst so sehr wünscht? Ich sehe Lene prüfend von der Seite an, wie sie ihren Kaffee schlürft, betrachte die stupsige Nase, das fehlende Lächeln darunter.

Es fällt uns schwer, uns vor anderen verletzlich zu zeigen, weil wir denken, dass wir immer stark sein müssen. Aber ich glaube, so eine Verletzlichkeit, wie Lene sie gezeigt hat, also echte Gefühle, bringt Farbe in das Leben und macht Nähe zu anderen erst möglich. Wir müssen nicht immer stark sein. Und mit anderen über das zu reden, was wir wirklich empfinden, auch wenn es nicht angenehm ist, wie sich nicht für jemanden freuen zu können, kann eine Verbindung nur vertiefen. Indem wir darauf vertrauen, dass eine echte Freundschaft das aushält. Dass wir ausdrücken können, was uns auf dem Herzen liegt. Dass wir nicht voreinander verstecken müssen, welchen Ballast wir mit uns herumtragen. Gefühle an- und auszusprechen lässt sie erträglicher werden, habe ich gelernt.

Genauso wie eine Freundin einmal zu mir gesagt hat, dass ich ihr nicht richtig zuhören würde. Das tat weh, aber es machte einen neuen Raum der Ehrlichkeit zwischen uns auf. Ihre Aussage schuf die Möglichkeit, eine tiefere Verbindung zueinander einzugehen, die über das Oberflächliche hinausgeht und allen Menschen und ihren Gefühlen gleichzeitig Platz einräumen kann. Oder wie ich zu ihr sagte, dass ich manchmal unsicher bin, wie ich mich verhalten soll, weil ich fürchte, dass sie gekränkt ist und es persönlich nimmt, wenn ich zum Beispiel eine Verabredung absage. Was die Frage aufwirft: Darf man in Freundschaften absolut alles sagen? Ich weiß es nicht. Ich möchte glauben, ja. Ehrlichkeit kann befreiend sein und uns einander näherbringen. Tiefe innere Verbindung funktioniert nur über Ehrlichkeit. Aber sie kann auch verletzen. Dann ruckelt es manchmal.

*

Wenn man Gefühle verdrängt, stellen sie sich nur hinten an, habe ich mal gelesen. Die wichtigste Unterscheidung, die ich dafür gelernt habe, ist: Ich habe das Gefühl, aber ich bin nicht das Gefühl. Das schafft eine neue Perspektive, etwas Abstand dazu und macht damit auch einen besseren Umgang mit dem Gefühl möglich. Indem ich mir klarmache, ich fühle gerade nur etwas, aber das kann ich zulassen und habe es im Griff, nicht das Gefühl mich. Meine Gefühle waren für mich früher wie ein Tsunami, der mich mitriss. Heute sehe ich nur noch eine Welle auf den Strand und mich zurollen und kann ein paar Schritte zurücktreten und alles beobachten.

Rolf Dobelli hat in einem seiner Bücher die Sache mit den Gefühlen wie Vögel in einer Markthalle beschrieben: Sie fliegen rein, manche durch, tummeln sich dort eine Weile, aber alle kommen und gehen wieder.[5] »Die eigenen Gedanken und Gefühle wie auf einer Kinoleinwand sehen«, habe ich auch mal als Vergleich gelesen, hilft, das, was man erlebt, mit größerem Abstand zu betrachten. Als würde man in einem gemütlichen Sessel sitzen und einen Film schauen. Finde ich auch ein schönes Bild dafür.

Ich glaube, Leichtigkeit ist, wenn wir nichts verdrängen, sondern authentisch mit all unseren Gefühlen umgehen lernen und dabei auch unsere Schwächen annehmen. Verdrängen würde nur bedeuten, immer ein zusätzliches Gewicht mit sich herumzuschleppen. Wir können uns bei Angst, Einsamkeit oder Unzufriedenheit vorstellen, dass das Gefühl einfach neben einem sitzt, wie ein guter Freund. Und dass wir mit ihm sind, es für uns annehmen, mit ihm reden. Gefühle akzeptieren, die eben da sind. Und lernen, sie für sich zu trennen. Gefühle sind okay. Sie sagen uns nur etwas darüber, wo unsere tiefen Sehnsüchte liegen. Und wir dürfen uns selbst erlauben, Verschiedenes, auch Widersprüchliches, gleichzeitig zu fühlen.

*

»Ich versuche, mich für sie zu freuen. Und ich werde bei jedem Schritt an ihrer Seite sein. Das weiß sie auch«, sagt Lene, bevor wir uns verabschieden. »Bitte denk nicht von mir, dass ich ein schlechter Mensch bin.«

»Denke ich nicht«, antworte ich und nehme sie in den Arm. Ganz im Gegenteil.

12

Und dann?

Wie du Dating wieder leichter nehmen kannst

»Ja, was, wenn jetzt Leute meine Cellulite sehen. Ja, und dann? Und dann?«, wiederholt Sina heiter und lacht und wackelt mit ihren Beinen. Das Publikum lacht mit, angesteckt von ihrer Fröhlichkeit. Ich sitze in einer Gesprächsrunde, auf die ich als Panel-Gast eingeladen wurde. Thema des Talks: Dating in unserer heutigen Zeit und wie wir es wieder leichter nehmen können. Sina erzählt gerade davon, dass sie eines Tages all ihre perfekten Fotos, auf denen sie besonders schlank oder makellos aussah, aus ihrem Online-Datingprofil rausschmiss und durch echte Fotos ersetzte. Durch Lachen, Lachfalten und ungeschminkte Schnappschüsse aus dem echten Leben. Solche, von denen sie sagen würde: Das bin wirklich ich, an einem ganz normalen Donnerstag. Dating sollte echter werden und wieder mehr Spaß machen. Und vor allem sollten wir anfangen, weniger anderen dabei gefallen zu wollen, findet sie.

Vor uns sitzen ungefähr vierzig Journalistinnen, die von der größten Dating-App zu einem Talk-Abend eingeladen wurden. Die Veranstaltung findet in einem rot gepolsterten Kino in den unteren Etagen des Berliner *Soho House* statt. Zwischen winzigen Stehleuchten verteilen sich die Zuhörenden in tiefen Kinosesseln. Wir sitzen auf einer improvisierten Bühne, jede ein Mikrofon in der Hand.

»Ich bin hergekommen und hab kurz überlegt, ob ich nicht ein bodenlanges Kleid anziehen sollte statt diesem kurzen Fummel, wenn ich hier so sitze und meine Beine überschlage. Wegen meiner Cellulite«, erklärt Sina. »Ich hab mich dagegen entschieden, keine Lust.« Sie macht eine Pause, wahrscheinlich, um ihre Worte kurz wirken zu lassen. Das »keine Lust«, hallt im Raum zwischen den samtgepolsterten Wänden nach.

»Ja, dann wiegt mein Körper gerade wieder mehr, und dann? Wen soll das jetzt stören? Ich mag kurze Kleider«, fügt sie noch an.

Sie hat recht. »Und dann?«, wiederhole ich still für mich. Ja, was ist dann? Was ist dann, wenn jemand mich nicht mag, mich äußerlich nicht gut findet, die Nase rümpft? Dann ist nichts. Es hat keinerlei Relevanz.

Von klein auf werden Frauen darauf getrimmt, wie ihre Körper auszusehen haben. Oberflächliche Schlagzeilen über die Cellulite an irgendeinem Promi leuchteten mir schon im Supermarkt entgegen, da konnte ich die Buchstaben darauf noch nicht einmal entziffern. Schönheitsideale diktieren uns, wie wir auszusehen haben, und irgendwo zwischen der Angst vor Beinbehaarung und Fat Shaming versuchen wir rauszufinden, wer wir selbst sein wollen. Dabei sind die meisten Schönheitsideale völlig unrealistisch. Wespen haben Wespentaillen, Menschen nicht. Babys haben Babyhaut, Teenager nicht. Es gibt genauso viele unterschiedliche Körper, Nasen, Haarstrukturen und Augenbrauen, wie es Menschen gibt. Pickel sind normal, dellige Haut auch.[6] Wenn wir nicht wüssten, was »schön« oder »perfekt« wäre, wenn wir es nicht irgendwann erlernen würden, wie würden es niemals wissen. Wie schön würden wir uns dann wohl finden?

»Körperliche Schönheit hat sehr viel damit zu tun, dass man sich mit den Augen anderer sieht«, erklärt Psychologin und Schönheitsforscherin Nora Ruck. »Wir haben vergessen, uns von innen zu sehen, und konzentrieren uns zu sehr darauf, welches Bild wir nach außen hin abgeben«, schreibt sie.[7]

»Es geht ja hier auch nicht um mein Aussehen, sondern bestenfalls um das, was ich zu sagen habe. Wie ich aussehe, sollte eigentlich das Uninteressanteste an mir sein. Ich bin ich, nicht ein unvorteilhafter Winkel, wenn ich irgendwo sitze«, führt Sina weiter aus, der ganze Raum hängt gebannt an ihren Lippen.

Wir reden über Echtheit und Authentizität, darüber, dass man nicht allen gefallen muss, dass man eigentlich niemandem gefallen muss, dass Aussehen kein Garant für eine stabile, gesunde Beziehung ist, womit man es sich unnötig schwer macht und wie man eben das, Dating in unserem Zeitalter, in Zeiten von unzähligen Matches und Optionen, Dating-Burn-out und Facetune, wieder leichter nehmen kann. »Du musst niemandem gefallen« ist eines der ersten Mantren, die wir an diesem Tag durchsprechen.

»So etwas weiß man ja eigentlich, irgendwo tief in seinem Hinterkopf«, erzählt Sina. »Aber manchmal vergessen wir das im Stress des Alltags wieder. Deswegen hat es mir total geholfen, einfach mal kurz anzuhalten und mir das klarzumachen. Ich muss niemandem gefallen. Auch wenn dieser Wunsch ja total menschlich ist.«

Es ist normal, nach Anerkennung zu streben. Mit dem Versuch, anderen zu gefallen und gemocht zu werden, möchten wir eine engere Beziehung zu ihnen aufbauen. Anerkennung und Bestätigung sind der soziale Klebstoff, mit dem wir uns an unser Umfeld binden. Bereits in unserer Kindheit suchen wir die ständige Aufmerksamkeit unserer Eltern und streben nach ihrem Lob und ihrer Zuneigung. Dabei ist es nicht verwerflich, dass wir uns über diese positive Art von Zuneigung derart freuen. Sie ist quasi die Währung für Bindung.

»Bei Dating-Apps ist das natürlich genauso. Also habe ich mein Profil von Grund auf geändert. Ich hatte dann vielleicht weniger Matches, aber dafür traf ich jemanden, der mein echtes Ich mochte. Der vielleicht eher meinen Charakter sah. Meine Werte. Mein Inneres.« Sina lächelt in eine Ecke des Publikums. »Und ich verhalf mir dazu, wirklich wieder Spaß am Dating zu haben. Irgendwie wurde es mir dadurch egaler. Ich dachte mir ständig: ›Und dann?‹, ich ging zu einem ersten Date mit dieser Einstellung. Meine Bilder sind nicht da, um jemandem zu gefallen, ich bin es nicht. Nicht, wie ich esse. Nicht, wie ich dasitze. Nichts davon. Und wie ich all das so zu Hause ließ – hatte ich dann richtig Spaß.« Sina hat recht. Kurzum: Ich muss mir über nichts von alledem Gedanken machen. Gefällt mir gut, diese Rhetorik. Also alle gestellten Fotos raus und die echten rein. Schnappschüsse von Freunden im Urlaub. Einfach meine Lieblingsfotos.

»Es gab mir diese … na ja, Leichtigkeit zurück, Leuten nicht gefallen zu wollen, sondern vor allem erst einmal selbst Spaß haben zu wollen«, erzählt sie weiter. »Und wenn man endlich nicht mehr nur darum kreist, von jemand völlig Fremden für das, was man schon immer war und immer sein wird, akzeptiert zu werden, shiftet es den Fokus von ›Ich will jemanden beeindrucken und denke vor allem darüber nach, ob er mich mag‹ zu: Mag *ich* diese Person überhaupt? Es nimmt außerdem aus einer Situation den Druck, dass etwas daraus werden muss. Dass man da jemanden für sich gewinnen muss.«

Sie hält kurz inne.

»Wenn wir weniger darauf achten, anderen zu gefallen, sind wir viel mehr bei uns. Und wir gehen zu einem Date und haben Spaß, oder eben nicht, und gehen wieder. Aber ohne in diesen People-Pleasing- oder Performance-Modus zu verfallen. Und damit meine ich nicht mal, wer entscheidet, was schön ist. Klar, es gibt Schönheitsideale. Aber ist es nicht einfach ganz egal? Bei einer Dating-App ist man ja bestenfalls, um eine Person zu finden, mit der man gerne sein Leben verbringen möchte. Nicht allen oder dem Großteil zu gefallen. Der Rest ist völlig irrelevant.«

Jeder von uns ist ein Gesprächsthema zugeteilt. Gleich werden wir zu meinem Part kommen, Slow Dating. Das heißt: weniger und viel ausgewählter Menschen kennenzulernen, so, wie ich es gerade tat, und so Druck und Schwere aus dem Thema Dating rauszunehmen. Lieber langsam, also weniger Dates, weniger Menschen. Sich Zeit lassen, sich auf die inneren Werte konzentrieren und nicht nach drei Treffen etwas forcieren. Das klingt im ersten Moment wie eine Oma am Stock, die sich nur noch auf einen Mann im Quartal konzentrieren kann – und so war es auch.

Es ist dieses »Und dann?«, das ich von diesem Abend mitnehme. Es erinnert mich an den Rat meiner Therapeutin, Sachen zu Ende zu denken. Ja, und wenn Leute mich in einem blöden Moment sehen, wie ich die Treppe runterfalle? Wenn mich jemand nicht attraktiv findet? Und dann? Was ist dann? Was passiert dann? Welche Auswirkungen hat es auf mein Leben? Dass ich jemandem nicht gefallen habe. Na, ist doch super. Mir gefallen auch manche Menschen nicht, noch häufiger aber sind sie mir egal, also, das Leben geht weiter. *Dein Leben ist nicht deins, wenn du dich immer darum kümmerst, was andere denken.*

Nach dem Talk stehe ich kurz vor Mitternacht vor dem Badezimmerspiegel und betrachte meine Gesichtszüge hinter weißem Reinigungsschaum, während ich mir in kreisenden Bewegungen das Make-up aus dem Gesicht reibe. Ich finde es nicht verkehrt, sich von seiner besten Seite zeigen zu wollen. Aber was jemand Fremdes denkt, kann einem dennoch völlig egal sein, weil es das eigene Leben nicht groß verändert.

Ich sehe mich an, als alles ab ist, sehe die Augenringe, die unreine Haut. An manchen Tagen könnte es mir den ganzen Tag vermiesen, wenn meine Haut unrein ist oder ich nicht richtig geschminkt bin, wenn ich kein Outfit trage, in dem ich mich gut fühle. An manchen Tagen sehe ich meinen Fotos auf Dating-Apps garantiert kein bisschen ähnlich.

Wer kennt das nicht: Manchmal mögen wir uns total gerne, und manchmal können wir unseren Anblick im Spiegel nicht ertragen. Mal haben wir einen *Glow*. Für diese Ausstrahlung ist es vielmehr unser Lachen hinter den Augen, das zählt. Dass unsere Persönlichkeit wichtiger als unser Aussehen ist. Dass wir das, was wir sind, selbstbewusst vertreten. Uns nicht verstecken. Wenn wir aufhören, anderen gefallen zu wollen und uns darum zu sorgen, was jemand über uns denkt, macht das das Leben immens viel leichter. An diesem Abend strahle ich, als ich mir komplett abgeschminkt entgegenblicke.

*

Es gibt immer Menschen, die einen ablehnen oder nicht attraktiv finden, Geschmacksache und persönliche Vorstellungen eben. Selbst wenn man unter *Pretty Privilege* fällt, also das Privileg genießt, dass einem Dinge eher zufallen, weil man einer gewissen Norm entspricht.

Ich bin relativ groß. Mir persönlich fällt das gar nicht so sehr auf, aber ich werde häufig darauf angesprochen. Von Personen, die ich zum ersten Mal treffe, vor allem von Männern. Da wären zum Beispiel die, die ich gedatet habe und denen ich mit meinen 1,80 Meter viel zu groß war. Und das sind bei einer Durchschnittsgröße eines deutschen Mannes von circa eben diesen 1,80 Meter gar nicht so wenige.

Einer hat nach drei Dates die Treffen mit mir beendet, weil er beim Nebeneinandergehen, Zitat, »den Arm nicht so gut um meine Schultern legen« könne. Okay, tut mir leid?

Ein anderer, etwa gleich großer Mann, fing an mich zu beleidigen, als ich bei einem Treffen auf ihn zulief, weil wir unsere Größen wohl vorher nicht ausgetauscht hatten, und brüllte mich an, ich hätte ihn angelogen. In Frankreich hat mir ein Mann einmal *»Girafe!«* hinterhergerufen und mich abfällig angesehen, als wir an einer Ampel inmitten vieler Menschen völlig unbeteiligt aneinander vorbeiliefen. Ich verstand nur wenig Französisch, aber das habe ich begriffen. Gute Besserung.

Ich könnte mich darüber ärgern, aber: Es hat keinerlei Relevanz. Vielleicht kann man erst so richtig mit sich im Reinen sein, wenn man das verstanden und verinnerlicht hat. Ich bin nicht auf der Welt, um jemandem mit meinen äußerlichen Maßen zu gefallen.

Nicht mal mir selbst, auch wenn das natürlich ein Plus wäre.

Zwischen *Body Positivity* und *Body Neutrality* kann man sich für ein Konzept entscheiden, für ein »Ich mag mich« oder ein »Ist mir egal, ich sehe nun mal so aus«. Ich finde, man muss sich selbst nicht immer gefallen, nicht alles mögen und feiern. Was meine Größe angeht, habe ich mich entschieden, sie zu lieben. Ich bin gerne groß. Seitdem das so ist, fällt sie mir gar nicht mehr auf.

Das war nicht immer so. Ich bin seit meinem zwölften Lebensjahr ausgewachsen. Als meine Mutter mich als Jugendliche wegen meiner Skoliose zum Orthopäden schleppte, stellte der Haltungsprobleme fest. »Frau Ritter, Ihre Tochter läuft mit eingezogenen Schultern und hängendem Kopf.« Was damals auf eine Rückenkrankheit geschoben wurde, lag im Rückblick eher daran, dass ich versuchte, mich kleiner zu machen, als ich war. Ich fand mich zu viel von allem, zu groß, zu auffällig. Ich wollte nicht auffallen, ich wollte nicht herausragen, ich wollte nicht groß sein – ich wollte, so wie alle Teenager, so sein wie alle anderen. In der Masse verschwinden. Unauffällig abtauchen können.

Als Korrektur meiner Haltungsprobleme wurde mir ab der fünften Klasse schwimmen verordnet, und ich wurde sogar ziemlich gut darin. Wöchentlich zog ich in Wettkämpfen und im Verein meine Bahnen und liebte das Gefühl, meinen großen Körper schnell durchs Wasser zu schälen, immer mehr Wassermassen mit meinen Armen zu verdrängen, überhaupt, so leicht zu sein. Ich begann, mich, vor allem im Wasser, unglaublich wohlzufühlen. Weil es hier von Vorteil war, dass ich diese Größe hatte. Weil ich hier so schwerelos war.

Auf den ersten Dates, die ich hatte, machte ich mich dennoch instinktiv kleiner, als ich war. Zog den Kopf ein. Bis ich irgendwann vor dem Spiegel stand, meine Overknees anzog und mich freute, wie gut sie an meinen langen Beinen aussahen. Bis ich auf Konzerten bemerkte, wie viel einfacher mein Leben dort ist. Bis ich meine Lampen selbst anbohren oder bei Umzügen wirklich hilfreich sein konnte. Bis ich bemerkte, dass ich oft erwachsener und gleichwertiger behandelt werde. Es einfacher habe, meiner Stimme in einer Gruppe Gehör zu verschaffen. Bis ich anfing, die Präsenz, die mit dieser Größe einhergeht, zu erkennen – und zu schätzen zu wissen. Und mich aufzurichten. Seither fühle ich mich schwerelos. Auch außerhalb des Wassers.

Kennt ihr das, wenn euch Menschen so sehr flashen, die vielleicht nicht unbedingt Merkmale einer typischen normschönen Person haben oder nicht eurem favorisierten Typ entsprechen, aber trotzdem eine richtige Erscheinung sind? Die von innen heraus strahlen? Die euch faszinieren?

Ich glaube, diese Menschen strahlen eine Mischung aus Selbstbewusstsein und innerer Gelassenheit aus. Sie wissen ganz genau, wer sie sind und was sie können. Sie haben eine innere Ruhe, der Äußeres nichts anhaben kann. Ich glaube, das macht einen Menschen wirklich schön. Nichts ist attraktiver als innerer Frieden. Er entsteht wahrscheinlich, wenn wir im Einklang sind mit dem, was wir fühlen. Ausstrahlen, dass wir ein Date leicht nehmen, dass wir Spaß daran haben, dass wir uns nicht um unser Aussehen sorgen, sondern einfach eine gute Zeit oder ein interessantes Gespräch haben wollen. Selbstvertrauen macht eine schöne Ausstrahlung. Wenn alles an der eigenen Art, sich zu bewegen, sagt: Ich weiß, wer ich bin, was ich kann, daran wird dieser Abend nichts ändern, das ist, was ich über mein Leben erzählen kann. Ich selbst zu sein mit jeder Faser – das fühlt sich nicht nur gut an, sondern vor allem auch leicht. Weil man selbst zu sein, statt sich zu verstellen, keinerlei Mühe kostet.

»Ich hab letztens gelesen, dein Gesicht ist eine Kombi aus Hunderten Menschen, die sich mal geliebt haben«, beendet Sina ihren Part.

»Oder zwangsverheiratet wurden«, denke ich und muss über meine zynischen Gedanken grinsen. Aber ja, das mit dem geliebt haben gefällt mir auch besser.

»Und aus diesen tausend Mischungen bin dann ich entstanden. Das ist doch super. Daran kann nichts falsch sein.« Super Ansicht. Total romantisch. Ich liebe so etwas. Von mir eine klare 10/10. Als alle applaudieren, stehe ich auch auf und klatsche mit.

13

Mich fallen lassen

Übers Verlieben

Ich lasse mich vom Licht wecken. Ich weiß, dass es heute schön ist, dass es draußen bereits hell ist, dass ich heute einen guten Tag haben werde, noch bevor ich die Augen geöffnet habe. Die Sonne scheint morgens nicht in mein Schlafzimmer, aber der Sonnenaufgang spiegelt sich in den Fenstern der Gegenseite, sodass immer ein bisschen Licht durch die dünnen Vorhänge scheint. Über einen Umweg quasi, denke ich und lächele mit geschlossenen Augen.

Die Ampel vor meinem Fenster klackert leise. Die Kaffeemaschine surrt bereits, Penny wufft vor sich hin, die Straßengeräusche kommen durchs offene Fenster rein, während ich mich und die Wohnung fertig für den Tag mache. Mein Bett steht am Fenster, weil beides mir beim Aufwachen hilft. Ich schlage meine Augen auf und sehe in den Himmel. Ich weiß, dass heute ein schöner Tag wird, weil wir uns endlich wiedersehen.

Wir lernten uns auf Mallorca kennen. An einem Sonntagnachmittag verabredeten wir uns in einer Tapasbar unweit vom Strand. Da war dieses Gefühl – sich so viel zu erzählen zu haben, und gleichzeitig fühlte es sich an, als würden wir uns schon ewig kennen. Frühlingsanfang bekam damit eine ganz neue Bedeutung. Ich hatte lange niemanden mehr kennengelernt, der mich so faszinierte wie er. Am Abend tat mein Bauch weh vor Lachen. Der Sonnenuntergang über der Felsklippe zog sich in unser Gespräch hinein. In der Dunkelheit gingen wir zurück zu meinem Auto. Ich wohnte auf der Insel, er war allein im Urlaub dort.

»Ich komme einfach noch mit zu dir«, beschloss er, als ich hinter Santa Ponça in Richtung Palma abbog. »Ich mach mal Musik an.« Wie selbstverständlich stöpselte er sein Handy ein.

»Aber ich mach jetzt nichts mehr, nur noch Hund, Couch, Pizza. Okay?«, sagte ich.

Er nickte. Dämmerung über der Autobahn. Du gefällst mir, dachte ich, und warf ihm unauffällige Blicke von der Seite zu. Kribbeln in meinem Bauch. Sich zu verlieben ist vielleicht, als würde man kopfüber in einen anderen Menschen hineinfallen.

»Wie lange bist du noch auf der Insel?«

»Vier Tage, bis Donnerstag.«

»Bleib doch so lange einfach. Hier bei mir.« Er fuhr in sein Hostel, kam mit gepackten Sachen wieder und zog für die nächsten vier Tage bei mir ein.

Warum auch nicht?, dachte ich. Das längste erste Date meines Lebens.

Die Zeit dehnte sich aus, vier Tage kamen mir wie eine Ewigkeit vor. Ich will dich nicht gehen lassen, dachte ich noch, während er sich verabschiedete. Als ich zurückkam, fand ich in der Küche einen handgeschriebenen Brief.

Ich glaube, je älter man wird, desto schwerer fällt es, sich auf etwas so unbedarft einzulassen. Nicht an morgen zu denken. Warum auch für vier Tage sein Herz öffnen? Vorbehalte türmen sich im Kopf auf. Welchen Zweck hat das Kennenlernen, wenn etwas keine Zukunft hat? Ist der schöne Moment Rechtfertigung genug? Wie verliebt man sich überhaupt wieder, wie fällt man kopfüber in jemanden hinein? Wird man irgendwann zu alt, um sich fallen zu lassen?

Ich könnte stundenlang im Kopf durchgehen, was alles nicht

passt. Vor allem die Entfernung. Oder das einfach abschalten. Nicht so groß zerdenken, einfach zu fühlen. Das fühlte sich gerade schön und richtig an. Aus dem Frühling war ein Sommer geworden.

Ich stehe auf und gehe laufen. Acht Kilometer, dreiundfünfzig Minuten. Ich dusche erst heiß und dann eiskalt, creme mich dann mit 50er-Sonnencreme ein. Ich liebe den Geruch. Dann kommt mein weißer Bikini und ein Kleid drüber. Ich hole ihn vom Flughafen ab, vier Wochen haben wir uns nicht gesehen. Mein Herz klopft bis zum Hals. Als er dann vor mir steht, noch weit darüber hinaus.

Ich beobachte ihn von der Seite, während er auf dem Weg zurück unsere Bestellung in einem Café aufgibt. Wie schnell manche Menschen keine Fremden mehr für uns sind, die sie vor einem Augenblick noch waren. »Was ist da eigentlich an deinem Knie passiert?«, fragt er mich und zeigt auf die Narbe an meinem Bein.

»Da bin ich mal in Scherben gefallen«, antworte ich. Zwei Personen, die sich mit der Lupe ergründen und eine Sache nach der anderen herausfinden, wie ein Puzzle, das sich zusammensetzt.

Wir treffen uns am folgenden Nachmittag mit meinen Freundinnen am See. Ich bringe einen Nudelsalat mit, mit Öl, getrockneten Tomaten, Rucola und Pinienkernen. Er ist mir gut gelungen. Gibt es etwas Schöneres, als sich in der Sonne auf einem rot-weiß karierten Picknicktuch auszustrecken? Ich weiß es nicht. Ich glaube nicht. Mein Gesicht wird in Schatten getaucht, als er sich über mich beugt und seine Lippen auf meine drückt. Warm und weich fühlen sie sich an. Ich genieße jede dieser Sekunden, in denen sein Gesicht die Sonne verdeckt, bis sie dann wieder auf meiner Haut kribbelt. Seine Hand legt sich in meine, als er sich neben mich legt und leise seufzt. Ja, denke ich. Sehe ich genauso. Verliebt zu sein ist, als würde das Leben einen in eine schwerelose Blase tauchen. Rosa ist die. Meine Lippen kribbeln immer noch.

Sommer ist für mich, an freien Tagen schon vor dem Frühstück Backgammon zu spielen. Halsketten mit den kleinen Steinen, die man abbeißen kann. Auf »dafür bist du zu alt« mit »dafür ist man nie zu alt« antworten. Steine ins Wasser flitschen. Dreckige Füße. Barfuß laufen. Die Dusche auf sonnenwarmer, salziger Haut. Handtücher auf warmen Steinen. Knistern in der Luft, als wir uns über einer Kerze in die Augen sehen. Frisch verliebt zu sein im Sommer ist vielleicht noch schöner als zu jeder anderen Jahreszeit.

Wir grillen abends in den anliegenden Gärten einer Freundin. Ich habe heute schon so viele Kirschen gegessen, dass mir mein Bauch wehtut. Ich vergesse, dass mein Handy existiert, weil ich mich nur in seinen hellblauen Augen verliere, Tag wie Nacht. Wir verbringen das Wochenende zusammen, Bildschirmzeit: siebzehn Minuten. Es wird unser Sommer. Manchmal lohnt es sich doch, sich kopfüber in etwas fallen zu lassen. Die Kurzweiligkeit der gemeinsamen Momente leicht zu nehmen ohne an ein Morgen zu denken. Vielleicht gilt das für alles, was wir erleben. Auch wenn es nur vier Tage sind.

Am Montagmorgen, nachdem er wieder weg ist, bleibe ich besonders lange liegen. Ich muss unwillkürlich an meinem T-Shirt riechen, das er zum Schlafen anhatte und das jetzt zusammengefaltet neben mir im Bett liegt. Mein Lieblingsgeruch ist der von frisch gewaschener Welt und nassen Straßen. Der, wenn ich mich nach einem Regenschauer auf den Balkon stelle und ganz tief Luft hole. Gleich danach kommt frisch gewaschene Wäsche. Sich frisch geduscht in frischen Klamotten in ein frisch bezogenes Bett zu legen ist mein persönlicher Geruchshimmel. Und dann gibt es da noch diesen Herbstduft. Wenn der Sommer vorbei ist, die Welt kälter wird, die Bäume zum Trotz ihre Blätter abwerfen und der Nachbar zwei Gärten weiter Laub oder Holz verbrennt. Dann liegt tagelang eine süßliche Schwere in der Luft. Aber sonst: alles ganz leicht.

14

Haben Sie gerade meinen Hund geschlagen?

Von der Kunst, nicht nachtragend zu sein

Ich komme gerade von ein paar Tagen in Marseille nach Hause, ein Kurztrip zu zweit. Wir sind mit einem gemieteten Roller durch den Calanques-Nationalpark nach Cassis gefahren, sind über die Klippen gewandert, haben uns verlaufen, auf dem Rückweg Baguette am glitzernden Meer gegessen und akribisch fünf Tage lang das beste *Pain au chocolat* der Stadt gesucht (Das gibt es übrigens hier: Patisserie Sylvain Depuichaffray, 66 Rue Grignan). Auf dem Rückweg habe ich meinen Hund eingesammelt, der bei einer Freundin war. Voll bepackt schlängele ich mich nun in Berlin durch meine Straße, auf dem Weg zu meiner Haustür. Das Handy zwischen Ohr und Schulter geklemmt, versuche ich seiner Erzählung über seine eigene Rückreise zu folgen und murmele »warte kurz, ich schließ auf und bin gleich drin, dann bin ich wieder voll da« in den Hörer. Ich krame in meiner Tasche und versuche immer noch, den Schlüssel zu finden.

Mein Hund an der Leine entfernt sich gelangweilt und setzt sich dann auf die begrünte Rasenfläche rund um den Baum vor meiner Haustür, um sich dort zu erleichtern. »Schlüssel gefunden«, rufe ich triumphierend ins Telefon und schiebe ihn in das rostige Schloss.

»Auf keinen Fall pinkelt dein Scheißköter vor meinen Laden!«, höre ich jemanden brüllen. Ich drehe mich um und sehe im selben Moment, wie ein großer Mann mit langem Bart aus dem Geschäft aus dem Souterrain auf uns zukommt, mit der Hand ausholt und meinen Hund von der Grasfläche wegschlägt. Penny macht einen ordentlichen Satz durch die Luft. In mir knallt eine Sicherung durch, sofort höre ich mich schreien.

»Hey! Sie haben meinen Hund nicht zu schlagen! Nehmen Sie Ihre Hände gefälligst weg!«, brülle ich, das Telefon immer noch zwischen Ohr und Schulter geklemmt. Mir bricht die Stimme weg. Der Mann schreit irgendetwas Unverständliches von Ordnungsamt, Hundeverbot, und mir schlägt unangenehm Alkoholatem entgegen. Ich stammele, dass ich auflegen muss, ziehe den Hund in den Hausflur und schlage die Tür hinter mir zu. Zitternd stehe ich da. Ist das gerade wirklich passiert?

Ich stehe auch dreißig Minuten später und angekommen in der Wohnung noch völlig neben mir und rede verwirrt auf den kleinen Hund ein.

»Geht es dir gut?«, stammle ich immer wieder panisch. Penny schaut mich nur verwirrt an, so guckt sie eigentlich immer. Was hier für irre Sachen passieren. Das kann doch alles nicht wahr sein.

Ich brauche eine halbe Stunde, um mich in dem kleinen Apartment, das ich gerade übergangsweise bewohne, wieder zu beruhigen. Mein Gehirn fühlt sich an, als würden darin rote Sirenen aufleuchten oder als würde ein Teil von ihm explodieren. Ein Adrenalinstoß durchfährt meinen Körper. Meine goldene Bubble scheint gerade ganz weit entfernt zu sein.

Wenn man jeden Moment als eine Gelegenheit sieht zu lernen, wie man das Leben leicht nehmen kann, dann ist das hier eine, die mich wirklich herausfordert. Der Mann steht oft vor seinem Laden, ich gehe eigentlich ständig an ihm vorbei. Es zu meiden, während der Öffnungszeiten des Ladens das Haus zu verlassen, kommt für mich nicht infrage, ich will das augenblicklich aus der Welt schaffen.

»Jede Herausforderung ist nur eine Übung«, bete ich mir also mantramäßig vor, auch wenn mir eher danach ist, in mein Kissen zu schreien.

Sicher, auf solche Situationen zu reagieren kann man üben. Indem man Aufregung nicht direkt nachgibt und impulsiv reagiert, sondern erst mal durchatmet. Den Raum zwischen Reiz und Reaktion betritt und in den Problemlösemodus schaltet. Denn wer fühlt, hat recht? Nicht unbedingt. Der Ärger, den ich gerade fühle, bringt mich nicht weiter. An manchem Tag in der Vergangenheit hätte ich an diesem Punkt vielleicht nichts gesagt oder nur vor mich hin gestammelt. Wäre völlig perplex gewesen und hätte mich dann wochenlang darüber geärgert.

Ich habe auch jetzt keine Lust, mich aufzuregen oder mich zu streiten, ich würde das lieber schnell und konstruktiv aus dem Weg räumen. »Deeskalation an der inneren Haltung. Beschwingt, leicht. Herzklopfen runterfahren. Störungen nicht mit Aufregung belohnen«, bete ich meine Erinnerungen an ein mittelmäßiges Selbsthilfebuch herunter.

Viele von uns reagieren oft entweder impulsiv oder mit Schweigen, beides ist normal. Ich versuche eigentlich, in Situationen der Sprachlosigkeit, wenn mir nichts besseres einfällt, Dinge direkt anzusprechen, wie: »Haben Sie etwa gerade meinen Hund geschlagen?« Bei Streit oder Meinungsverschiedenheiten funktioniert oft noch besser: kein Angriff, nur Ich-Botschaften. Denn wer nur von sich redet, greift niemanden zurück an und lässt damit jede Anschuldigung in der Luft verpuffen. Aber daran denke ich in diesem Moment nicht.

Ich sammle mich ein wenig und gehe wieder durch den Innenhof Richtung Haustür. Vorsichtig schiele ich durch das kleine Fenster, das in die Tür eingelassen ist. Er sitzt immer noch auf einem Plastikstuhl, den er vor seinem Laden aufgestellt hat, um dem stickigen Souterrain zu entfliehen. Ich ziehe die Tür auf und gehe mit glühenden Wangen auf ihn zu.

»Sie haben gerade meinen Hund geschlagen. Das ist nicht in

Ordnung. Ich möchte das kurz klären. Es ist generell nicht okay, einen Hund zu schlagen, und sie hätten mich auch freundlich darauf hinweisen können, und deswegen möchte ich, dass Sie sich dafür entschuldigen«, rattere ich forsch herunter. Meine Stimme fest, mein Blick ernst. »Für unser Zusammenleben hier.«

Er bläst uninteressiert Rauch aus seiner Pfeife.

»Ich sehe es nicht ein, hier zu wohnen und so eine Missstimmung zu haben, jedes Mal, wenn ich das Haus verlasse«, rede ich unbeirrt weiter. »Also klären wir das jetzt.« Ich baue mich ungebeten vor ihm auf. »Ich möchte eine Entschuldigung.«

»Sie haben sich zu entschuldigen, ich rufe das Ordnungsamt«, schreit er nun wieder mit heller Stimme. Er steht auf, überragt mich jetzt, und das Machtverhältnis kippt wieder.

Man kann jetzt der Meinung sein, dass ich richtig- oder falschliege, man kann sich über die Hinterlassenschaften von Hunden an dieser Stelle aufregen oder nicht, argumentieren, dass Hundebesitzer Hundesteuer zahlen, oder aber, dass Hunde nerven und das Stadtbild verschandeln, man kann sie lieben oder hassen, aber wie auch immer: die persönliche Meinung dazu tut eigentlich nichts zur Sache. Sie sind halt da. Und zu schlagen hat man sie unabhängig von der persönlichen Einstellung ganz sicher nicht.

Wir leben, jeder von uns, in unseren eigenen Welten mit eigenen Realitäten und Perspektiven. Die stehen sich manchmal unvereinbar gegenüber. Manche Sachen klärt man eben nicht.

»Was halten Sie davon, wenn wir uns beide entschuldigen. Und ich werde aufpassen, dass mein Hund hier nicht mehr hinmacht, während Sie keine Hunde mehr schlagen, machen wir es so?« Ich wechsele in einen versöhnlichen Tonfall, was ihn überrascht, und strecke meine Hand aus. Er legt nach kurzem Zögern seine riesige Pranke in meine. Er scheint verblüfft von meiner Deeskalation, geht aber sofort darauf ein. Mein Plauderton fährt die angespannte Situation augenblicklich runter.

Es ist mein Versuch, in diesem Streit schnell und konstruktiv eine Lösung zu finden. Das kann in ähnlichen Situationen auch ein schnelles »Ja, und wie machen wir jetzt weiter?« oder ein mitfühlendes »Was wünschst du dir von mir?« sein.

Wenn Menschen dir unrecht tun oder unfreundlich sind, vielleicht verärgert, lohnt es sich auch, erst einmal genauer hinzuschauen: Bin ich überhaupt gemeint? Ich kann mir vorstellen, dass der Ladenbesitzer ständig die Hinterlassenschaften fremder Hunde vor seinem Laden wegmachen muss. Wie kräfteraubend es sein kann, Menschen antike Möbel zu verkaufen. Die wichtigsten Kräfte, um hier zu einem guten Miteinander zu finden, sind Mitgefühl und Wohlwollen. Ich weiß nicht, was er sonst gerade durchmacht. Vielleicht hat es einen guten Grund, dass er neben sich steht. Vielleicht hat er lange nicht mehr genug eingenommen, um sein Geschäft weiter zu halten. Vermutlich kann ich leichter mit seinem Ärger umgehen, wenn ich daran denke, dass es mir gerade nicht schlecht geht. Dass mir nichts kürzlich widerfahren ist, das mich so wütend macht, dass ich fremde Hunde schlagen will. Es hilft mir, gelassen zu bleiben, wenn ich mein eigenes Leben mehr schätze. Wenn ich anderen wohlwollend begegne, mache ich mir und allen anderen das Leben leichter.

Zum Glück kann ich selbst entscheiden, worüber ich mich ärgere. Gefühle sind ja hausgemacht. Klar: Wenn ich mitten im Ärger stecke, komme ich kaum noch dahin, zu sagen: »Schönen Dank auch, dann höre ich jetzt einfach auf, mich zu ärgern!« So funktioniert das nicht. Aber es ist nicht das Wissen, sondern eine veränderte Einstellung dahinter: Bevor ich mich aufrege, ist es mir lieber egal. Wer mich ärgert, bestimme immer noch ich.

»Wenn es in fünf Jahren keine Rolle mehr spielt, sollten wir nicht länger als fünf Minuten Ärger darauf verschwenden«, hat meine verstorbene Freundin Kim immer gesagt. Daran denke ich oft. Es ist eine Illusion, dass Situationen dafür verantwortlich sind, wie ich mich mit etwas fühle. Ich habe in der Hand, wie ich auf Dinge reagiere. Mein Gefühl ist ein Gefühl, das nur in mir existiert. Warum sollte ich jemand anderem die Macht darüber geben, es in mir auszulösen?

Selbst wenn jemand mir unrecht getan hat, hilft es mir oft nicht weiter, zu lange deswegen nachtragend zu sein. »An Ärger festzuhalten ist wie Gift zu trinken und zu hoffen, dass der andere davon stirbt«, frei nach Buddha. Es funktioniert nicht. Langsam finde ich zu meiner Ruhe in mir zurück.

Ganz egal, wie übel mir jemand mitgespielt hat und wie sehr ich das gute Recht hätte, vorwurfsvoll zu sein: Ich finde, ich kann es mir nicht leisten, jemandem nicht zu verzeihen. Egal, wie unfair, ungerecht, gemein er zu mir war. Ich gönne es mir nicht, auch nur einen schlechten Tag wegen dieser Person zu haben. Wenn ich noch nicht da bin, wo ich sein will, stelle ich es mir einfach vor – wie eine Entschuldigung, die mir guttun würde. Stelle mir vor, jemand hätte sich entschuldigt. Und es wäre in meinem Kopf genau so gekommen, wie ich es gerne hätte. Das ändert nichts an der Realität, aber es gibt mir den Frieden, mich nicht mehr zu ärgern. Um innere Ruhe in meinem Kopf einkehren zu lassen. Denn viele Dinge sind nicht wichtig, also beschwere ich nicht länger meinen Kopf damit. Ich mache das, was mir guttut, lebe mein Leben unbehelligt weiter.

Als ich an diesem Abend noch einmal an ihm vorbeigehe, ein Curry von meinem Lieblingsasiaten im Gepäck, ihm freundlich zunicke und den Hund die letzten Schritte reintrage, denke ich an das Wort Wohlwollen. Es ist schön. So malerisch und weich. Es ist eines dieser deutschen Wörter, die sich beim Aussprechen ganz genauso anfühlen wie das, was sie beschreiben. Wenn ich der Welt um mich herum wohlwollend begegne, ist alles nur halb so wild.

15

Ich nehme einfach mal das hier

Entscheidungsfreude

Wir entscheiden uns durchschnittlich zigtausend Mal am Tag. Ob wir aufstehen oder noch einmal die Schlummertaste drücken. Ob wir etwas aus dem Kühlschrank nehmen oder ihn unverrichteter Dinge wieder schließen. Ob wir bremsen oder bei Dunkelgelb noch über die Ampel brettern. Jede dieser Entscheidungen treffen wir im Bruchteil einer Sekunde. Tausende Möglichkeiten, Tausende Male links oder rechts, zeitweise erdrückt von Auswahlmöglichkeiten, in welche Richtung wir unser Leben bewegen können. Manchmal kann es so leicht sein, keine Wahl zu haben. Oder nur eine Blume zu wollen und nicht den ganzen Strauß.

Ich erinnere mich an ein Gespräch mit meinem Vater, nachdem er das erste Mal bei *Subway* war, vollkommen überfordert damit, was er dort alles entscheiden sollte, um an etwas zu essen zu kommen.

»Ist mir eigentlich egal, was da jetzt für ein Brot drum ist, einfach nur etwas zu essen würde mir reichen«, sagte er zu mir und betrat den Laden danach lange Zeit nicht wieder. Ich lachte und konnte das gut nachfühlen.

Als ich auf der Suche nach einem Urlaubsort bin, an dem ich das Jahresende verbringen kann, denke ich wieder daran. Ich will zwei

Wochen irgendwohin reisen, um in Ruhe dieses Buch zu schreiben. Allein in irgendeine schöne Stadt in Europa, wo ich nicht abgelenkt bin und bestenfalls niemanden kenne. Palma? Nein, da kenne ich Menschen. Palermo? Sizilien, sollte man da nicht im Sommer hin? Und so weiter.

Entscheidungen treffen kann sich zuweilen sehr anstrengend anfühlen. Wir wälzen die Optionen, bis wir mental im Chaos der Möglichkeiten untergehen. Pro-und-Contra-Liste hier, Freunde befragen da. Bis irgendwann die Entscheidung für etwas nicht mehr einer Freude gleicht, sondern einem Verlust von allen anderen Optionen.

Stundenlang habe ich Flügeseiten offen, vergleiche Preise und verschiedene Daten, führe Listen darüber, was wann jetzt kosten würde, sodass ich völlig vergesse, mich zu fragen: Ja, wo will ich eigentlich hin? Über die ganze Recherche verpasse ich es, mich mit meinem Inneren zu verbinden und mich zu fragen, worauf ich Lust habe, anstatt den Ort danach auszuwählen, dass es dort möglichst günstig ist. Es kostet mich außerdem so viel Zeit und Lebensenergie, dass es nicht im Verhältnis dazu steht, wie wichtig die Reise für mein restliches Leben ist. Und natürlich gibt es brennendere Lebensentscheidungen, als sich nicht auf einen Urlaubsort festlegen zu können.

Ich war allerdings schon oft völlig gelähmt, wenn ich selbst zu banalen Dingen eine Entscheidung treffen musste. Vielleicht kennt ihr das vom Wochenende: Da ist die Einladung zur Party einer Kollegin. Aber auch die Couch sieht verlockend aus. Und eine Freundin veranstaltet einen Spieleabend. Vielen fällt es da schwer, sich instinktiv zu entscheiden.

Entscheidungsunfreude ist per se erst einmal nicht schlimm, zeigt es ja nur, dass wir unterschiedliche Bedürfnisse und Interessen haben. Schwierig wird es, wenn die Ambivalenz uns lähmt, wir uns im Gedankenkarussell des Abwägens verlieren und am Ende zu keinem Ergebnis kommen. Das ist bei der bevorstehenden Party vielleicht nicht so schlimm, die ist morgen rum. Viel kniffliger wird es bei großen Themen, die lebensverändernd sind. Etwa wenn es um die Frage geht, den Job zu kündigen oder eine Familie zu planen. Der sich aus solchen Situationen oft entwickelnde Stillstand ist schwer auszuhalten, und es kann zu einer sehr großen Herausforderung werden, solche Entscheidungen zu treffen.

Es ist für mich nahezu unvorstellbar, wie viel Zeit meines Lebens ich schon damit verbracht habe zu überlegen, ob ich mich für das eine oder das andere entscheiden soll. Meistens geht es dabei um völlig banale Dinge. Ich überlege zum Beispiel den ganzen Tag, welchen Zug ich für die kommende Woche buche oder welche Tasche zum Outfit passt. Das Problem wird dabei in meinem Kopf so quälend groß, dass ich mich am Ende für nichts von beidem entscheide und alles sein lasse.

Manchmal stelle ich mir vor, dass ich täglich nur ein gewisses Kontingent an Entscheidungen zur Verfügung habe, quasi ein Wasserglas voll. Der Sozialpsychologe Roy F. Baumeister hat für das Gefühl der Entscheidungsmüdigkeit, oder *decision fatigue*, die Analogie des Glases Wasser geprägt.[8] Stell dir vor, du beginnst jeden Tag mit einem vollen Glas Wasser, das dein Energielevel darstellt. Mit jeder Entscheidung, die du treffen musst, kippt ein wenig von deinem Wasser aus. Je mehr Entscheidungen du im Laufe des Tages triffst, desto leerer wird dein Glas. Wenn du das morgens schon verbrauchst für die Frage, was du anziehst und frühstückst, ist dein Glas bis mittags leer. In anderen Worten: Wir haben jeden Tag nur eine gewisse Kapazität, um Entscheidungen zu treffen, und danach buchstäblich keine Kraft mehr dafür. Wichtige Entscheidungen treffe ich deswegen am liebsten morgens, und auch was das Arbeiten angeht, arbeite ich nach der Vorgehensweise »eat the frog«. Das Wichtigste zuerst am Morgen, solange mein Energieglas noch voll ist.

Ein verbreiteter Grund dafür, dass Entscheiden vielen Menschen schwerfällt, ist Angst. Die Furcht, etwas zu verpassen, die Sorge, nicht akzeptiert zu werden oder etwas Bestehendes zu gefährden. In solchen Fällen kann es hilfreich sein, die inneren Zweifel ernst zu nehmen und zu hinterfragen: Woher stammt die Angst vor dem Verpassen? Wie kann ich mit dieser Angst umgehen? Was benötige ich, um sie loszulassen? (Und, wie meine Therapeutin sagen würde: Wie wahrscheinlich ist es, dass das wirklich passiert?)

Es hilft auch, Gefühle im Schnelldurchlauf durchzuspielen. Wie fühlt es sich an, auf der Party zu sein? Was für Gefühle kommen bei der Vorstellung hoch, den Freitagabend im Bett zu verbringen? Wie fühlt es sich an, der Chefin zu verkünden, eine Auszeit machen zu wollen? Und wie wäre es, ein weiteres Jahr wie bisher zu arbeiten? Stell dir die einzelnen Situationen konkret vor – wer mag, kann bei dieser Übung auch gerne mal die Körperhaltung einnehmen, die die Vorstellung auslöst. Dadurch lassen sich Gefühle häufig verstärken, was zu mehr Klarheit führen und im Entscheidungsprozess helfen kann. Manchmal sehe ich mich dann in dieser Vorstellung mit hochgezogenen Schultern und eingeschüchtert auf einer Party stehen, auf die ich eigentlich gar nicht gehen wollte, bei der ich aber die typische Angst hatte, sie zu verpassen. Oder spüre bereits die Erleichterung in mir, wenn ich die Entscheidung getroffen und kommuniziert habe, das neue Projekt um ein paar Monate nach hinten zu schieben.

*

Ich sitze im Restaurant und klappe die Karte auf. Schon eine Weile habe ich versucht, bei diesem kleinen Italiener eine Reservierung für den Freitagabend zu bekommen. Eher wegen des Ambientes denn wegen des Essens. Wenn man sich wie ich vegetarisch ernährt, schrumpft das die Möglichkeiten schon einmal beachtlich zusammen, was entscheiden deutlich einfacher macht. Aber ich finde sowieso, dass wir heute viel zu viel Bohei um Essen machen. Ich habe mir angewöhnt, auf die Karte der Tagesgerichte irgendwohin zu tippen, sobald mir etwas gefällt. Oft lese ich Speisekarten gar nicht richtig, sondern überlege lieber, was ich essen will. Wenn ich könnte, wie ich wollte, wenn alles möglich wäre, was würde ich dann wollen? (Die Antwort ist meistens Pasta.) Also erst mal in mich reinhören, egal, was auf der Karte steht. Was würde mich am glücklichsten machen? Oder sich an die eigene Kindheit erinnern: Es gibt, was auf den Tisch kommt. Und im Grunde ist es mit Blick auf das ganze Leben auch nicht so wichtig. Es wird schon gut schmecken. Das ist keine Raketenwissenschaft. Ich treffe Entscheidungen im Restaurant bemüht schnell, weil die Wichtigkeit, die dieses Essen für mein Leben hat, nicht die Denkkapazität rechtfertigt, die ich aufbringe. Beim Aussprechen spüre ich dann, ob sich das richtig anfühlt. Manchmal merke ich direkt: Ah nee, will ich doch nicht haben. Dann entscheide ich mich schnell um.

Der Mann, mit dem ich an diesem Tag hier sitze, macht es sich noch leichter: Er lässt immer mich im Restaurant entscheiden. Er redet davon, dass er einen Schlaganfall bekommt, wenn er so eine Karte aufklappt, und sagte einmal: »Du triffst gute Entscheidungen, mach das doch gern für uns zwei.« Also suche ich mir zwei Gerichte aus, auf die ich Lust habe, und zwar die ersten zwei, die mir unter die Finger kommen, klappe die Karte wieder zu, und wir teilen beides. Schnell und effizient, und alle sind glücklich.

Die Dinge einfach halten – das fängt schon mit der Menge an Möglichkeiten, aus denen wir morgens unsere Kleidung auswählen, an. Nicht umsonst rät man Eltern, Kindern nur eine Auswahl aus zwei oder drei Sachen zu präsentieren, weil sie sonst mit der Wahl überfordert sind, wenn sie den ganzen Kleiderschrank zur Auswahl haben. Ich bin zwar keine drei mehr, aber ehrlich gesagt: So geht es mir auch. Sind wir nicht alle irgendwo ein kleines, überfordertes Kind?

*

»Ist die wasserdicht?«, fragt eine Freundin beim Sport und zeigt auf die Pulsuhr an meinem Handgelenk. Ich schalte das Laufband im Kursraum an und fange an, locker zu traben.

»Keine Ahnung! Hab sie einfach gekauft«, antworte ich und betrachte sie, als würde ich sie gerade zum ersten Mal sehen.

Als ich anfangen wollte, meine Herzfrequenz zu tracken, habe ich den ersten Pulstracker gekauft, der mir online in die Hände gefallen ist. Er soll ja nur meinen Puls tracken. Solange er das macht, bin ich glücklich. Ob er dabei noch wasserdicht in fünfundvierzig Metern Tiefe ist oder einen Sprung aus dem Helikopter überstehen würde, muss ich persönlich nicht unbedingt wissen. (Außer dir macht das Freude, stundenlang in Vergleichsportalen rumzuhängen. Ich finde es zermürbend.) Im Moment der Entscheidung sind die Alternativen Geschichte. Ab da sind sie aus dem Kopf verbannt. Sich für etwas entscheiden heißt ja auch, sich gegen etwas anderes entscheiden. Wie viel Zeit man spart, wenn man sich schnell entscheidet und sich eine gewisse Klarheit antrainiert, ist immens.

Man kann das in kleinen Situationen wie im Restaurant üben und dann auf Größeres erweitern. Ich werde ganz müde, wenn ich überlege, wie lange ich mich mit manchen Entscheidungen schon aufhalten könnte. Ein guter Ansatz dafür: Handle aus deinem Impuls heraus. Tue, was sich in diesem Moment richtig anfühlt, und denk dann nicht mehr darüber nach. Halte deine Entscheidung aus – du übst dein Leben, während du es lebst. Und mit der Zeit wirst du bei so etwas immer klarer und entschlossener.

Bei langfristigen Lebensentscheidungen, wenn es nicht um Pulsuhren oder Nudelgerichte geht, sollten wir natürlich dennoch das Ruder in die Hand nehmen und eine wohlüberlegte Entscheidung treffen. Aber auch da möglichst leicht und so, dass es uns Freude bringt und wenig Energie nimmt.

Unentschlossen zu sein kann auch für alle anderen anstrengend sein, wie im Restaurant für mein Gegenüber oder wenn ich meine Freundinnen damit nerve, welches von zwei Oberteilen nun besser zu meiner Jeans für heute Abend passt. Was ich nun zurückschreiben soll. Ob mir diese oder jene Frisur womöglich besser steht. Eigentlich ist es nämlich völlig egal. Ich entscheide mich einfach.

Damit meine ich nicht, nicht auch mal unsicher zu sein. Aber dann bin ich klar darin, dass ich nicht weiß, wie es weitergeht. Seinen Fokus behalten und keine Zweifel erlauben, macht mir und allen um mich herum das Leben leichter.

Letztendlich ist es individuell, wie man seinen Tag mit Leichtigkeit und schneller Entschlossenheit bestreiten kann. Grundsätzlich kann man sich einfach banal fragen: Wie kann ich mir heute das Leben leichter machen? Ich glaube, man kann sich das antrainieren. Wie ein Werkzeug, wofür man vorher an sich arbeiten muss. Aber wenn du deinen Geist einmal zu munteren und entschlossenen Entscheidungen trainiert hast, hilft das, viel besser zu wissen, was du willst, macht dir deinen Alltag leichter und hilft, keine Zeit und vor allem deine Energie nicht zu verplempern.

Mein Vater geht ab und zu wieder zu *Subway,* inzwischen weiß er, wie er seine Bestellung schnell und entschlossen aufzugeben hat. Von neuen Brotsorten und Extras lässt er sich dabei nicht beirren. Ich fliege zum Schreiben nach Lissabon, weil es mein erster Impuls ist und sich richtig anfühlt. Ich sehe schon vor mir, wie ich mit seligem Gesicht durch die steile Altstadt flaniere und Pasteis de Nata esse, während die alte Tram auf dem Hang vorbeirattert. Und die Pulsuhr tut nun schon mehrere Jahre entschlossen ihren Dienst. Wasserdicht ist sie übrigens auch.

16

Süß und herzhaft

Keine Pläne

Ich werfe die Zutaten nacheinander in die Pfanne und höre das Zischen, das das brutzelnde Öl von sich gibt, als erst Zwiebeln, dann Knoblauch und dann Paprika den Boden der gusseisernen Pfanne berühren. »Goldbraun braten und leicht schwenken«, lese ich aus dem Rezept und folge akribisch den Anweisungen.

Die Pinienkerne röste ich in einer beschichteten Pfanne, in der ich vorher schon den Kürbis angeschwitzt hatte. Im Ofen braten zwei aufgeschnittene Süßkartoffeln, die der Länge nach eingeritzt sind.

Die Seite mit dem Rezept ist auf dem Computer offen, der neben der Herdplatte steht. Ich schwinge mich daneben auf die Küchentheke und lasse die Beine baumeln, während ich nach Ideen mit Brokkoli suche, schon einmal für morgen. Kochen hat mir nie Spaß gemacht – bis jetzt.

Ich probiere Rezepte aus, spiele mit Geschmackskomponenten und habe einen handgeschriebenen Zettel in meiner Küche liegen, auf dem ich meine Ideen notiere. Mittwochs schlendere ich über den Markt und suche mir anschließend jeden Tag ein anderes Gemüse aus meinem Korb aus, um das ich ein ganzes Gericht baue.

Meine liebsten Kombinationen sind die, in denen süß mit herzhaft vermischt wird. Fenchel als Salat mit Orange und Pinienkernen oder Rucola mit Mozzarella und frischen Pfirsichen.

Ich beobachte, wie die Paprika zu schwitzen anfängt und immer brauner wird. Sie verliert an Menge in der Pfanne. Geduldig schiebe ich sie mit dem Pfannenwender hin und her, bis sie Platz macht für den Spinat. Ganz am Ende salze und würze ich. Der Paprikasud wird in der ausgehöhlten Süßkartoffel platziert und mit den Linsen, Feta und den Pinienkernen und einer halben Zitrone beträufelt.

Ich nehme mir Zeit und sehe nur zu, wie das Essen vor mir sich verändert, neue Farben und Formen annimmt, je länger ich es brate, dünste oder koche. Letztens musste ich einen ganzen Kartoffelsalat wegschmeißen, weil ich den extrascharfen Senf gekauft und mich in der Menge vertan hatte und alles am Ende völlig ungenießbar war. Aber die meiste Zeit gelingt mir das, was ich ausprobiere. Wie die asiatische Nudelsuppe, der winterliche Eintopf mit Spinat und weißen Bohnen, der Cannelloni-Auflauf mit Cashewsoße. Es sind Rezepte, die ich schon so oft gekocht habe, dass ich inzwischen an ihnen feile, sie für mich perfektioniere.

Ich weiß nicht, wo mein Handy ist, wahrscheinlich liegt es im Schlafzimmer. Ich habe es schon ein paar Stunden nicht mehr in der Hand gehabt. Es ist meditativ, sich so intensiv einer Sache vor sich zu widmen. Mir einfach Zeit zu nehmen für diesen Leerlauf.

Die Süßkartoffeln sind in ihrer Garzeit heute fast perfekt getimt. In der verbleibenden Minute lasse ich den Blick durch die Küche schweifen und bleibe am Kühlschrank kleben, an dem ein paar Polaroids und Tickets vergangener Events hängen, die ich immer dort mit kleinen Magneten festmache. Alle sind bereits eingelöst und nur noch Erinnerungen.

Ich habe gerade nichts geplant. Keine anstehende Reise, nicht einmal Konzerttickets hängen an meinem Kühlschrank und warten darauf, eingelöst zu werden. Soweit ich das sehe, sind die nächsten Wochen komplett ereignislos.

Die Zeit, die ich gerade habe, die – so könnte man es auch nennen – Langeweile, genieße ich regelrecht. Vielleicht sollten wir das viel öfter. Statt den Kalender noch mehr mit After-Work-Events und Sportkursen vollzustopfen, einfach mal gar nichts zu tun. Leerlauf, ohne dabei produktiv zu sein. Vielleicht kann Langeweile manchmal viel erfüllender sein, als wir denken. Das süße Nichtstun – *il dolce far niente*. Als würde mein Kopf kurz Urlaub machen.

Ich schaffe es, nichts anbrennen zu lassen, schöpfe die cremige, helle Soße mit einer Kelle in eine schöne handbemalte Schale und decke den Tisch für zwei. Meine Nachbarin wollte rüberkommen. Pünktlich um acht Uhr läutet es an meiner Tür.

»Und wie war dein Tag?«, fragt sie, als sie in Hausschuhen aus dem Treppenhaus kommt und meine Wohnungstür hinter sich schließt.

»Heute nichts passiert«, antworte ich.

Sie lächelt. »Auch schön.«

17

Sonnenstrahlen

Gönnen können und Bewunderung

Ratternd verlässt der Zug Berlin-Spandau.

»Noch jemand hier einen leckeren Cappuccino, gerade eben von mir frisch zubereitet?« Er betont jedes Wort einzeln, hat einen fröhlichen Singsang, gefühlt schwebt er dabei durch den Zug. Der Zugmitarbeiter strahlt so eine herzliche Freundlichkeit aus. Nicht aufgesetzt, sondern er wirkt aufrichtig interessiert, wie er sich nach dem Tag einzelner Personen erkundigt, die bei ihm einen Cappuccino kaufen. Es ist noch früh, kurz vor acht Uhr. Ich kriege meine Augen bislang nur mühsam auf. Felder rauschen in einem Wirrwarr aus Grüntönen an der Fensterscheibe vorbei.

»Ich gern«, rufe ich ihm zu und strecke meine Hand in die Luft.

»Na, aber sehr gerne«, er schiebt das Tablett pfeifend durch die Luft in meine Richtung.

»Nach Hamburg geht's, toll«, kommentiert er die Reservierungsanzeige, die über meinem Kopf leuchtet, während er drei Euro abkassiert.

»Schönste Stadt der Welt«, verlautbare ich.

»Mindestens, wenn nicht sogar mehr«, nickt er zustimmend. »Da kann der Tag nur gut werden. Ganz gute Reise und viel Spaß da.« Er lächelt noch einmal, klemmt die Geldbörse an sein Jackett und entfernt sich wieder.

Ich weiß nicht, ob nur ich sie sehe, aber er verbreitet in diesem Abteil positive Gefühle, als würde er Sonnenstrahlen durch den Zug schicken. Freundlichkeit ist wirklich eine völlig unterschätzte Eigenschaft. »Ekelhaft freundlich, so richtig übertrieben«, hatte bei meinem letzten Beratungsauftrag jemand eine Kollegin, die gerade nicht im Raum war, beschrieben und die Nase gerümpft. Der Kontext ist mir entfallen, aber diese Beschreibung habe ich mir gemerkt. Ist doch toll, von anderen so beschrieben zu werden. Da hat man definitiv alles richtig gemacht. Sei so freundlich, dass andere sich schon darüber aufregen, dass es zu viel ist. Denn von irgendjemandem verbessert das den ganzen Tag.

Wahrscheinlich sind alle positiven Gefühle noch schöner, wenn wir sie miteinander teilen. Ein Kompliment im Vorbeigehen, ein kurzes Lächeln oder aufrichtige Bewunderung. Beobachte mal, wie viel leichter du dich fühlst, wenn du anderen etwas Gutes gibst. In mir löst das oft noch mehr Freude aus als in der komplimentierten Person, vermute ich. Ein kleines Geschenk, mit den einfachen Worten: »Habe ich gesehen und an dich gedacht.« Jemandem eine Freude zu machen schafft Leichtigkeit. Es sind positive Botschaften, die wir an das eigene und das System des anderen senden – am Ende haben alle etwas davon.

Meine größte Inspiration ist dabei meine Freundin Thara. Ich kenne sonst niemanden, der sich so sehr und aus vollem Herzen über die Erfolge von anderen freut.

»Ich weiß gar nicht, wo du manchmal das alles hernimmst, die Zeit und den Raum dafür, dich so mit mir zu freuen. Wie du so viele positive Gefühle in dir aktivieren kannst«, sagte ich an diesem Tag zu ihr. »Du freust dich über meine guten Neuigkeiten, als wäre das dein eigener Erfolg, weißt du das eigentlich? Das finde ich so krass. Wie machst du das?«

»Ja, tue ich auch wirklich«, antwortete sie und lachte. »Wenn andere etwas erreichen, fühlt sich das für mich wirklich an, als wäre das mein eigener Erfolg. Das macht mich so glücklich. Und ich will, dass die Menschen in meinem Umfeld wissen, wie großartig sie sind.«

»Und wie machst du das, wenn jemand zum Beispiel etwas erreicht, was du dir selbst sehr wünschst?«

»Das ändert eigentlich nichts daran. Ist doch super, wenn ich unter Leuten bin, die die gleichen Träume haben wie ich. Dann können wir uns unterstützen. Anderen etwas zu gönnen nimmt mir ja nichts weg. Der Erfolg anderer macht mein Licht nicht kleiner. Weißt du, wie?« Die Selbstverständlichkeit, mit der sie das sagte, verblüffte und beeindruckte mich zutiefst.

Ich denke nach meiner Bahnfahrt immer wieder an den freundlichen Zugbegleiter. Das funktioniert nicht immer, aber das Haus zu verlassen mit dem Ziel, das Leben von irgendjemandem schöner oder leichter zu machen, macht auch meinen Tag auf eine ganz beschwingte Art besser. Ein nettes Wort, ein Strahlen, ein »Ich bin stolz auf dich« in einer Textnachricht. Wofür bewunderst du andere Menschen? Sag es ihnen. Anderen etwas gönnen. Zuvorkommend sein. »Ich wollte dir einen schönen Tag wünschen, einfach nur so.« Freundlich in die Welt zu gehen ist ein ganz eigenes Werkzeug, um das Leben von anderen und meins besser zu machen. Freude schenken, als würde man ein bisschen Sonnenschein weitergeben.

18

Radikale Akzeptanz

Die Kunst des Improvisierens

Ich biege in der Abenddämmerung auf den Parkplatz vor einem Hotel an einem Bergsee in Tirol ein. Ich habe hier vorab eine urige Hütte reserviert und die Hälfte des Preises angezahlt.

Das Licht dämmert diesig auf dem großen See hinter mir, der von einer imposanten Bergkette umrandet ist. Knapp tausend Meter über dem Meeresspiegel befinde ich mich. Ich freue mich jetzt schon darauf, den See morgen früh bei Sonnenschein in den schönsten Blau- und Grüntönen funkeln zu sehen, das Glitzern auf der Wasseroberfläche, auf den Ausblick von einem der Berge und ein kühles Radler auf einer Alm.

Ich komme gerade aus München, wo ich ein Hörbuch eingesprochen habe, und einmal hier im Süden, will ich einen Trip für ein paar Tage in die Berge dranhängen. Das habe ich schon vor Monaten so geplant, es kam mir wie die perfekte Kombination aus Arbeit und Urlaub vor. Es ist neunzehn Uhr, als ich an der Rezeption aufschlage und auf die kleine Klingel drücke.

Die Empfangsfrau hat das seltene Talent, sich ohne einen Gruß um mich herum zu navigieren, kurz etwas einzuheften oder in der Küche zu verschwinden. Sie ignoriert mich so, dass ich mich selbst nach einer Weile frage, ob ich vielleicht unsichtbar bin. Inzwischen ist eine halbe Stunde vergangen. Ich stehe hier im Durchgang und werde immer mal wieder von jemandem angerempelt. Ab und zu frage ich, ob ich einchecken könnte. Sie trägt die Bestellungen mit aus der Küche raus und kommt immer mal wieder zerstreut an die Rezeption.

»Ach ja, einchecken! Nee, Moment mal.« Und schon ist sie wieder weg und balanciert einen Teller triefender Käsespätzle zu einem Tisch. So einen hätte ich gerade auch gerne vor mir.

»Die Hütten sind alle voll!« Sie baut sich hinter dem Rezeptionstresen auf.

»Ich habe telefonisch reserviert«, merke ich an. »Habe ich auch per Mail bestätigt bekommen. Und eine Anzahlung überwiesen.« Ich zücke mein Handy aus meiner Jackentasche, um ihr die Bestätigung zu zeigen.

»Ja, da kann ich jetzt nichts machen«, winkt sie ab. »Voll ist voll.«

Mit der Buchung ist ein Fehler unterlaufen, wäre wohl die lange Erklärung. Irgendwie lustig, wie uncharmant sie mir diese Botschaft überbringt. Auf wortreiche Entschuldigungen wird hier direkt verzichtet.

Ich könnte sie jetzt daran erinnern, dass es ihr Job ist, meine Buchung zu erfüllen. Ich könnte auch einen Aufstand machen oder nach dem Chef verlangen. Stattdessen stehe ich da, lächele und höre mich fragen: »Gut, was machen wir nun?«

Die Wahrscheinlichkeit, im Juli in der Hochsaison an einem beliebten See in den Bergen noch eine andere Unterkunft zu finden, tendiert gen null, überschlage ich kurz in meinem Kopf. Abreisen wäre die nächste Option. Ich wollte aber nun mal ausgerechnet und genau an diesen See hier, nirgendwo anders hin. Meine Gelassenheit ergibt sich also wahrscheinlich vor allem aus der Resignation, dass ich keine anderen Optionen habe.

»Wir hätten da noch so ein kleines Haus … also eine richtige Hütte ist das nicht.«

»Ähm … okay.«

»Sollen wir da eben schnell hinfahren?« Sie zeigt auf das Golfcart vor der Tür.

»Machen wir.« Ich greife nach meiner Tasche und folge ihr.

»So, da wären wir«, schließt sie eine kleine Hütte am Ende des Geländes auf und schiebt die Tür mit der Fingerspitze so hin, dass ich hineinsehen kann.

»Kein Bad, nichts zum Kochen?«, wiederhole ich verwundert, was ich sehe. Und das ist nur ein Bett.

»Ja, ist unsere kleine Hütte.«

»Wo gehe ich aufs Klo?«

»Wie die vom Campingplatz, dort im Hauptgebäude.« Okay, das wird interessant.

Ich wollte allein Urlaub in den Bergen machen, denn ich bin in den letzten zwei Jahren so richtig auf den Geschmack von den Bergen gekommen. Ich habe mir eine romantische Woche voller Wanderungen vorgestellt, das Handy ausschalten, den Kopf frei kriegen, in einer kleinen Hütte, nur für mich. Stattdessen liege ich, in Ermangelung an Sitzgelegenheiten, mit einem Teller schneller Spaghetti mit Pesto aus der Küche der Camper auf meinem Holzbett und starre an einem gewöhnlichen Donnerstag in den Regen vor dem Fenster. Und dann regnet es die ganze Woche, die ich hier verbringe, durch. Kaum Glitzern auf dem Wasser, grau in grau statt blaugrün.

Ich komme durchnässt von einer abgebrochenen kurzen Wanderung zurück, hänge meine Sachen an den langen Streben der Gardinenstangen auf, hole meinen Campingkocher aus dem Auto und versuche bestmöglich, die Holzhütte und die PVC-Tischdecke auf dem Holztisch nicht anzuzünden. Das soll jetzt also Urlaub sein.

Ich ringe mit mir und debattiere innerlich, ob ich abreisen soll. Camping bei Regen könnte etwas Romantisches haben, hier fühlt es sich merkwürdig einsam an. Unvollständig. Ungeplant. Weil meine Erwartung eine andere war, eher die pure Erholung bei Sonnenschein und gutem Wetter.

Die Sache mit den Erwartungen ist ja: Es heißt immer, wer keine Träume hat, keine Vorstellungen und Erwartungen, kann auch nicht enttäuscht werden. Ich weiß ja nicht, das halte ich auch nicht für die Lösung. Ein paar Erwartungen und eine gewisse Vorfreude zu haben ist doch ganz schön. Ich glaube, es ist gesünder, wenn wir lernen, dass Enttäuschungen dazugehören. Um uns das Träumen nicht zu verbieten. Hier muss ich mit einer Enttäuschung umgehen und sie aushalten.

Es gab viele Situationen, in denen ich schon einmal improvisieren musste, weil alles anders kam als geplant: Bei einer Trennung, die nicht von mir selbst ausging, oder als ich einen wichtigen Termin verpasste, weil ich im Stau stand. Wir werden immer mal wieder mit Situationen konfrontiert, die wir so nicht geplant haben, die uns auch gehörig gegen den Strich gehen und die wir dann trotzdem akzeptieren müssen. Die Realität zu akzeptieren, wenn man sie mag, ist einfach, das muss man aber auch, wenn man sie nicht mag. Es gilt, eine Vorstellung aufzugeben und sich mit dem Jetzt zufriedenzugeben.

Wenn mir die Bahn vor der Nase wegfährt, wird es dann wirklich besser, wenn ich mich in den zehn Minuten, bis die nächste Bahn kommt, über die verpasste aufrege? Was bringt der Ärger über die verschüttete Milch? Wenn die Dinge nicht so laufen, wie ich sie mir vorgestellt habe, wenn meine Vorstellung nicht mit der Realität übereinstimmt, ist eine generelle Akzeptanz wahrscheinlich der leichteste Umgang damit. Das Annehmen dessen, was ich nicht ändern kann, kann uns im Großen wie im Kleinen das größte Leid ersparen. Improvisieren ist das Motto.

Dort, irgendwo in Österreich, versuche ich also genau das: zu improvisieren. Egal, wie es hätte werden sollen, was kann ich jetzt noch Gutes, vielleicht sogar Besseres daraus machen? Manchmal braucht es nur ein bisschen Vorstellungskraft. Ich versuche mir vorzustellen, mein Leben wäre ein Film und ich selbst die Drehbuchautorin – wie könnte es jetzt weitergehen, und was wären die verschiedenen Handlungsstränge? Um mich am Ende für den zu entscheiden, der mir am besten gefällt.

Ich krame in meinem Auto nach ungelesenen Büchern und vertiefe meinen Kopf in fremde Geschichten. Abends fahre ich ins Kino nach Innsbruck und sehe dort allein den neuen Barbie-Film. Ich bin die Letzte, die ein Ticket kauft, und kriege den Platz genau in der Mitte des Kinos, mit bestem Blick. Als der Abspann läuft, rinnen mir zu Billie Eilishs *What was I made for* die Tränen über die Wangen. Der Film und die Art, wie er die Geschichte erzählt, berühren etwas in mir. Zurück in meiner Holzhütte kuschle ich mich bei strömendem Juliregen in die dicke Bettdecke ein.

Statt zu wandern, fahre ich mit der Gondel hoch auf die Alm und schreibe Tagebuch, während ich den Regen bei einem Teller Käsespätzle beobachte. Regen verleitet mich immer dazu, tiefer in mich zu gehen und ein bisschen in dieser Ruhe zu schwelgen. Ich schreibe in dieser Woche so viele Seiten voll, dass meine Hand danach wehtut, aber mein Kopf fühlt sich ganz schwerelos an.

Ich hätte mich auch jeden Tag über diese winzige Hütte ärgern können, hätte eher abreisen können, mir für viel Geld, da Hauptsaison, noch eine ganz andere Unterkunft dazubuchen können. Aber am Ende wäre es eine verschwendete Woche voller Ärger oder unnützer Ausgaben gewesen. So wichtig war es dann doch für mich nicht, als dass ich das nicht mal ein paar Tage aushalten würde.

»Radikale Akzeptanz« bedeutet, etwas, das nicht veränderbar ist, anzunehmen und das Beste daraus zu machen. Ohne jeglichen Widerstand oder Ablehnung, ohne zu urteilen oder zu verurteilen. »Dann ist das eben so«, mit einem Lächeln auf den Lippen. Vielleicht macht genau das am Ende den Unterschied. Und vor allem macht es jede unerfreuliche Situation ein bisschen leichter.

Ich improvisiere noch weiter und fahre, nachdem ich ausgecheckt habe, spontan über den Brenner nach Italien, erst Südtirol, dann nach Verona und an den Gardasee und verabrede mich dort mit Freunden. Hatte ich alles nicht geplant, aber dieses Abenteuer lässt mich akzeptieren und improvisieren. Der Sonne hinterher, quasi.

19

Lebendig sein

Das Leben mit jeder Faser spüren

Mit den Zehenspitzen drücke ich mich vom Rand des Pools ab und springe nach vorne, die Oberarme an meine Ohren gelegt. Der ganze Körper unter Spannung. Fast geräuschlos tauche ich unter, gleite am Boden des Pools entlang. Ich schließe die Augen. Vielleicht mag ich das am meisten daran. Die totale Kontrolle über meinen Körper zu haben. Immer irgendwo zwischen Macht und Schwerelosigkeit. Jeden Zug ganz genau zu platzieren. Durch das eisig kalte Wasser, einen nach dem anderen. Die Kälte zu spüren, zu merken, wie das Adrenalin durch meinen Körper pulsiert, und erst im letzten Moment wieder aufzutauchen. Ich schnappe so heftig nach Luft, dass meine Lunge wie Feuer brennt.

Im Alltag, umgeben von Luft und Geräuschen und fremden Gedanken, fällt es mir manchmal schwer, bei mir zu bleiben. Wassermassen, die sich wie eine schwere Gewichtsdecke um mich legen, zwingen mich, für einen Moment nur bei mir zu sein. Nicht im Außen, sondern nur in meinem Inneren. Zwingen mich, mich wirklich fühlen zu wollen. In meinem Körper zu sein. Schon immer tauche ich am liebsten unter.

Unter Wasser weiß ich ganz genau, was mein nächster Schritt sein wird, und auch noch, als ich auftauche, ist alles in mir ganz klar. Manchmal muss ich mich über Wasser nur noch selbst davon überzeugen. Manchmal braucht es Mut, auf diese Intuition wirklich zu hören. Ihr nicht zu trotzen. Vor allem, wenn sie nicht der gesellschaftlichen Norm entspricht, dem, was eine Frau in meinem Alter zu tun oder zu lassen hat. Ich bin der Überzeugung: Eigentlich wissen wir immer, was wir wollen, was das Richtige für uns ist. Manchmal verlieren wir nur die Verbindung zu uns, die Fähigkeit, uns in den eigenen Körper einzufühlen, und damit auch die Verbindung zu Urvertrauen und der eigenen Intuition. Aber alles befindet sich schon in uns. Unter Wasser fühlt sich alles ganz leicht an, völlig schwerelos. Ich ziehe meine Bahnen, spanne meinen Bauch und die kleinen Muskeln in meinen Schultern an, atme tief ein und tauche wieder unter. Vielleicht kommt, am Ende, alles auf diese Frage zurück: Was lässt mich lebendig fühlen?

Ich fühle die Lebendigkeit abends unter der heißen Dusche. Nachdem ich meinen Körper auf dem Laufband bis ans Äußerste gebracht habe und meine Lunge um Erbarmen ächzt. Die eiskalte Luft, wenn am ersten Wintertag die Sonne scheint, die auf der Haut kribbelt. Im Regen klitschnass zu werden. Wenn das Gras so nass ist, dass ich nach einer Wanderung einfach von einem Berg runterrutschen kann. Sonntagmorgens im Sommer in einer WG-Küche zu frühstücken, bevor ich in die Bibliothek radele, und die Sonne scheint durchs Fenster rein. Mit dem Fahrrad durch die aufgeheizte Stadt fahren und die Beine vom Rad wegzustrecken. Das Leben in mir pulsieren zu spüren, während die Welt nach den ersten Sommertagen, aufgeheiztem Asphalt und Lavendel riecht.

Die erste jugendliche Verliebtheit, die einen völlig überrennt. Keine Luft mehr zu bekommen. Der erste Liebeskummer, der einem das Herz rausreißt. Sich selbst verschwommen weinend in einem Spiegel zu sehen. Ein Foto mit Freundinnen zu machen, Mann, sehe ich glücklich aus. Die Hilflosigkeit, wenn die Eltern eines Freundes sterben. Sprachlosigkeit und Wut, wenn man ungerecht behandelt wird, die Tränen, die es einem in die Augen treibt.

Sich selbst in einem Schaufenster anlachen. Die Angst, wenn man an die Zukunft denkt. Wie besonders diese vielen unterschiedlichen Gefühle in uns sind. Sie geben einem wirklich das Gefühl, am Leben zu sein.

Ich liebe es immer noch, die Nacht durchzutanzen. Daran hat das Älterwerden nichts geändert. Man erzählt uns, irgendwann müssen wir ernst werden, den Ernst des Lebens beginnen. Die wilden Jahre sind vorbei, eine Tasse Tee und ruhige Zweisamkeit. Häuslich werden, was auch immer das bedeuten mag. Mich auf Tanzflächen in meine Einzelteile aufzulösen, mich irgendwo zwischen wummerndem Bass zu zerstreuen, war mir immer viel lieber. Dort, im Mittelpunkt einer viel zu kurzen Nacht, lebendig zu sein.

Ich will euphorisch und leichtsinnig sein, naiv und optimistisch. Bewegung ist Zauber, Kunst, Magie. Ich will Fremden abwegige Fragen stellen, weil alles egal ist und nichts zählen sollte. Hier fühle ich die Gegenwart so stark wie nirgendwo anders, das Gefühl, am Leben zu sein, im Moment. Hier fühle ich mich und meinen Körper so stark und so leicht wie nirgendwo anders. Außer vielleicht, wenn ich untertauche.

Es gibt Momente, in denen das Herz übersprudelt. Wenn die ganze Party sich am Ende einer Nacht in den Armen liegt und *Angels* von Robbie Williams singt. Vielleicht geht es am Ende wirklich nur darum: sich lebendig zu fühlen. Was lässt dich lebendig fühlen?

20

Ich will lieber, dass es still ist

Dein inneres Kind

Rügen, Ostsee. »Kannst du aufhören zu reden? Ich will lieber, dass es still ist«, sagt meine dreijährige Nichte wie selbstverständlich zu mir, ohne aufzusehen. Wie das Kinder eben tun, ohne sich etwas dabei zu denken. Wir sitzen an einem kniehohen Tisch und malen an einem Mandala. Sie trägt mir auf, mit welchen Farben ich zu malen habe. Für eine Dreijährige hat sie sehr klare Vorstellungen und schafft es, erstaunlich präzise zu arbeiten. Auch mit der Zickzackschere ist sie weitaus geschickter als ich.

»Na, na, so was sagt man doch nicht«, maßregelt meine Tante sie.

»Wieso nicht, ist doch lustig«, entgegne ich und grinse sie an. Ich muss an meine Wanderung mit Samira auf Mallorca denken. Das Bedürfnis nach Stille. Wir sitzen abends auf der Terrasse der Ferienanlage, es riecht nach Mückenspray und alten Erinnerungen. Wie gut Kinder das können, einfach klar und ohne weiter darüber nachzudenken zu sagen: Das brauche ich gerade, um mich konzentrieren zu können.

Wir sind gemeinsam im Urlaub. Der gleiche Ort an der Ostsee, an den wir schon gefahren sind, als ich selbst drei oder vier Jahre alt war. Jedes Jahr, die ganze Familie, eine Woche im Sommer. Als das

Mandala ausgemalt ist, kein bisschen über den Rand, gehen wir zwei noch mal zu Fuß runter zum Meer.

Eine Szene später sehe ich mich selbst dort stehen. Sehe mich als kleines Mädchen hier den Strandweg hinaufrennen, in der Hand Muscheln, die ich gefunden habe. Mein Tattoohalsband, stolpern, aufgeschlagene Knie. Sandburgen, Sonnenbrand auf bleicher weißer Haut. Die Tage danach ein weißes T-Shirt darüber beim Baden, »Nein, das muss anbleiben, auch im Wasser.« Schwimmbadbesuche, verschrumpelte Finger, übergroße Bademäntel. Ostsee-Pommes, die mir nach einem Tag am Meer ganz besonders intensiv schmecken, Gänsehaut. Die Freunde, die meine Geschwister und ich kennenlernten, indem wir einfach an fremde Türen klopften, um zu fragen, ob jemand mit uns wie Adler über den Weg fliegen wollte. »Hast du schon Adlerfreunde gefunden?« ist in unserer Familie deswegen eine gängige Frage, wenn jemand ein neues Kapitel, ein Studium oder einen Job beginnt. Solche Dinge, die eben nur in der eigenen Familie bestehen, Insider, die niemand sonst versteht. Die Erinnerung treibt mir Tränen in die Augen.

Die lange Fahrt hinter Stralsund durch Nadelwälder bis in den Norden der Insel. Kiefernwaldgeruch, Meeresrauschen, Mückenstiche, Sand überall in der Ferienwohnung, Sand im Bett, den ich mit den Händen großzügig Richtung Fußende wische. Geflochtene Zöpfe, Strandkörbe in einer Reihe direkt vorne am Meer. Das Meer spült Erinnerungen an und wieder fort. Fühlt sich alles noch so an wie früher. Hier sind wir sicher. Es ist eine Welt, in die wir eintauchen, als wären wir alle wieder wir von damals. Hier habe ich das Gefühl, mir selbst in jedem Alter wieder zu begegnen.

Die kleine Hand schiebt sich in meine, während wir mit den Füßen im Meer stehen. Ein kleiner blonder Kopf auf Kniehöhe neben mir. Das kleine Mädchen, das den gleichen Namen wie ich trägt, weiß ganz klar, was sie will. Vielleicht sind wir die gleiche Person, denke ich.

Meinen Hund nennt sie nur »die kleine Schlafmütze«. Es muss schön sein, drei Jahre alt zu sein. Einem gehört die Welt, auf eine ganz unvergleichliche Art und Weise. Sie versteht sie schon, ohne sich an etwas halten zu müssen.

»Letztens hatten wir Besuch, und als sie irgendwann wollte, dass der wieder geht, hat sie aus dem Flur die Schuhe geholt und kommentarlos vor die Couch gestellt«, erzählt meine Schwester lachend.

»Erzählst du ihr dann, dass das nicht gerade nett ist?«

»Nee. Klar ist es nicht sonderlich höflich, aber sie ist drei. Ich glaube, genau so entstehen Erwachsene, die gar nicht mehr wissen, was sie eigentlich wollen. Ich will sie ganz im Gegenteil dazu ermutigen, das wahrzunehmen. An der Kommunikation und wie man sich dann mitteilt, daran arbeiten wir später. Wir sagen dann: Danke, dass du dich mitgeteilt hast, und erzählen ihr, wann sie gehen werden und dass es noch eine Weile dauert.«

Kinder nehmen nicht unbedingt wahr, wie etwas ankommt, sie kommunizieren frei heraus, was sie denken und wollen. Es ist eine Freiheit, die wir über die Jahre verlieren, wenn unsere kindliche Freimütigkeit in das Korsett von Höflichkeit und Benehmen gezwängt wird. Nachdem wir dreimal zurechtgewiesen wurden, dass man so etwas eben nicht zur Tante sagt, verlernen wir klar zu sagen, was wir wollen.

Um dann, wie viele von uns, in das komplette Gegenteil umzuschwenken: *People Pleasing*, anderen immer gefallen wollen. Leuten alles recht machen wollen, lieber erst einmal zusagen, gar nicht mehr die eigenen Bedürfnisse kommunizieren oder überhaupt erst mal in sich reinhören, was man selbst gerade bräuchte. Wie ein Schauspieler, der seinen Text vergessen hat, machen wir dann eventuell Dinge mit, die wir eigentlich gar nicht wollen, und fühlen uns zum Ende des Tages völlig erschöpft.

Eigentlich merkwürdig, dass wir alles immer glattwaschen und glattbügeln an unseren ehrlichen, echten Empfindungen. Wann haben wir schon zuletzt gesagt:

»Ich würde gerne kurz aus der Unterhaltung aussteigen und meine Augen zumachen, danke«, beim Friseur.

»Ich würde gerade lieber für mich sein«, wenn eine Schulfreundin sich im Café zu uns an den Tisch setzt und losschnattert.

»Ich hab einen vollen Tag und würde gerade gerne ein bisschen in meinen Gedanken sein«, in der Mittagspause auf der Arbeit.

»Das geht mich nichts an«, wenn jemand zu detailliert aus seinem Privatleben erzählt.

Ist das wirklich zu unhöflich? Wann ist Ehrlichkeit eigentlich zu Unhöflichkeit geworden?

Wir sagen Ja, obwohl wir Nein meinen, oder wir sagen gar nichts, obwohl wir Stille wollen. Und noch dazu kennen viele diesen Wunsch, keine Umstände machen zu wollen, etwa wenn wir bei anderen zu Besuch sind. »Nein, danke, nichts zu trinken für mich.« Dabei gehen Menschen gerne auf Bedürfnisse ein, die exakt geäußert werden. Egal, ob das ein Eistee oder ein Glas Wein, frische Luft oder das Ende des Abends sind. So wissen alle, woran sie sind. Genauso ist es mit Geschenken oder der Annahme von Komplimenten. Statt auf »Schönes Kleid!« mit »Ach, war günstig« einfach mit einem selbstbewussten »Danke schön!«, antworten. Man macht sonst eine winzige Bemerkung schwer, die auch eigentlich ganz leicht sein könnte. Ehrlichkeit und Aufrichtigkeit und auch einfach mal Raum einzunehmen erleichtern mir und meinem Umfeld jede Unterhaltung ungemein.

Ich versuche oft, mich dafür mit meinem inneren Kind zu verbinden. Was hätte das geantwortet? Das hätte gesagt: »Ich will ein Wasser! 'Tschuldigung, möchte, bitte.« Oder: »Danke«, und sich darin gesonnt, dass jemand mein Kleid schön findet. Es hätte jedes Geschenk dankend angenommen. Ohne das »Was gehört sich«, »Was schulde ich dem anderen im Gegenzug«, »Will ich Umstände machen«. Wir bedenken alles, was danach ist, was andere denken, was etwas bedeutet. Kinder tun das nicht. Sie sagen klar heraus, was sie wollen. Es kann hilfreich sein, sich einfach mal zu überlegen, was man als Kind gemacht hätte, was man als Kind gemocht hat, wann man was gelernt hat und warum man sich so verhält. Damit meine ich nicht, dass wir Manieren vergessen und uns die Gefühle anderer komplett egal sein sollten – aber sie in Einklang mit unseren eigenen zu bringen.

Aber wir müssen erst einmal lernen, diese Bedürfnisse in uns wahrzunehmen. Was fühle ich gerade? Was will ich gerade? Nein, was will ich gerade wirklich? Klar mit meinen Bedürfnissen zu sein, also den ganzen Tanz sein zu lassen aus »Was darf man wo sagen«, kürzt viele innere Dialoge in meinem Kopf direkt ab. Ich glaube, man kann klar und dennoch höflich sein. Vielleicht kann man die Klarheit eines Kindes ja mit der höflichen Ausdrucksweise eines Erwachsenen in sich zu einem zusammenbringen.

Sich mit dem inneren Kind zu verbinden kann dabei helfen. Mein inneres Kind ist übrigens acht Jahre und baut gerade eine Sandburg am Strand in Dänemark, trägt lange, geflochtene Zöpfe, einen gelben Badeanzug, ein breites Grinsen und die allerallergrößte Zuversicht im Gesicht. Genau an das erinnere ich mich zurück, wenn ich zweifele. Und muss automatisch lächeln.

Ich jogge am nächsten Morgen Seite an Seite mit dem Meer bis vor zum Kap-Arkona-Leuchtturm, an dem ich mir als Kind schon immer bunte Tüten gekauft habe. Die Bahn bringt immer noch verlässlich die Touristen hier hoch.

Später widmen wir uns einem neuen Mandala. Aber heute darf ich nicht mitmalen. Meine Nichte kann ihr »Nein« besser als ihr »Ja«. Eine Zeit lang lief sie nur herum und rief die ganze Zeit »Nein, nein, nein«. Nein zu Umarmungen zum Abschied, nein dazu, wenn jemand ihr helfen wollte. Sie weiß ganz genau, was sie will, in jedem Moment. Ich denke oft an sie: Was würde dieses kleine Kind, meine Nichte, jetzt antworten? Oder was würde das kleine Kind in mir selbst antworten, das nur in eine große, höflichere Version reingewachsen ist?

Sie hat einen sehr starken Willen, aber ist auch unheimlich sanft und rücksichtsvoll. Abends quetscht sie sich zwischen mir und meinem Hund ins Bett.

»Ich halte ihren Schwanz fest, dann muss sie den nicht selbst tragen, okay?«

»Perfekt«, antworte ich und streiche ihr über den Kopf.

»Penny ist so eine kleine Schlafmütze«, flüstert sie mir verschwörerisch zu und drapiert ihren Kopf neben dem Bauch des kleinen Hundes. »Ich wärme sie ein bisschen, okay?«

Ich muss blinzeln. Vielleicht machen sich Kinder doch mehr Gedanken um ihre Umwelt, als man meinen könnte. Vielleicht lassen sie sich nur erst einmal weniger beirren davon.

21

Das hat ja nichts mit mir zu tun

Dinge nicht persönlich nehmen

»Sind Sie schon einmal in Lissabon gewesen?«, fragt der Uber-Fahrer mich, als ich um halb zwei Uhr nachts übermüdet am Lissaboner Flughafen auf die Rückbank seines Autos klettere. Ich nicke verschlafen.

»Was treibt Sie her?«

»Bloß die Arbeit«, antworte ich freundlich, aber betont knapp, und sehe dabei demonstrativ aus dem Fenster. Eigentlich das internationale Zeichen für: Da möchte sich jemand gerade nicht unterhalten. Ich bin so müde, ich kann nur mit Mühe meine Augen offen halten. Ich habe vier Stunden eingezwängt in einem Flieger gesessen, der in Paris festhing, und will nur noch ins Bett. Trotzdem werfe ich immer wieder einen Blick auf mein Handy und überprüfe auf der Karte die Route, die er gerade fährt. Mache ich immer.

»Ist alles gut?« fragt er verschüchtert, und ich sehe aus dem Augenwinkel, wie er mich im Rückspiegel taxiert. Er wirkt ein bisschen zu groß für dieses kleine Auto.

»Alles bestens, danke«, antworte ich und sehe weiter aus dem Fenster in die dunkle Nacht, die an uns vorbeizieht.

»Sind Sie mit der Fahrt zufrieden? Soll ich die Musik lauter machen?«

»Nein, alles gut, danke.« Ich, erneut. Ich bin freundlich, aber ich habe keine Lust, mich zu unterhalten.

»Ist wirklich alles gut? Ich kann Ihnen auch noch Lissabon zeigen, wenn Sie möchten!« Nachts? Ich runzele irritiert meine Stirn. Es ist für mein Empfinden eine Mischung aus Anmache und Unsicherheit, die mir da von ihm entgegenschlägt, so richtig kann ich nicht entscheiden, in welche Richtung das hier geht. Und beides nervt mich gewaltig. Es ist mitten in der Nacht. Ich möchte um halb zwei nicht freundlich sein, ich möchte auch keinem Uber-Fahrer mehrmals versichern, dass alles in Ordnung ist, ich möchte einfach nur reglos und unsichtbar existieren und möglichst schnell an meinem Hotel abgeliefert werden.

»Möchte ich nicht, danke. Ich bin jetzt gerne ein bisschen für mich, vielen Dank.« Ich-Botschaften, ich kommuniziere nett mein Bedürfnis. Was er daraus macht, ist nicht meine Sache.

Als ich aussteige und meinen Koffer selbst aus dem Kofferraum nehme, verabschiedet er sich nicht. Er nimmt mir das anscheinend übel – oder kann sich nicht dagegen abgrenzen. Uns mit Menschen unterhalten, obwohl wir eigentlich gerade lieber Stille hätten – ich habe mir etwas von meiner Nichte abgeschaut und angefangen, meine echten Bedürfnisse nicht mehr unter zu viel Höflichkeit zu verstecken.

Meine mentale Abwesenheit in dieser Nacht hat nichts mit ihm zu tun. Aber es ist auch nicht meine Aufgabe, ihm das zu erklären und allen Menschen und ihren Stimmungslagen um mich herum ein gutes Gefühl zu geben. Ich bin nicht unfreundlich, ich bin höflich, aber einfach schweigsam. Das ist mein gutes Recht. Erst recht mitten in der Nacht. Auch auf einer Taxifahrt, auf der es gerade nur mich und ihn gibt.

Ich habe aufgehört, für andere mitzudenken. Das macht er ja auch nicht, versuchen zu verstehen, wie gruselig es sich anfühlen kann, allein auf der Rückbank eines fremden Fahrers zu sitzen, der einen auch jederzeit entführen könnte.

Aber spulen wir mal zurück. Was genau läuft da ab? Ein mir

unbekannter Uber-Fahrer kann mein »Nein, danke« nicht ertragen, weil er etwas anderes hineinliest. Vielleicht möchte er von mir gemocht werden. Oder mir wahlweise alles besonders recht machen, damit er eine gute Bewertung bekommt. Vielleicht kann er Stille auch einfach nicht gut aushalten. Vielleicht sucht er selbst jemanden zum Reden. In ihm ist etwas, das meine Abgewandtheit persönlich nimmt. Vielleicht hat er mit irgendetwas ein Thema. Dass er etwas falsch macht? Ich weiß es nicht.

Aus irgendeinem Grund projiziert er diese Unsicherheit auf mich. Ich schenke einer Unterhaltung zwar in diesem Moment keine Aufmerksamkeit, aber das muss ganz und gar nichts mit ihm zu tun haben. Er transportiert mich ja, das ist eine Dienstleistung, bei der alle nett und freundlich sein sollten, aber bei der es nicht nottut, eine persönliche Ebene hineinzuinterpretieren, die nicht stattfindet.

»Ich glaube, das ist eines der wichtigsten Dinge, die ich in meinem Leben gelernt habe: Hör auf, immer zu denken, dass Leute sauer auf dich sind. Vertraue darauf, dass Menschen dir sagen, wenn sie etwas stört, und gewöhne dir an, dir sonst keine Gedanken darüber zu machen«, sagte eine Freundin mal zu mir. »Meine Therapeutin hat mir das beigebracht. Ich habe mich am selben Abend um tausend Kilo erleichtert gefühlt und erst mal geheult. Seitdem mache ich das ganz genauso: Wer etwas sagt, den höre ich, und wer etwas nicht sagt, na ja, ich kann mich nicht ständig damit beschäftigen, versteckte Codes zu lesen.« Ich nickte. Wie erleichternd.

*

Ich weiß noch, wie ich vor ein paar Jahren einem Mann, der ein gemeinsames Wochenende spontan aus beruflichen Gründen absagen musste, antwortete: »Willst du mich etwa nicht sehen??« Ich war vorwurfsvoll und nahm es persönlich. Autsch. Hatte er ja gar nicht gesagt. Er hatte einfach keine Zeit. Das musste mit seiner

Lust, mich zu sehen, nichts zu tun haben. Ich (und meine Unsicherheit) hatten das aber in seine Absage hineingelesen oder wollten zumindest einmal kurz hören, das dem nicht so war (auch menschlich, finde ich).

Wenn er ohnehin gerade schon beruflich viel zu tun hat, muss ich ihm nicht auch noch zumuten, meine Gefühle nebenbei mitzusortieren. Sein Bedürfnis muss doch mit mir überhaupt gar nichts zu tun haben. Wieso dreht sich in meinem Kopf die Welt nur um mich? Klar, weil wir in die Taten von anderen zu viel interpretieren und sie mit unserer Angst vermischen, nicht gemocht, akzeptiert oder gewollt zu werden. Das ist oft gar nicht der Fall. Aber wenn die andere Person uns diese Unsicherheit immer wieder nehmen muss, indem sie versichert, dass das nichts mit uns zu tun hat und sie uns eigentlich gerne und sowieso … na ja, dann wird's anstrengend. Für alle Beteiligten.

*

Am nächsten Morgen, ich habe gut geschlafen und mir ein ausgiebiges Frühstück genehmigt, sitze ich entspannt an der Praça da Figueira in Lissabon. Marktschreier durchkreuzen die lauten Geräusche der Tram, die an mir vorbeiruckelt.

Die Bedienung ist hier, an diesem Morgen, wirklich ausgesprochen unfreundlich. Als ich aufstehe, um einem Straßenmusiker mein letztes Kleingeld in die offene Gitarrenbox zu werfen, stoße ich unverhofft mit ihr zusammen. »Passen Sie doch gefälligst auf!«, flucht sie über den Platz. Jede Menge Köpfe drehen sich zu mir um und starren mich an.

An diesem Morgen beschließe ich, dass mir das diesmal völlig egal ist. Ich habe oftmals Zeit damit verbracht, Dinge ebenso zu persönlich zu nehmen. Einen schiefen Blick von jemandem, eine blöde Bemerkung. Gedacht: »Scheiße, ich hab etwas falsch gemacht.« Oder mich beobachtet gefühlt. Wenn es mich allerdings im Kern wirklich kaltlässt, was andere denken oder denken könnten, dann stehen mir die Möglichkeiten des Lebens in einem viel größeren Spektrum offen. Wenn man sich nicht durch etwas Äußeres limitiert, was mit einem selbst eigentlich gar nichts zu tun haben muss, bringt das eine ganz neue Gelassenheit mit sich. Übrigens beobachtet uns im Normalfall ohnehin niemand. Die Vorstellung, dass alle Augen auf einen gerichtet sind, nennt sich »Spotlight-Effekt« und ist oftmals reine Einbildung.

Dinge nicht mehr persönlich zu nehmen, so ganz grundsätzlich, kürzt viele Grübeleien direkt weg. Ich kann einfach davon ausgehen: Das hat nichts mit mir zu tun. Ich bin nicht der Mittelpunkt der Welt. Und wie ich entscheiden will, etwas zu hören, ist viel wichtiger, als wie jemand etwas gemeint hat. Das ist nämlich völlig egal.

22

Das möchte ich gerade nicht

Absagen und Grenzen setzen

Wir sitzen an der Bar im *Schmitz*, jede einen Gin Tonic vor sich, die hier viel günstiger sind als in der *Odessa Bar* gegenüber. Dort haben wir gerade 52 Euro für vier Drinks bezahlt, die eine Stunde auf sich warten ließen. Hier rühre ich in meinem Getränk für 6,50 Euro und genieße die Lautstärke, das durchmischte Publikum. Irgendwo läuft Fußball, ich zucke zusammen, als jemand laut jubelt. Ich mag es hier. Mag die Wärme, den Geruch, die Menschen, die Dunkelheit. Meine Freundin neben mir kichert über ihre eigene Erzählung, und ich betrachte sie ganz fasziniert, ihre Ausstrahlung, diese Begeisterung, mit der sie ihr Leben angeht, ihre Freude.

Im selben Moment tippt mir jemand von hinten auf die Schulter, begleitet von einem »Hey …«.

Ich drehe mich um, langsam.

»Nett, euch kennenzulernen, wollt ihr mit zu uns rüberkommen? Ich würde euch gerne auf einen Drink einladen?« Mit langen Blicken schmachtet er meine blonde Freundin an.

»Das ist nett, aber wir verbringen heute einen Abend unter uns, wir sind versorgt«, sage ich und halte kurz freundlich seinem Blick stand, bevor ich mich wieder umdrehe und meiner Begleitung zuwende.

»Okay, kein Problem«, lächelt er und schlendert davon. Meine Freundin guckt ihm hinterher, irgendetwas zwischen erschrocken und bestürzt.

»Ach so, wolltest du mit ihm einen trinken? Ich hab's nicht gefühlt. Lass uns doch zu zweit bleiben, dachte ich. Ich hab keine Lust, heute Abend irgendwen kennenzulernen.«

»Nein, auf keinen Fall. Aber ich hätte wahrscheinlich Ja gesagt, weil ich überfordert gewesen wäre. Gut gemacht, danke.«

»Um nett zu sein?«

»Ja, irgendwie schon. Und weil ich niemanden verletzen wollen würde, denke ich.«

»Na ja … unsere Grenzen haben mit anderen nichts zu tun. Deswegen müssen wir auch nicht verletzt davon sein, wenn jemand anderes eine Grenze zieht. Weißt du, wie ich meine?«

Die schwierige Sache mit dem Neinsagen. In unserer patriarchalischen Gesellschaft sind es vor allem Frauen, die dazu neigen, sich zu kümmern, um Außenwirkung und die Wahrnehmung anderer: darum, anderen gefallen zu wollen, es anderen recht machen zu wollen, darum, dass Menschen sich in ihrer Gegenwart wohlfühlen. Angenehm und freundlich, bequem eben. Aber wenn wir so auf das Außen fokussiert sind, wie können wir gleichzeitig im Innen sein, im Einklang mit dem, was wir selbst gerade wollen?

Eine Frage, die sich banal anhört, aber die den Unterschied macht, ist: Will ich das gerade? Oder differenzierter: Mache ich das nur der anderen Person zuliebe? Habe ich das Gefühl, die Person mit meiner Ablehnung zu kränken, und handele deswegen nicht so, wie ich gerne würde? Fühle ich mich nur geehrt, ist das nur mein Ego oder echtes Interesse meinerseits?

Meistens aus der Angst, jemandem vor den Kopf zu stoßen oder zu verletzen, fällt es uns schwer, ein Nein über die Lippen zu bringen oder eine Grenze zu setzen. Ob wir aus Rücksichtnahme lügen, aus Angst, schlecht dazustehen, oder aus Misstrauen – mit Unehrlichkeit machen wir nicht nur uns das Leben schwer, sondern auch anderen. Durch Unehrlichkeit entstehen Missverständnisse, es werden Unsicherheiten und falsche Erwartungen geschürt und Beziehungen zerstört. Warum trauen wir uns nicht ein bisschen mehr Wahrheit zu? Schließlich sind wir doch alle schon groß und stark genug, sie zu verkraften.

Kann ein Nein denn etwas Leichtes sein? Ein einfaches »Das möchte ich gerade nicht« oder »Das kann ich gerade nicht leisten«? Kann man es leicht nehmen, etwas abzulehnen? Es anderen nicht recht zu machen?

Ich versuche, mich an die letzte Situation zu erinnern, in der ich etwas verneint habe. Es muss mit Freunden gewesen sein, die spontan umziehen wollten. Ich hatte am Vormittag einen wichtigen Termin, den ich hätte verlegen können, aber nicht verlegen wollte. Ich wog ab, wie sehr meine Hilfe gebraucht wurde, und ob es mir wert war, die Planung meiner Woche dafür über den Haufen zu schmeißen. Man kann es nicht immer allen recht machen. So ist das eben. Ich sagte Nein: War für meine Freundin kein Problem.

»Ich mache das kurz fertig, aber ich arbeite am Wochenende nicht, nur dass du für die Zukunft Bescheid weißt«, schrieb ich letztens einer Kooperationspartnerin, die mir zum Sonntagvormittag Änderungswünsche via WhatsApp schickte.

»Ah, okay, ja, natürlich«, war ihre Antwort.

Sätze, in denen man etwas verneint, wie selbstverständlich und nebenbei klingen zu lassen strahlt immer etwas Souveränes aus. Entspannt absagen und dabei bei sich bleiben. Auch ein ehrliches »Ich habe mich übernommen« oder »Ich habe meine Zeit falsch eingeschätzt« können helfen, ein »Nein« zu begleiten. Und vor allem gilt, kein schlechtes Gewissen zu haben. Aber verbindlich zu sein.

Wenn ich gerade im Stress bin und weiß, ich komme nicht zum Antworten, halte ich es für sinnvoll, wenigstens kurz zum Telefon zu greifen. Dann sollte ich meinem Gegenüber sagen: Du bekommst noch eine adäquate Antwort. Aber du sollst zumindest wissen, dass deine Einladung angekommen ist. Lieber die Antwort rausschieben, als jemanden warten lassen.

Der Mann, den ich gerade traf, hatte sich angewöhnt, Anfragen und Einladungen aller Art generell nicht vorschnell zuzusagen. Quasi um eine Pause zwischen Reiz und Reaktion zu schaffen. Er sagte dann oft, auch zu mir: »Das möchte ich dir lieber nicht versprechen, weil ich noch nicht weiß, ob ich es wirklich einhalten kann. Aber ich melde mich nächste Woche dazu noch einmal zurück.« Ein Nein, aber klar und verbindlich. Es half ihm, sich nicht voreilig in Zusagen reinzumanövrieren, die er gar nicht so gemeint hat. Das kann eine Hilfe beim Umzug sein, ein Wein auf den Freitagabend oder die Übernahme einer Aufgabe im Job.

Es ist ein Learning, vielleicht eines, das jeder irgendwann einmal machen muss: Was man selbst möchte und was sich gut anfühlt, welche Kapazitäten man persönlich hat, in sozialen Beziehungen wie Freundschaften, wann man ungewollt über die eigenen Grenzen hinausgeht und erschöpft oder leer zurückbleibt, und dass ein Nein immer okay ist – es auszusprechen genauso, wie es entgegengebracht zu bekommen. Ablehnung ist nichts Persönliches, wir müssen nicht immer auf alles Lust haben. Es ist okay, etwas nicht zu wollen. Nein zu sagen. Die eigenen Grenzen zu kennen, sich selbst zu kennen oder zumindest kennenzulernen halte ich für absolut gesund. Dazu gehört auch die Erkenntnis: Ich kann Menschen mögen, unsere Zeit genießen und für sie da sein wollen und trotzdem manchmal keine Kapazitäten haben. »Having boundaries is loving you but loving me at the same time«, habe ich letztens irgendwo gelesen und mit dem Kugelschreiber dick eingekringelt.

Der Lärm in der Kneipe ist laut, und an diesem Abend werden wir noch ein paarmal angesprochen. Meine Antwort bleibt gleich, leicht und beschwingt. Kann ein Nein etwas Leichtes sein? Ich denke schon. Selbstverständlich, klar, selbstbewusst. Vielleicht mit einem Lächeln auf den Lippen. Am Ende verbringen wir so einen Abend, wie er sich genau richtig anfühlt. Wenn wir nicht immer für alle anderen mitdenken, haben wir viel mehr Raum, unsere Zeit für uns selbst zu genießen. Erleichtert enorm.

23

Lass sie doch

Rezensionen und Resilienz

Ein Buch zu veröffentlichen ist aufregend. Monatelang schreibt man in seinem stillen Kämmerlein daran, stellt Kapitel und Sätze so lange um, bis alles für einen selbst Sinn ergibt. Es ist eine einsame Tätigkeit, das Schreiben, man ist für sich allein und nur im eigenen Kopf unterwegs. Entknotet Sätze und Gedanken zu einer Geschichte. Wenn man über persönlich erlebte Geschichten schreibt, gleicht es außerdem gefühlt immer einer Therapiestunde, sein Inneres nach außen zu kehren.

Das Schreiben ist einsam, das Veröffentlichen auch – und irgendwie auch nicht. Denn man ist immer noch ganz für sich. Aber plötzlich kann jeder kritisieren und bewerten, was man zustande gebracht hat.

In den Nächten, bevor meine ersten beiden Bücher erschienen, war ich unfassbar aufgeregt. Ich konnte so wenig schlafen wie als Kind in der Nacht vor meinem Geburtstag. Heute bin ich es nicht mehr. Es ist der Morgen, an dem *Vom Glück, allein zu sein* erscheint. Ich öffne morgens die Onlineseite und sehe eine erste Bewertung. Wie bei jedem Buch bisher: 1 von 5 Sternen, ohne weiteren Kommentar. Ich muss lachen. Okay. Da scheint mich jemand wirklich ganz außerordentlich nicht zu mögen, denke ich und drücke mit dem Finger auf den Knopf an der Kaffeemaschine.

Als kreative Person, die etwas erschafft, ist es eine Selbstverständlichkeit, sich immer auch Kritik und Missfallen anzuhören. Das geht den Künstlerinnen hinter den Ausstellungen einer Vernissage so, den Darbietenden auf einem Konzert oder im Theater, und so eben auch den Autoren der Bücher, die in Buchhandlungen gestapelt werden. Das gehört dazu. Leute bewerten, was man fabriziert hat, speziell, ob es ihrem eigenen Geschmack entspricht, was sie schlecht daran finden oder listen auf, was sie anders gemacht hätten. Jede Meinung dabei so unterschiedlich wie die Personen selbst. Wahrscheinlich gibt es immer genau so viele, denen das, was man macht, gefällt, wie solche, denen es nicht gefällt. So ist das eben.

Es allen recht zu machen ist völlig unmöglich. Ein Kritikpunkt an meinem vorherigen Buch war, dass ich doch in einem Buch übers Alleinsein in den Geschichten vom Alleinreisen nicht so viel unter Leuten sein kann. Ach so. Ich muss lachen, als ich mir vorstelle, wie ich da sitze, den Kopf schüttele zu jemandem, der mich anspricht, und sage: »Nein, tut mir leid, ich bin allein hier, kein Kontakt bitte!« Und mir die Sonnenbrille ins Gesicht schiebe. Genau das Neuschreiben meiner eigenen Geschichte und die Möglichkeiten, die Offenheit für Neues, machten für mich die Schönheit am Alleinsein aus. Aber das muss selbstverständlich nicht für jede so gelten. Wir alle haben unsere eigene Perspektive zu den Dingen, die wir erleben.

Egal, ob es um den eigenen Schreibstil, den Namen des Kindes, die Wahl des Studiums, den Wohnort, den Look oder die Wahl des Partners geht: Allen damit gefallen zu wollen ist nicht möglich. Es hilft mir zu akzeptieren, dass manche mich mögen, manche nicht. Manchen gefällt das, was ich mache, manchen nicht, und eigentlich kann es mir völlig egal sein.

Beim Schreiben meiner eigenen Bücher denke ich immer, wenn mir nur eine Person schreibt, ich hätte ihr das Gefühl gegeben, verstanden zu werden oder mit etwas nicht allein zu sein, reicht mir das. Jedem gefallen ist gar nicht mein Anspruch. Wenn ich einen einzelnen Menschen mit meinen Worten happy mache, bin ich happy.

Wir müssen uns nicht rechtfertigen. Solange etwas für uns Sinn ergibt, reicht das aus. Jeder lebt in seiner eigenen Welt und hat mit seiner Perspektive recht. Es gibt kein Richtig oder Falsch, nur Perspektiven. Solange man selbst das, was man macht, gut findet (und es gibt ja immer einen Grund, warum man die Dinge so macht, wie man sie macht), wenn man das Beste erschafft, das einem möglich ist, dann kann man es leicht nehmen und darüber lachen.

Klar, nicht jeder schreibt Bücher und identifiziert sich mit dieser Form von Bewertung. Aber Kritiken für das, was wir sind, was wir machen, kriegen wir auch im normalen Leben von überall. Egal ob in Form von Kleinstadt-Gelästere, einem öffentlichen Shitstorm oder einem gehässigen »Ich würde mich in dem Kleid ja nicht zur Arbeit trauen« von der süffisanten Kollegin.

»Sieht echt komisch aus, was du anhast«, lese ich in der gleichen Woche als Antwort auf eine Instagram-Story, in der ich mit einer Freundin für ein Selfie glücklich in die Kamera lächele. Ich trage ein weißes, ärmelloses Kleid und meine braunen Cowboyboots, die ich richtig gerne mag und in denen ich mich so wohlfühle wie in kaum einem anderen Kleidungsstück. Ich denke an Sinas »Und dann?«. Ich muss mir gefallen lassen, dass andere mich bewerten, klar. Habe ich keine andere Wahl. Aber eigentlich kann es mir völlig egal sein. Für mein Leben hat das nichts zu bedeuten, was irgendjemand aus dem Internet denkt.

Wenn man das, was man macht, selbstbewusst vertritt, und keine Angst davor hat, jemandem auf die Füße zu treten, gibt man sich selbst eine ganz andere Tiefe an Lebensqualität. Es aushalten zu lernen, wenn jemand nicht einer Meinung ist, und ihn nicht überzeugen oder sich rechtfertigen zu wollen. Es einfach stehen zu lassen.

Ich erinnere mich an einen Satz, den meine Mutter gesagt hat, als ich ungefähr sechzehn war: »Lass sie doch.« Ich steigerte mich rein, dass auf dem Gymnasium Mädchen über mich lästerten und etwas verbreiteten, was nicht stimmte. »Na ja, und? Lass sie doch.« Sie zuckte die Schultern und machte mit ihrem Tag weiter. Ich fühlte mich nicht gesehen oder gehört, war frustriert, dass sie mir nicht zustimmte. Hörst du mir überhaupt zu?

Heute denke ich, dass es von tiefer innerer Ruhe zeugt, sich nicht zu rechtfertigen, auch wenn Leute etwas ganz Falsches über einen verbreiten. Es einfach stehen zu lassen, es gut sein zu lassen, einfach dastehen und es akzeptieren. So handhabte es auch eine Freundin, als ihr Ex-Freund nach Trennung im gemeinsamen Freundeskreis das Gerücht verbreitete, dass sie nie Miete gezahlt hätte. Es entsprach nicht der Wahrheit. Aber ihr war ihr Frieden wichtiger, als ihr Bild bei anderen wieder geradezurücken.

Moderatorin Mel Robbins nennt das in ihrem Podcast die »Let them theory«.[9] »It is the simplest most liberating mindset flip that you could ever know«, sagt sie. Kurz: Lass die Leute machen. Gilt auch für viele andere Situationen des täglichen Lebens: Deine Freundin datet immer wieder Männer, die nicht gut für sie sind? Lass sie, du kannst darauf hinweisen, aber erkennen muss sie es selbst. Freunde machen einen Kurztrip und haben dich nicht gefragt, ob du mitkommen möchtest? Das tut weh. Aber: Lass sie. Jemand will dich verlassen? Lass ihn. Kämpf nicht drum. Lass Menschen dir zeigen, wer sie wirklich sind, statt immer nur das Beste von ihnen zu erwarten. Dieser Satz gibt einem Frieden und die Möglichkeit, die ständige Kontrolle über alles loszulassen.

Wir haben immer das Bedürfnis, uns zu beweisen und zu erklären.

»Nein, so habe ich das gemeint.«

»Ne, das war ganz anders.«

»Eigentlich bin ich nicht so.«

»Eigentlich kann ich das viel besser.«

Lass es. Lass die Leute denken, machen, *online schreiben*, was sie wollen. *Lass sie doch.*

Stell dir vor, du sitzt in einem Boot und versuchst die ganze Zeit, flussaufwärts zu paddeln. So fühlt es sich an, wenn du immer versuchst, alles zu kontrollieren. Es ist frustrierend. Du verlierst so viel Energie. Denn du kannst niemanden um dich herum oder das, was passiert, kontrollieren. Lass stattdessen das Paddel los und gewöhne dir an, dich vom Wasser tragen zu lassen. Und alles wird magischerweise in die richtige Richtung fließen.

*

Auf einer Marketingmesse sitze ich im Publikum und lausche dem Panel von vier Frauen, die über die Sichtbarkeit von Frauen in der Branche, über gerechte Bezahlung und Fairness sprechen. Als der Applaus abgeklungen ist und die obligatorische Fragerunde sich anschließt, steht ein Mann im Publikum kerzengerade auf und lässt sich das Mikrofon reichen. Wortreich fragt er, ich höre nur mit halbem Ohr hin, wie es sich anfühlt, jetzt langsam altersmäßig ausrangiert und nicht mehr relevant zu sein. »Tut mir leid, wenn ich Sie jetzt beleidigt habe«, fügt er süffisant in sein geliehenes Mikrofon hinzu.

»Das ist gar kein Problem, ich gebe Ihnen gar nicht das Privileg, mich zu beleidigen«, antwortet die Dame, ohne eine Miene zu verziehen, beantwortet professionell die Frage, dass sie sich sicher sei, dass Relevanz und Expertise nicht vom Alter abhängen würden, und geht dann weiter zur nächsten Frage, ohne ihn noch einmal zu Wort kommen zu lassen. Innerlich höre ich, wie sie nach diesem Satz ihr Mikro auf den Boden schmeißt, was sie nicht wirklich tut, in meiner Fantasie jedoch wäre das der passende Abschluss. Boom. Ich nicke anerkennend vor mich hin und klatsche dabei. Das war schlagfertig.

Stimmt, eine Beleidigung muss man auch annehmen. Wenn man sich *nicht beleidigen lässt*, ist ein Spruch nichts weiter als Geschwätz, das einen fremden Mund verlässt und sich in der Umwelt verteilt, hat aber mit einem selbst nichts weiter zu tun. Ich habe ein Wörtchen mitzureden dabei, ob ich mich *beleidigt fühle*. Das muss ich nämlich gar nicht. Etwas greift mich nur an, wenn ich mich angreifen lasse. Nach dem Talk ist die Dame umlagert von Journalisten, ich würde ihr gerne danken, stattdessen nehme ich diese Bemerkung einfach wie einen Schatz mit nach Hause.

Inzwischen lese ich mir Rezensionen ganz gerne durch, auch die schlechten. Denke bei manchen: Ja, hast du vielleicht recht, filtere mir etwas heraus. Bei anderen: Nein, das sehe ich anders, und das ist ja gar nicht schlimm. Über manches schmunzele ich kurz. Bei wieder anderer Kritik verstehe ich, woher sie kommt, und weiß, ich mache es trotzdem anders, weil ich mir etwas dabei gedacht habe. Oder ich nehme etwas für mich mit. Und dann freue ich mich umso mehr über jede positive Rezension, die mir sagt, dass ich etwas berühren konnte.

Und am Ende gibt es da noch dieses kleine Wörtchen namens Geschmacksache. Manches trifft unseren Geschmack, manches eben nicht. Können wir gar nichts dagegen machen, also gar kein Problem. Und wenn ich nicht den Geschmack von jemandem treffe, bewegt das nichts in meinem Inneren. Es zieht mich nicht den ganzen restlichen Tag runter und hält mich auch nachts nicht mehr vom Schlafen ab. Jeder vermeintliche Ärger ist nur ein Angebot. Ich kann ihn annehmen oder ausschlagen, mich verärgert oder beleidigt fühlen. Oder mir die Kritik anhören und für mich sortieren, aber nicht in mein Inneres mitnehmen. Resilienz ist wie ein Immunsystem für die Seele. Es schützt dich.

*

Ich lese den letzten Satz zu Ende, klappe das Buch zu und blicke dann zum Publikum auf. Jules Atlas nimmt seine Gitarre aus dem Ständer, und während die ersten Töne meines liebsten Liedes von ihm erklingen, *To Love You*, stelle ich mich hinter den Signiertisch. Wir sind auf meiner Lesung in Berlin, der kleine Biergarten auf dem RAW-Gelände verströmt typischen schmuddligen Berliner Charme. Irgendwie ungemütlich, aber gerade deswegen hier so vertraut.

Die nächsten zwei Stunden darf ich neben einem wackligen Stehtisch aus Holz junge Frauen umarmen, die mir ihre Geschichten erzählen, immer wieder liebe Worte in verschiedene Exemplare des gleichen Buches schreiben und meinen Namen mit Tintenfüller daruntersetzen. Meine Freundinnen warten die zwei Stunden, bis die letzte Person mit dem signierten Buch in der Hand aus dem Biergarten verschwunden ist. Sie sitzen zu dritt da, jede eine Saftschorle vor sich, und jubeln laut, als ich zu ihnen trete. Solche Abende sind für mich etwas ganz Besonderes, und sie tanken mich auf mit einer Energie und Wertschätzung, die ich auch noch Wochen danach in mir spüre. Mit dem Finger blättere ich durch das Buch vor mir auf dem Tisch, schlage eine beliebige Seite auf, lese einen völlig zufälligen Satz: *Ich rieche Sommer und Alter und Schwere und muss lächeln.*

Vielleicht versucht jeder Künstler oder Kreative nur, die Welt zu verstehen, in seine eigenen Schattierungen zu packen. Die Welt in bunte Farben zu hüllen, um sie selbst zu begreifen. Worte als Grenzen dessen, was wir vor uns sehen.

Ich glaube, am meisten schreibt man am Ende nur für sich selbst. Es ist mehr der Selbstzweck daran denn Jubel und Zuspruch. Ich schreibe, um zu schreiben, und das bereitet mir eine unheimliche Freude. Ich glaube, das ist am Ende das, was zählt: Machst du das, was du tust, gerne? Findest du persönliche Erfüllung darin? Dann kann eigentlich nichts falsch daran sein.

Mondlicht fällt auf den letzten besetzen Tisch des Biergartens. Solange man die Dinge, wie man sie macht, mit Klarheit bestreitet und die Bereitschaft hat, sich weiterzuentwickeln, muss man absolut nicht jedem gefallen. Egal, was man tut. Und wenn man sich in seinem Inneren so richtig sortiert hat, dann fällt es einem noch viel leichter, alles das hier auch richtig zu genießen. Der Biergarten leert sich nach und nach, bis wir die Einzigen sind. In ein paar Minuten sollten auch wir rausgeschmissen werden. Bis dahin aber atme ich voller Dankbarkeit die letzten Momente dieses wunderbaren Abends ein.

24

Okay, dann nicht

Von Geistern und vom mit Ablehnung umgehen lernen

Wandlitz bei Berlin, Herbstblätter knacken unter unseren Schritten.

»Was würdest du denn machen?«

Die Frage meiner Freundin erwischt mich kalt, ich habe gerade nicht zugehört.

»Wie, was würde ich machen?« Mit meinen Gedanken war ich zum Sonnenuntergang abgeschweift, der sich in orangeroten Schlieren allmählich über dem Wasser anbahnt. Ich schließe meine Augen und stecke die Nase in den kalten Novemberwind. Tessa und ich stiefeln mit unseren Thermoskannen um einen nahe gelegenen See, in dem wir im Berliner Sommer jedes Wochenende schwimmen waren. So oft es geht, versuchen wir, in die umliegende Natur zu flüchten: Auch das ist Großstadt. Sand und Steine knirschen unter unseren langsamen Schritten, eine Schwanfamilie beobachtet argwöhnisch, wie wir uns langsam wieder weiter entfernen. Außer uns steht nur ein Angler in weiten Gummistiefeln knietief im Wasser. Sonst ist hier niemand zu sehen.

»Na ja, soll ich ihm noch einmal schreiben und was vorschlagen, oder nicht?«

»Was kam noch mal zuletzt? Zeig mal her.«

Ich versuche aus der Distanz die Konversation auf ihrem Smartphone mit meinen Augen scharf zu stellen. Ich sollte meine Brille wirklich öfter tragen, meine Augen werden immer schlechter.

»Ich habe zuletzt geschrieben und gefragt, ob er am Wochenende was geplant hat. Was ja eigentlich heißt, ob wir uns sehen wollen. Darauf kam nichts zurück. Vorher auch schon kaum.«

»Also, eigentlich hättest du aber auch schreiben können: ›Hallo, wollen wir uns sehen?‹ Klare Kommunikation, sag, was du meinst. Und: Keine Antwort ist leider auch eine Antwort. Ich würde nicht hinterherlaufen, wenn so wenig zurückkommt. Ich würde den Chat archivieren …«, sage ich vorsichtig. Ich glaube ja, wenn wir das Bedürfnis haben, unsere Freundinnen um Rat zu fragen, weil wir Nachrichten nicht allein interpretieren können, ist das schon mal kein gutes Zeichen.

»Was bedeutet es denn, wenn er mir nach vier Tagen immer noch nicht geantwortet hat?«

»Na ja, sein Handy wird er nicht verloren haben …«

Sie sieht mich traurig an.

»Bedeutet das … ghostet er mich gerade etwa?«

Ghosting, ein Begriff dafür, dass jemand verschwindet und einfach ohne Antwort nach einer Phase des Kennenlernens abtaucht. Ohne Erklärung, ohne Verabschiedung.

Man kann lernen, alltägliche Formen der Ablehnung nicht persönlich zu nehmen und nicht immer zu denken, alles hätte mit einem selbst zu tun. Was allerdings Dating, Liebe, Beziehungen angeht, immer dann, wenn man einen Menschen für einen Abend oder eine ganze Reihe von Treffen in sein Leben oder sein Herz gelassen hat, ist das etwas anderes. Wenn man da dann auf Ablehnung trifft – geht das viel tiefer, als wenn meine Nichte Stille will. Weil es irgendwo, ganz tief im eigenen Kern, etwas erschüttert, das sich da meldet und leise sagt: Irgendetwas mit dir ist nicht okay.

»Ja, anscheinend ghostet er dich. Das ist nicht cool. Die Art und Weise, etwas zu beenden, könnte definitiv besser sein. Aber betrachte es mal so: Anscheinend wollt ihr einfach unterschiedliche Dinge. Und das zumindest ist doch völlig okay.«

»Wie kann das okay sein?«

»Wie kann es das nicht?« Ich pausiere kurz und konzentriere mich aufs Gehen durch das kurze Stück Wald, das sich vor uns erstreckt. Die Dämmerung hüllt uns ein. »Ich glaube, es ist ein Geschenk, im richtigen Moment jemandem zu begegnen, der sich in einer ähnlichen Lebensphase befindet wie man selbst. Daher muss es zwingend auch okay sein, wenn dem nicht so ist. Dafür muss sich mein Gegenüber nicht mal genau erklären. Ich weiß trotzdem, woran ich bin. Ich muss ja nur hinsehen. Also wirklich hinsehen.« Ich schweige und denke nach, bevor ich weiterrede.

»Habe ich auch nicht immer gemacht. Also ehrlich zu mir zu sein, was ich da sehe, es mir eingestehen. Das Problem ist, dass wir uns anderer Leute Verhalten zurechterklären und es entschuldigen. Wenn man will, findet man immer eine Ausrede, warum jemand so oder so reagiert hat. Warum er vielleicht gerade keine Zeit hat zu antworten. Aber wir sind mehr wert, weißt du? Dafür ist meine Zeit in jedem Sinne zu kostbar. Zumindest, wenn ich eigentlich etwas ganz anderes will.«

Eigentlich ist es ja gar keine Ablehnung. Es ist nur ein: Zwei Leute möchten zwei verschiedene Dinge, und jeder geht wieder seiner Wege. Es hat nichts mit ihr selbst zu tun. Es heißt nicht, dass irgendetwas an ihr nicht stimmt oder in ihrem Inneren oder Äußeren gefixt werden muss. Mit ihr ist alles gut.

»Wenn du gesagt hast, dass du ihn wiedersehen möchtest, ist das alles, was du tun kannst. So klar zu sein, wie es eben möglich ist. Also wenn ich von mir ausgehe, dann würde ich sagen: Ich sage, was ich meine. In jedem Moment. Und ich erkenne auch klar, wie es ankommt und gespiegelt wird. Nenn es Wellenlänge, Vibe, oder wie auch immer. Wenn ich mir Erklärungen finden muss, damit es weiterhin für mich passt, dann passt es höchstwahrscheinlich nicht. Mit sich selbst konsequent sein tut weh. Mir auch. Weil man dabei ja auch die positiven Seiten und möglicherweise schönen Momente mit der Person rauskürzt …« Sie schweigt weiter, und ich meine zu bemerken, wie schwer sie meine Worte nimmt. Hatte sie mich überhaupt nach einem Rat gefragt?

Ich gebe ihr dennoch einen Pep-Talk, wie ich ihn schon öfter in meinem Leben gebraucht hätte, und rattere wie stichpunktartig runter: »Also, ich würde sagen: Lass los, was nicht bei dir bleiben will. Ablehnung ist nichts Persönliches und hat nichts mit dir als Mensch zu tun. Ignorier nicht, was du in deinem Herzen eigentlich weißt. Schau nicht nur darauf, was Menschen sagen, sondern was sie tun, und noch wichtiger: wie du dich mit ihnen fühlst. Setz dich mit deinem Scheiß auseinander und räum vor deiner Tür auf. Sag genau das, was du meinst. Es geht um den Weg, nicht um das Ziel. Und ums Genießen. Und sei nicht so hart zu dir. Du machst das großartig. Alles. Und wenn du ehrlich und direkt warst und nicht das zurückkommt, was du gerne hättest, dann akzeptier es und zieh wieder weiter. Dein Leben geht wieder um dich, um deine Ziele und Interessen. Und dann nimm das Leben wieder leicht.« Vielleicht sage ich das nicht nur zu ihr. Vielleicht sage ich das vor allem auch zu mir.

Es war eines der entscheidenden Dinge, die ich in meinen Zwanzigern gelernt habe: Liebe bedeutet nicht, um etwas zu kämpfen. Und wenn es nicht klappt, heißt das auch nicht, dass ich versagt oder mich nicht genug angestrengt habe. Ich kann lieben, und was dableibt, bleibt da, und was geht, das geht. Loslassen lernen macht leicht. Weil man die Hände frei hat und sich stattdessen anderen Themen widmen kann. Wenn man vertraut, dann wird alles klar. Etwas Besseres wird kommen.

»Weißt du was, du hast recht. Und ich frag dich nie wieder nach Dating-Tipps. Weil … die sind ja mal echt blöd.« Sie verzieht ihr Gesicht zu einer Grimasse.

»Die sind einfach nur super.« Vielleicht habe ich das alles vor allem zu mir selbst gesagt. Um mich selbst daran zu erinnern, wenn ich mal wieder an diesem Punkt sein sollte.

»Danke. Danke dafür.« Wir grinsen uns an. Der bunte Schleier am Himmel hat sich zu blauer Dunkelheit gewandelt. In ein paar Minuten werden wir uns zurück in meinen Bus setzen und den Rückweg in die Stadt antreten, eingehüllt von bunten Lichtern, uns an der U-Bahn-Station verabschieden, ich werde parken und die siebzig Quadratmeter Altbau aufschließen. Aber für diesen Moment bleiben wir noch hier und atmen die Stille ein. Ich würde gerade nirgendwo anders sein wollen.

25

Lösung oder Liebe?

Wie wir Menschen emphatisch begegnen

Die rote Tapete der Bar in Friedrichshain blättert an den Ecken ab, das Licht ist gedimmt, wir sitzen auf dunkelbraunen Holzstühlen. Die Möbel sind zusammengewürfelt und könnten auch vom Sperrmüll stammen, in Berliner Bars weiß man nie so genau. Wir sind heute Abend zu sechst, leise Jazzmusik kommt aus einem Lautsprecher über Plakaten, die die Preise der Getränke verkünden. Gleich spielt eine Liveband. Mein Tag war anstrengend, aber auf den Abend habe ich mich wirklich gefreut. Ein befreundetes Paar wirkt allerdings nicht so, als könnte es sich gerade in die Runde eingliedern. Ob die beiden auf dem Weg hierher Streit hatten, frage ich mich und schlürfe mein Glas leer.

Er sieht sie kaum an, legt aber den Arm um sie, als würde er alles, was jetzt kommt, schon kennen, und als würde es ihn gar nicht weiter betreffen. Ich beobachte die Dynamik. Ihr Kopf ist hochrot. Ich klinke mich aus einem Gespräch aus und in ihr Gespräch ein und beginne, wirklich zuzuhören.

»... und dann hat der mich so unfair behandelt. Sag doch auch mal was dazu, Philipp, immer schweigst du nur.«

»Was brauchst du gerade, Lösung oder Liebe?«, antwortet Philipp unbestechlich und ohne eine Miene zu verziehen.

»Liebe«, jammert sie, und er rückt näher an sie heran. »Ich habe heute schlechte Laune.« Ach was. Merkt man doch kaum.

Es könnte ein heiterer Abend unter Freunden sein, aber sie schießt über die nächste Stunde hinweg Giftpfeile in die Menge. Mich stört das schon, muss ich zugeben. Kann sie sich nicht mal zusammenreißen? Gute Güte, nerven mich heute alle.

Klar, nur weil sie mit Freunden verabredet ist, muss sie ihren Ärger nicht unterwegs ablegen. Manchmal ist er eben noch da. Manchmal haben wir eben schlechte Laune. Allerdings ist es wie ein Rucksack, der unerwartet allen anderen vor die Füße gestellt wird. Denn sich über etwas zu beschweren heißt wortwörtlich eben: »Ich beschwere mich.« Und andere gleich mit.

»So, will noch jemand einen Drink?«, fragt Philipp beschwingt und in Partylaune in die Runde, als seine Freundin zur Toilette verschwindet, fast, als hätte das Gespräch nie stattgefunden.

»Zieht dich das nicht runter?«, erkundige ich mich und nicke in Richtung Toiletten, nachdem er unsere Weinschorlen an der Bar bestellt hat.

»Nö, wieso?« Er lächelt. »Ich leb in meiner Burg. Da ist es immer schön.« So, wie er mich ansieht, leicht irritiert und im Inneren gut gelaunt, fühle ich, dass er das auch wirklich so meint. Er fasst das, was ich bislang als »goldene Bubble« bezeichnet habe, in andere Worte. Er lebt in seiner Burg. Es prallt einfach an ihm ab. Klingt gesund.

Mir dagegen fällt es an diesem Abend schwer, mich gegen die schlechte Stimmung der Freundin abzugrenzen. Die Energie nicht aufzusaugen. Ich glaube, dass es menschlich ist, Stimmungen anderer aufzunehmen, sodass sie die eigene beeinflussen. Aber vielleicht ist das gar nicht so gesund und auch nicht zielführend – denn mit uns hat die Laune der anderen ja herrlich wenig zu tun.

»Es ist eine Art Abgrenzung. Ich muss nicht die Verantwortung dafür übernehmen, dass es ihr gut geht, das kann sie nur selbst. Ich bin da, aber nicht verantwortlich für sie. Und ich glaube, das vermischen viele«, erklärt Philipp mir, als ich ihn später auf eine Zigarette nach draußen begleite. Er kann das gut, die Verantwortung bei anderen lassen. Ich kenne das aber auch anders.

Meine Freundin Aurelia ist so. Sie saugt jedes Problem, jede Stimmung der anderen auf wie ein Schwamm, die sie dann noch tagelang beschäftigen. Ihre Empathie ist grenzenlos, ihre Fähigkeit zur Abgrenzung nicht sehr ausgeprägt. Wenn ich mich mal über etwas beschwere, beschwere ich sie mit. Das weiß ich, weil sie mir spät am Abend noch Lösungsvorschläge schickt, weil sie, O-Ton, den ganzen Abend darüber nachgedacht hat.

Ich weiß daher, wie frustrierend es sein kann, wenn man sich etwas nur von der Seele reden will, aber der Zuhörer das Ganze als persönliche Mission begreift und in den Problemlösemodus springt – bemüht, mein Problem jetzt sofort gemeinsam anzugehen und es bis heute Abend aus der Welt geschafft zu haben. Nur weil man etwas erzählt, fragt man nicht zwingend nach einem Rat dazu, habe ich dann auch mal gelernt. »Dann kündige doch einfach, wenn dein Chef dich so nervt!« Das ist vielleicht eine Abkürzung, aber gibt dem anderen nicht unbedingt das Gefühl, sich wirklich gesehen zu fühlen. Manchmal wollen wir einfach nur kurz motzen. Uns etwas von der Seele reden. Etwas rauslassen, so wie der Mann, der mich vor der Waschanlage angeschrien hat. Nicht zielführend, aber was rausmuss, muss manchmal eben raus. Wir können Menschen einfach fragen: Willst du gerade überhaupt einen Rat, bevor ich ihn dir ungefragt gebe? Oder willst du einfach nur erzählen?

Manchmal braucht jemand etwas ganz anderes, als wir denken. Manchmal möchte sich jemand nur kurz gehört fühlen oder wissen, dass er mit etwas nicht allein ist. Bei uns allen gibt es Momente, in denen wir eine Umarmung gebrauchen können, und jemanden, der kommentarlos zuhört. Also: Willst du eine Lösung oder Liebe? Es war eine winzige Bemerkung von Philipp, fast so belanglos wie in einem Nebensatz, die ab diesem Moment den ganzen Abend für mich veränderte.

»Wir haben das mal so besprochen, für uns festgelegt in unserer Beziehung. Dass wir einander erst fragen: ›Wie kann ich gerade für dich da sein? Was brauchst du gerade?‹ Ist total hilfreich. Kann ich nur empfehlen.« Er bläst Rauch aus seiner Zigarette, klopft sie ab und hält mir die Tür auf, um wieder reinzugehen. *Teenage Dirtbag* läuft gerade aus den Lautsprechern und wird abrupt unterbrochen, weil Amistat die Bühne betreten.

Philipp zieht seine Freundin an diesem Abend immer wieder scherzhaft auf. Irgendwann verändert sich ihr Gesichtsausdruck. Als die Liveband den zweiten Song anstimmt, wirkt sie wieder gelöst und befreit. Vielleicht bin ich die, die die Situation nicht verstanden hatte. Wenn ich will, dass Menschen real und authentisch mir gegenüber sind, sollte ich ihnen auch erlauben, alle Facetten von sich zeigen zu dürfen. »Und dann? Lass sie doch« passt auch hier. Jede von uns kann mal einen schlechten Tag haben. Vielleicht hat mich an diesem Abend vor allem gestört, dass ich mir das selbst in Gegenwart anderer nicht erlauben würde, mein authentischstes, auch mal schlecht gelauntes Ich zu zeigen. Und das wurde mir erst in diesem Moment so richtig klar.

Wenn wir Dinge nicht so sehr zu uns rübernehmen und vor allem Menschen einfach sein lassen, egal, mit welcher Laune sie uns entgegentreten, es nicht als persönliche Aufgabe sehen, sie zu fixen, fangen sie sich wahrscheinlich viel schneller wieder. Das hier ist wahrscheinlich die wahre Lösung und Liebe, die wir uns schenken können – gleichzeitig. Und eine wirkliche Erleichterung für zwischenmenschliche Beziehungen ist es obendrein.

Die Bar wird immer heißer, je länger die Band spielt, und wir tanzen und hüpfen ausgelassen nebeneinander durch den kleinen Raum. Irgendwann ziehe ich sie an mich heran, schreie ihr »Danke« ins Ohr.

»Wofür?«, schreit sie irritiert zurück.

Es wird lauter, und ich kann nicht mehr antworten. Dafür, dass du mir gezeigt hast, dass ich ich selbst sein darf. Zu jeder Zeit.

26

Der Lauf der Dinge

Freundschaften und Veränderungen

»Schreibst du mir noch einmal, wann genau du mich besuchen kommst?«, schrieb ich einer Freundin Ende Januar. Die Woche zuvor hatte sie mir noch verschiedene Flugdaten für den kommenden Monat geschickt und überlegt, wann sie nach Palma kommen würde. Ich bekam keine Antwort. Nicht an dem Tag und auch nicht später: Meine Nachricht hat auch Wochen später keine blauen Haken. Hat sie sie etwa nicht gesehen?

»Hey, geht es dir gut? Ich hab so lange nichts mehr von dir gehört. Muss ich mir Sorgen machen? Meld dich doch gerne mal wieder«, schreibe ich also.

Es ist Februar, dann April, irgendwann September. Aber meine Nachrichten an sie bleiben ungelesen. Immer mal wieder gehe ich in unseren Chat, betrachte die grauen Haken der ungelesenen Nachrichten. Sie geht nicht ans Telefon, wenn ich anrufe, und nach ein paar weiteren Malen lasse ich meine Kontaktversuche bleiben.

»Sie hat sich einfach seit Januar nicht mehr gemeldet. Nicht mal meine Nachrichten gelesen. Schon komisch, oder?«, erzähle ich einer anderen Freundin, die ich zum Spazieren im Park treffe. Ich kann nicht verbergen, dass ich davon enttäuscht bin. Gekränkt vielleicht. Ich fühle mich von ihr im Stich gelassen. Vor allem suche ich nach Gründen, frage mich, was ich falsch gemacht haben könnte.

Natürlich ist sie mir gegenüber zu nichts verpflichtet. Aber in Freundschaften hat man ja doch eine gewisse Art Erwartung an den anderen. Und irgendwann auch eine Sehnsucht. Was passiert in deinem Leben? Und warum darf ich plötzlich kein Teil mehr davon sein? »Ich bin immer da, wenn du mich brauchst«, tippe ich also noch in meinen Schwall ungelesener Nachrichten hinterher und archiviere ihren Chat erst einmal für die nächste, unbestimmte Zeit. Manchmal tut es weh, die meiste Zeit verdränge ich es.

Geghostet zu werden kannte ich bislang nur aus dem Dating-Kontext. In einer Freundschaft, die seit über zehn Jahren bestand, fühlte es sich weitaus schlimmer an. Aber konnte man hier überhaupt von »ghosten« sprechen? Ist es in einer Freundschaft nicht auch völlig okay, sich dann und wann mal rauszuziehen, sein eigenes Leben zu führen, ohne zu etwas verpflichtet zu sein, oder schlicht keine Lust oder Kraft für Kontakt zu haben?

Ich kenne das auch, wenn eine Freundin oder ich selbst neu in einer Beziehung waren. Das Bedürfnis, für ein paar Wochen mal unterzutauchen. Nicht gerade die feine englische Art, aber ab und an vergaßen wir – glaube ich –, dass unsere Freundschaften eigentlich unsere wahren Beziehungen sind. Die, die wirklich für immer halten können, vielleicht bis ans Lebensende.

Als ich später allein im Park sitze und auf den kalten Kaffee in meinen Händen starre, denke ich noch eine Weile über Freundschaften nach. Und wie wir uns in den Höhen und Tiefen begleiten, uns entfernen und wieder annähern. Freundschaften dehnen sich aus und überdauern die Zeit. Müssen gar nichts und dürfen fast alles, finden oft wieder zusammen, wenn sie zusammengehören, wie verzweigte Pfade, die sich kreuzen. Manchmal sind sie laut und manchmal ganz still, wohl wissend, dass der andere immer da ist, auch wenn wir ihn gerade nicht sehen. Wie Sterne in der Nacht.

Freundschaft muss aber eben auch bedeuten, sich gegenseitig

Raum zu lassen, miteinander schweigen zu können, die Stille zu ertragen und irgendwann weiterzumachen. Sich zu erklären, zuzuhören, da zu sein und einander wieder mit offenen Armen zu empfangen. Irgendeinen Grund wird die Funkstille schon haben. An dieser Stelle war ich jetzt gerade.

Je länger ich dort sitze, desto mehr wird mir klar, dass wir uns in Freundschaften auch rausziehen dürfen. Wir müssen nichts. Und dürfen auch mal keine Kapazitäten haben. Dinge verändern sich, und nichts ist für immer. Freunde sind mir nichts schuldig, und selbst wenn ich nicht mehr in das Leben passe und Freundschaften zu Ende gehen, ist das eben der Lauf der Dinge.

Nicht jede Freundschaft kreuzt den eigenen Pfad wieder. Manches geht unwiederbringlich zu Ende. Meine Freundin Thara hat mal zu mir gesagt: »Ich glaube, jeder Mensch hat eine gewisse Rolle in unserem Leben zu erfüllen. Man begleitet sich immer nur für eine gewisse Weile. Und wenn das geschehen ist, ist es auch völlig okay, wenn sich Wege wieder trennen. Und wenn man die Aufgabe im Leben des anderen erfüllt hat, geht man wieder auseinander. Nichts muss für immer sein, sondern es bleibt alles nur für eine Weile.« Daran denke ich in diesem Moment.

»Sehr spirituell. Aber schön«, nickte ich. Es zeigt, dass Veränderungen okay sind. Wer geht, der macht Platz für Neues. Wenn wir es so sehen, können wir Begegnungen und auch Trennungen viel leichter nehmen. Ich bin nicht die spirituellste Person, aber so eine Sicht gibt mir eine gewisse Ruhe, Gelassenheit und Leichtigkeit. Sich gegenseitig das Beste wünschen, auch wenn das ohne einander ist. Sie wird ihre Gründe haben.

»Konstant ist nur der Wandel« prangte mal an der Wand eines Seminarraums, in dem ich vor ein paar Jahren einen Vortrag halten sollte. Jahreszeiten verändern sich, Blätter fallen von Bäumen, das Laub wird weggekehrt, es wachsen neue. Das Leben ist Veränderung, dazu gehören auch Abschiede wie neue Anfänge. Ja, da ist etwas dran. Vielleicht ist die einzige Konstante im Leben, dass alles sich immer verändert.

Während ich das schreibe, sitze ich in dem Café nahe meiner aktuellen Bleibe, in das ich jeden Tag für eine oder zwei Stunden gehe. Um ein bisschen meinen Kopf frei zu schreiben. Die Tische sind noch nicht ins Sonnenlicht getaucht, weil sie sich jetzt im September Zeit lässt, über die Häuser zu klettern. Vielleicht ist Spätsommer die schönste Zeit im ganzen Jahr, wenn jeder warme Tag der letzte sein könnte. Wenn es morgens angenehm frisch ist, wenn ich die Fenster in der Küche öffne, aber die Hitze tagsüber wieder ansteigt. Es gibt kein schöneres Licht als das frühe Abendlicht im September, das denke ich jedes Jahr wieder.

Vor allem hat der September für mich immer etwas von Neuanfang. Ich habe diese Flashbacks, wie an letztes Jahr, der Roadtrip allein nach Mallorca, die Aufregung, diese Energie. Das Gefühl, genau im richtigen Moment am richtigen Ort zu sein. Es ist jetzt ein Jahr später. Ich bin wieder in Deutschland, um hier einige unangenehme Probleme zu klären. Aber auch die werden wieder vorübergehen. Das Leben ist Veränderung.

Und wir wissen nie, wofür die gut sein könnte. Erst einmal sträubt sich alles in uns gegen anstehende Veränderungen, denn das Ungewisse macht dem Menschen nun einmal naturgemäß Angst. Wir beschränken uns gern auf die Dinge, die wir kennen und mit deren Umgang wir geübt sind. Deswegen fällt es uns so schwer, Dinge gehen zu lassen. Auch wenn eine Freundschaft zu Ende geht. Weil wir das Leben ohne einander schlicht nicht kennen. Nicht kennen wollen. Ich persönlich glaube, dass das stimmt: Sich wirklich auf Neues einzulassen geht nur, wenn wir das Alte loslassen. Und das heißt nicht selten: Betrauern, uns eingestehen, dass es schade ist auseinanderzugehen. Den Schmerz darüber zulassen. Loslassen.

Als ich zusammenpacke und meine Rechnung am Tresen bezahle, bemerke ich, wie ein kleiner Schmetterling sich mit mir ins Café verirrt. Ich habe automatisch ihre Stimme im Kopf, weiß, wie meine Freundin das kommentiert und ihn wieder nach draußen geleitet hätte. Instinktiv muss ich beim Gedanken an sie lächeln.

Vielleicht ist es vor allem so, dass wir uns nie ganz gehen lassen. Weil wir so miteinander verwoben sind, dass wir immer ein Teil voneinander bleiben werden.

Vielleicht sind wir ein Puzzle, ein Mosaik aus allen Menschen, denen wir je begegnet sind. Meine Lieblingsband habe ich nur kennengelernt, weil eine damalige Freundin mir vor zehn Jahren einen ihrer Songs geschickt hat. Ich esse meine Pasta immer noch am liebsten so, wie meine ehemalige Mitbewohnerin sie immer für uns gekocht hat. Ich habe mir Sätze angewöhnt, die meine beste Freundin ständig gesagt hat, wenn sie von etwas begeistert war. Es sind Menschen, mit denen ich teilweise keinen Kontakt mehr habe, und die alle trotzdem etwas in mir hinterlassen haben. Mehr, als sie wahrscheinlich ahnen würden.

27

Schreib es auf oder schmeiß es weg

Emotionales Entrümpeln

Otto lerne ich kennen, als ich in einem Altenheim meine Idee zu einer wöchentlichen Schreibwerkstatt vorstelle. Ich hatte einen Termin mit der Heimleiterin vereinbart.

Der Gemeinschaftsraum ist kahl, aber ordentlich beheizt, ich muss mich schon nach ein paar Minuten aus meinen übereinandergeschichteten Winterpullis schälen. Den einzigen Farbklecks bietet der bunte Fransenteppich. An den Fenstern hängen Mistelzweige, und vor mir sitzt eine Gruppe älterer Herrschaften in verschieden großen Sesseln in grünem Samt und braunem Leder, die sich für meine Schreibgruppe angemeldet haben. Ich will mit ihnen über vergangene Erlebnisse reden und dabei etwas weitergeben. Zum Beispiel wie gut es sich anfühlen kann, Erinnerungen auf Papier zu bannen und so loszulassen.

»Schreiben befreit«, sage ich bedeutungsschwanger.

»Aus diesem Gefängnis hier?«, ruft einer dazwischen, und alle lachen vergnügt. Die Stimmung ist gelöst. Sie scheinen sich eine gute Zeit hier zu machen, es scheint eher eine lustige Zweck-WG als ein Gefängnis zu sein.

»Das vielleicht nicht, aber eventuell im Kopf. Wir üben kreatives Schreiben, und ich freue mich sehr, heute mit Ihnen hier zu sein.«

»Können Sie das auch? Also ich meine, mit so alten Leuten wie uns?«

»Na klar«, rufe ich erfreut. »Ganz genau speziell mit Ihnen.« Ohne nachzudenken sage ich das ganz prinzipiell, aus einem Vertrauen in meine eigenen Fähigkeiten heraus. Anschließend wechseln wir zum Du.

Ich verteile Blätter und Stifte auf den Tischen. Eine magische, warme Stimmung breitet sich dank Kerzen und Eiskristallen am Fenster in dem Raum aus.

»Worüber soll ich denn schreiben? Gibt es ein Thema?«, fragt jemand in der hinteren Reihe, der sich mir als Heinrich vorgestellt hatte.

»Das ist ganz egal, und darum geht es auch gar nicht. Ihr seid völlig frei. Ich gebe euch einen Satzanfang oder eine Aufgabe vor, und ihr folgt dem ersten Gedanken, der euch in den Sinn kommt. Und vielleicht könnt ihr versuchen, gar nicht so sehr darauf zu achten, was ihr schreibt, sondern eher, welches Gefühl sich dabei einstellt.« Ich pausiere und sehe mich um.

»Wir fangen an mit einem Satzanfang, zum Reinkommen. Ich sag ihn euch, und ihr schreibt ihn ganz oben auf das Blatt und dann direkt drauflos, einfach das, was euch in den Kopf kommt. Egal ob in Reimform, als Text, Notizen, wie auch immer. Das, was euch richtig vorkommt, das schreibt ihr auf. Am besten, ohne zwischendurch aufzuhören oder abzusetzen. Achtet einfach nur darauf, dass die Hand in Bewegung bleibt, alles andere macht der Kopf von selbst. Versucht, euch darauf einzulassen. Danach können wir in der Runde vorlesen, aber nur wer möchte, niemand wird gezwungen. Ihr könnt auch nur für euch schreiben, das ist genauso fein.«

Geschäftig nicken sie, bereit und aufmerksam, als würden sie an einer Startlinie stehen und gleich in ein Rennen entlassen werden.

»Okay, der erste Satzanfang dafür ist: Am liebsten denke ich immer noch an …«

»Am liebsten denke ich immer noch an …«, wiederhole ich

leise, als alle sich in ihre Blätter vertiefen. Der erste Gedanke, der einem in den Kopf kommt, ist oft das, was unser Unterbewusstsein uns mitteilen will. Erst danach denken wir darüber nach, was eine gute Geschichte wäre, was wir vielleicht sogar vorlesen würden. Aber der allererste Gedanke, das, was uns sofort und instinktiv in den Kopf schießt – das ist der, der wirklich echt ist.

Schreiben kann etwas Therapeutisches haben. Wenn wir etwas schreibend beantworten, kommen uns andere Worte und Formulierungen, als wenn wir Geschichten mündlich erzählen. Schreiben zwingt uns außerdem, einen Satz wirklich zu Ende zu denken. Einen Gedanken wirklich zu Ende zu formulieren, statt ihn im Raum hängen zu lassen. Das bringt für mich eine ganz andere Klarheit mit sich.

Ich halte es für absolut heilsam, Tools und Techniken zu kennen, seinen eigenen Kopf »frei zu schreiben«. Eine kleine Werkstatt im Kopf, die einem hilft, wenn man sich in seinen eigenen Gedanken mal verläuft und den Ausweg nicht mehr findet.

Alles, was wir aufschreiben, geht vom Unterbewusstsein in unser Bewusstsein über. Beim Schreiben muss man erneut nachdenken, worum es wirklich geht. Man konzentriert also sein Denken auf das, was wirklich essenziell ist.

Ich merke das selbst, wenn ich vor einer leeren Tagebuchseite sitze: Während ich schreibe, erlebe ich mich zeitgleich als Beobachterin. Schaue manchmal nur zu, wie meine Hand sich über das weiße Papier bewegt. Die körperlichen Bewegungen der Hand, die Geräusche des Stifts und das Festhalten des Papiers lassen mich außerdem andere Sinne nutzen, als wenn ich auf einen Laptop eintippe. Und durch das Hinschauen mit den Augen werden die geschriebenen Gedanken als optische Impulse sofort ein weiteres Mal gespeichert, graben sich tiefer ein. Oft schreibe ich einfach drauflos und bin selbst am meisten überrascht, was am Ende auf dieser vollgeschriebenen Seite steht. Fast ein bisschen zu ehrlich fühlt sich das manchmal an, was dabei entsteht.

Gedanken, die man aufschreibt, sind erst einmal außerdem raus aus dem Kopf. Das kann gut gegen Schlaflosigkeit, nächtliches Overthinking und Grübelzwänge helfen. Manchmal kommt unser Kopf nämlich deswegen nicht zur Ruhe, weil er Angst hat, irgendetwas Wichtiges zu vergessen. Wenn es irgendwo steht, können wir besser und vor allem leichter zur Ruhe kommen. Der Kopf wird sprichwörtlich vom Denken erleichtert. Man erlaubt sich damit, erst einmal nicht mehr über die Gedanken nachdenken zu müssen: Im Notfall steht alles auf dem Zettel. So mache ich das auch. Wenn mein Kopf besonders stark rotiert, greife ich zu meinem Tagebuch. Und entwirre das, was mich beschäftigt, nach und nach in einzelnen Sätzen aus meinem Gehirn.

*

Ich bin gerührt davon, wie geschäftig sich alle den Blättern vor sich widmen. Nach zehn Minuten andächtiger Stille und leisem Stiftekratzen durchbreche ich die Stille leise mit einem »So, dann wollen wir mal«.

Tatsächlich wollen alle vorlesen. Sie erzählen vom Aufwachsen in Ländern, die es so heute nicht mehr gibt, von zerstrittenen Familien und Wendepunkten im Leben. Manchmal entspinnt sich ein Gespräch, dann lachen wir zusammen, und als Gitte von ihrer verstorbenen Tochter erzählt, schweigen alle gemeinsam so betroffen, dass sich die Anteilnahme, die plötzlich in diesem weihnachtlich geschmückten Raum liegt, wie eine warme Umarmung anfühlt.

Das Vorlesen vorher geschriebener Worte gibt mir das Gefühl, dass die Gruppe hier wirklich tiefgehende Erlebnisse miteinander teilt, die über das, was sie sich sonst erzählen würden, weit hinausgehen. Wie andächtig alle schweigen, während Heinrich liest, wie Greta nach jedem Beitrag aufgeregt klatscht oder wie Gitte gespielt theatralisch ruft: »Das wissen wir schon alles, Otto!«, aber vor allem, wie sehr alle bei der Sache sind – all das rührt mich sehr. Es muss schön sein, in einer Gemeinschaft zu leben, die so da ist und zuhört.

»Das nennt sich automatisches Schreiben. Wollen wir noch eine Runde machen? Ich fand eure Geschichten sehr schön.« Alle nicken.

»Na dann. Machen wir damit weiter: Älter zu werden hat mir beigebracht ...« Ich kann kaum fertig sprechen, da ergehen sich alle schon wieder in heiterem Gemurmel und Stiftekratzen. Wir wechseln vom freien Schreiben über kurze Geschichten irgendwann zu Gedichten. Die anspruchsvollste Form des Schreibens scheint meiner Gruppe am besten zu liegen.

»Können wir das öfter machen?«, fragt Otto, als ich später dabei bin, meine Sachen zusammenzupacken. »Ich glaube, ich spreche stellvertretend für alle. Ich würde ja gerne noch ein paar Gedichte schreiben und vorlesen. Ich bin gerade erst so richtig warm geworden.«

Am Ende schmeißen sie einer nach dem anderen die Blätter, die sie gerade beschrieben haben, weg, beim Rausgehen in den Papierkorb neben der Tür.

Kurz bin ich davon getroffen. »Wollt ihr die nicht behalten? Eure Gedichte später noch einmal durchlesen?«, versuche ich mir im heiteren Gemurmel Gehör zu verschaffen. »In euren Zimmern aufbewahren?«

»Wir haben doch vorgelesen, das Gekritzel da, das muss ich doch nicht aufbewahren«, ruft Irma.

»Wir sind befreit«, zwitschert Gitte.

»Gute Frau«, kommt Otto zu mir. »Alles kommt und geht. Wir haben uns befreit, wie Sie uns gesagt haben. Die Gedichte haben ihren Zweck erfüllt. Jetzt taugen sie nichts mehr. Ich muss nicht daran hängen. Ich habe jedes meiner Tagebücher immer am Ende des Jahres weggeworfen. Dann hatte es seinen Zweck erfüllt.« Ich bleibe sprachlos zurück, während er mir zunickt, lächelt und aus dem Raum verschwindet. Und vielleicht lehrt Otto mich damit eine der schönsten Lektionen: Wie leicht und frei man sich fühlt, wenn man etwas wirklich loslassen kann. Ich muss über mich schmunzeln. Ich vermittle Wege, um Dinge schreibend loszulassen. Und wundere mich dann darüber, wenn Menschen wirklich loslassen. Vielleicht noch besser, als ich das je könnte.

Ich fische eines der Gedichte aus dem Papierkorb, als alle gegangen sind. Jeder hatte seines vorgelesen, und ich erinnere mich, dass Otto diese Worte vorgelesen hat:

Ich weiß, wenn man in jungen Jahren
noch naiv und unerfahren
Im Beruf und auch im Leben
Ernsthafte Probleme sich ergeben
Man kann nicht schlafen, nimmt es schwer
es belastet einen sehr
Ist man älter, nimmt man es leicht
Schließlich hat man viel erreicht
Gelassen ist man und erfahren
Die Leichtigkeit wird man bewahren

Beim Vorlesen war es, als würde er einen versteckten Teil seiner Seele mit uns teilen. Auch wenn niemand von uns wusste, wie Otto zu diesen Worten gekommen war oder was sie für ihn für eine Bedeutung hatten, schafften sie es, etwas in uns anderen zu berühren.

»Alles kommt und geht.«

Wie Otto gesagt hat.

28

Was will ich?

Die pure Klarheit

Ich liebe Klarheit. Es ist nur so ein Gefühl, aber wenn ich das habe, dann kann mir eigentlich nichts passieren. Wenn ich die Augen schließe und mir Klarheit vorstelle, sehe ich die Farbe Blau, das Meer oder den Himmel vielleicht. Es riecht frisch, wie frisch gewaschen. Einfach – klar. Klarheit fühlt sich leicht an, klar zu sein in dem, was ich will, wie ich mir die nächsten Monate vorstelle, wie ich mir mein Leben gestalte. Ein aufgeräumter Kopf. Vielleicht, überlege ich, muss ich mir eine ansehnlichere Metapher dafür suchen. Dann taucht vor meinem inneren Auge eine Szene von vor zwei Jahren auf.

*

»Ich weiß einfach noch nicht, ob ich mich binden möchte. Ich sehe das nicht. Also für mein Leben gerade.« Er sieht mich ernst an, fast ein bisschen mitleidig, als würde ich aufgrund dieser fulminanten Ankündigung jeden Moment in Tränen ausbrechen. Wir sitzen nebeneinander auf einer Bank im Grunewald, um uns herum eine malerische Schneelandschaft und die zugefrorene Oberfläche des Grunewaldsees. Wir treffen uns jetzt schon einige Wochen, und ich habe die Themen Exklusivität und Commitment aufgebracht, neumodische Formulierungen für ein schlichtes Sich-füreinander-Entscheiden, dafür, eine Beziehung zu führen. Manchmal habe ich das Gefühl, solche Unterhaltungen voller englischer Vokabeln gibt es nur in der Großstadt, nur in dieser heutigen, schnellen Welt, in der niemand so richtig weiß, wohin er gerade unterwegs ist. Früher musste man das nicht besprechen, glaube ich, da war das einfach klar. Was hat diese neue Welt mit unserer Sicherheit zueinander gemacht? So viele Optionen, lieber alles offenhalten. Dabei bedeutet das auch, dass wir uns so nie richtig einlassen. Manchmal braucht man ein Entscheiden füreinander, um alle Facetten der anderen Person zu erforschen und sich wirklich kennenzulernen. Wie geht das ohne Auffangnetz? Ich habe für mich entschieden, dass ich das will. Er wohl nicht. Autsch.

»Okay, klar, dann nicht.« Ich nicke und lächele ihn an. Meine klare Reaktion bringt ihn aus der Fassung.

»Also. Stört dich das gar nicht?«

»Nein, überhaupt nicht. Dann geht es an dieser Stelle einfach nicht weiter.«

»Wie meinst du das?«

»Es geht nicht weiter.« Ich nicke.

»Aber wir können uns ja trotzdem weiter sehen und schauen, wo es hinführt?«

»Nein, absolut nicht.« Am meisten irritiert ist er davon, dass ich kein bisschen einlenke. In mir tobt ein emotionaler Sturm. Augenblicklich versuche ich, seine Wogen zu glätten. Er sieht nichts davon. Nur mein müde lächelndes Gesicht. Ich sehe runter auf meine Füße, die in dicken Boots stecken.

Klar mag ich diesen Menschen, und einen Schlussstrich zu ziehen ist nicht gerade einfach. Aber in solch einem Moment war viel wichtiger, klar auf meine ehrlichen Bedürfnisse zu hören, mich zu fragen: Was will ich auf lange Sicht? Erfüllt diese Situation gerade meine Bedürfnisse? Wird sie mich auf lange Sicht glücklich machen? Stelle ich mir mein Leben so vor? Wenn ich etwas anderes will, dann muss ich mich nicht in etwas reinpressen lassen, ich kann für mich die Grenzen ziehen, das Bild malen. Soll mein Leben so aussehen?

Vielleicht sollten wir uns öfter mal fragen, ganz unabhängig von den Konsequenzen: »Was will ich eigentlich?« Aus Klarheit, Wertschätzung, Respekt den eigenen Wünschen und seinem eigenen Leben gegenüber. Ich habe das nicht nur meinen Freundinnen schon geraten, sondern muss nun auch selbst in diesen sauren Apfel beißen. Denn: Mit sich selbst konsequent sein tut weh. Mir auch. Weil ich dabei auch die positiven Seiten und schönen Momente mit ihm aufgebe.

»Lass die Gefühle für etwas dich nicht daran hindern, das Richtige zu tun, Luise«, bete ich mir selbst in diesem Moment auf dieser Bank im Wald mantramäßig vor. Auch hier gilt: Mein Körper weiß, was zu tun ist. Ich schiebe meine Gefühle beiseite. Wenn ich etwas Bestimmtes für mein Leben will, wie eine Beziehung zu führen, kann ich nicht etwas eingehen, was mich gänzlich daran hindert. Das schiebt das Problem einfach nur weiter raus. Das lange und das kurze Ziel, wie beim Burgeressen und der eigenen Gesundheit, dem Widerstehen von Versuchungen. Wenn du weißt, wohin du willst, kannst du dich nicht mit Dingen aufhalten, die dich nicht dorthin bringen werden. Auch wenn es wehtut. Ich kann traurig sein und es für mich anders wollen. Ich bleibe bei mir, und ich weiß, was ich will. Fertig. Er ist der Burger, aber ich beiße nicht rein.

Ich weiß nicht, warum viele Menschen heutzutage so panisch vor dem Wort Beziehungen weglaufen, aber das ist ein anderes Thema. Ich habe das auch mal gemacht. Aber letztendlich führt man ab dem Moment, in dem man sich begegnet, eine Art Beziehung miteinander. Im Sinne von »Wir stehen in Beziehung zueinander«. Man bezieht sich aufeinander. Den ganzen Tag über. Wie man das nennt, ist theoretisch egal.

Es drückt allerdings Wertschätzung aus, es zu benennen, zu sagen: »Du bist dieser Mensch in meinem Leben, und du spielst eine wichtige Rolle für mich, ich will das vertiefen.« Und ich habe für mich beschlossen, dass ich diese Art von Wertschätzung in meinem Leben haben will. Wenn das jemand nicht möchte, bin ich hier nicht richtig. Auch wenn es mir wehtut. Auch wenn ich damit einen Menschen, den ich sehr mag, verliere. Ist es das, was ich für mein Leben gerade will? Nein? Dann gibt es keinen Spielraum, überhaupt darüber nachzudenken. Ich wünschte, diesen Text könnte ich meinem sechzehn oder siebenundzwanzigjährigen Ich schicken.

Ich glaube, diese Klarheit kommt daher, weil ich manchmal Dinge eingegangen bin, bei denen ich mir ein paar Monate später dachte: Hey, das wollte ich gar nicht so. Die Person hat mir von Anfang an ein unsicheres Gefühl gegeben. Ich fühle mich gerade weit von mir und meinen Bedürfnissen entfernt. Manchmal nehmen wir ein »Ich will keine Beziehung« auch zum Anlass, uns zu denken: »Na warte, dich kriege ich noch überzeugt.« Aber anderer Leute Entscheidungen umzukrempeln sollte nicht unsere persönliche Challenge sein. Wir können sie akzeptieren, so sein lassen und einfach unseren eigenen Weg gehen.

Es wäre ja auch absolut unsinnig, wenn ich mein Bedürfnis kommuniziere – in diesem Fall Commitment –, er das nicht möchte, und ich dann weitermache mit: »Ach so, super, dann eben nicht, alles läuft genauso weiter wie vorher.« Welches Signal, wie sehr ich meine Worte und mich selbst respektiere, würde das senden? Klare Beziehungsstandards verschaffen einem festen Boden unter den Füßen. »Und man kann keine Boyfriend-Behandlung erwarten, ohne einer sein zu wollen«, hat meine Freundin Maja mal treffend zusammengefasst.

Den Entscheidungen eines anderen Menschen keine Macht über das eigene Leben zu geben macht für mich einen großen Teil meiner Gelassenheit aus. Ich bin kein Opfer meiner Umstände. Ich entscheide, wohin es für mich geht. Und dann entscheide ich mich aktiv gegen eine Beziehung zu diesem Menschen. Auch so etwas kann man leicht nehmen. Indem man fest der Meinung ist, dass diese Situation eben nicht für einen bestimmt ist. Und dass man alles, was sich nicht richtig anfühlt, auch wieder los- und ziehen lassen kann.

Irgendwann habe ich von der Analogie gelesen, dass das Leben ein Marathon sei und jeder sich an einer anderen Stelle befinde. Dass man es anderen also gar nicht übel nehmen kann, wenn sie selbst woanders sind. Also sollten wir jemanden finden, der auf gleicher Höhe mit uns Hand in Hand läuft. So betrachtet: Es ist ja super, wenn er gerade seine Grenzen erkennt und offen sagt, was er nicht möchte.

Da gibt es dieses kleine Wörtchen namens »und«. Ich kann Verständnis dafür haben, wo du in deinem Marathon bist, und es trotzdem für mich anders wollen.

Es ist nicht mein Job, mich jemandem zu verkaufen, sondern jemanden in mein Leben zu ziehen, der von selbst so überzeugt ist von mir und meiner Anwesenheit, dass er gar nicht anders kann, als sie für unverzichtbar zu erachten. Das ist ein Standard, den ich für mein Dating-Leben festgelegt habe, darunter passiert nichts.

Das bringt eine große Klarheit und Frische mit, weil man viel schneller aussortieren kann, was nicht passt, und sich nicht lange in Situationen verstrickt, die zu nichts führen. Es hilft mir, menschliche Beziehungen mit Leichtigkeit zu sehen. Wie mit der aufgeklappten Karte und dem Entscheiden im Restaurant – ich brauch eine Klarheit, was ich will, unabhängig davon, wie das Angebot ist.

Klarheit kann sein, Dinge gar nicht erst entscheiden zu müssen. Grundsätzlich keinen Nachtisch zu essen zum Beispiel. Wer von Situation zu Situation immer wieder neu überlegen und entscheiden muss, büßt Willenskraft ein. Inflexibilität als Strategie. Ein müdes Gehirn entscheidet sich für die bequemste Variante. Klarheit signalisiert, wo man steht und wo es nichts zu verhandeln gibt, macht unangreifbar. Da hilft eine Prioritätenliste. Ein *calm nervous system* ist meine Priorität, das habe ich für mich und mein Leben so entschieden.

Wenn ich etwas entscheiden musste, aber keine Klarheit fühlte, bin ich einige Zeit jeden Abend stundenlang spazieren gegangen, weil mein Kopf sich so wirr angefühlt hat. Bis ich fertig darüber nachgedacht habe und zu einer Lösung gekommen bin, wieder Klarheit hatte. Wenn wir klar sind, wird unser Weg ganz einfach, mühelos. Er wird zur Freude. Niemand kann dir sagen, was gut für dich ist. Das kannst nur du.

Ich liebe Klarheit. Ich glaube, der schönste Zustand, den ich kenne, ist Klarheit. Klar darüber zu sein, was ich will und wohin mein Leben gehen soll. Klar hinter dem stehen, was ich mache. Dafür einstehen, mich nicht aus der Ruhe bringen lassen.

Man muss aktiv werden, reflektieren und entscheiden, was man wirklich möchte, anstatt darauf zu warten, dass das Leben »einfach so passiert«. Wenn man sich selbst genug ist, verändert das alles. Es ändert die Ausstrahlung, die Art, wie man einen Raum betritt, die Selbstverständlichkeit, mit der man das eigene Leben angeht, die Leichtigkeit, mit der man es bewältigt. Ich sehe das selbst an mir. Wer in sich ruht, trifft bessere Entscheidungen.

*

Meine Freundin Lisanne hatte schon immer einen großen Kinderwunsch. Nach acht Jahren Beziehung hat ihr Partner ihr am Anfang der Dreißiger eröffnet, dass er keine Kinder möchte. Sie hat drei Nächte schlaflos überlegt und sich dann getrennt. Weil sie eben diese ganz klaren Standards für ihr Leben festgelegt hat. Und damit steht sie auf festem Boden. Sie hätte bei ihm bleiben und für immer unglücklich sein können, klar. Aber sie wollte einfach nicht, dass ihr Leben so aussieht.

Nur wenn man loslassen kann, kann man jemanden finden, der einem genau das gibt, was man sich für sein eigenes Leben wünscht. Ich glaube daran, dass sich das Leben irgendwie ergibt und alles Richtige zur richtigen Zeit zusammenfindet.

Die Lösung ist immer: Verlieb dich in eine neue Möglichkeit. Träume vom Besten, was passieren könnte, und stell dir vor, es wäre schon da. Wie ein Blind Date mit der Zukunft. Was ist das Beste, was stattdessen passieren kann? Zeichne ein ganz klares Bild davon und stell dir vor, was du dir wünschst. So wie ich abends, wenn ich an die Raufasertapete gucke und mir meine Träume ausmale. Ich stelle mir alles so vor, als wäre es vor zwei Minuten eingetreten. Alles ist schon da. Ein Lächeln schickt das auf meine Lippen.

Etwas in dieser Art zu »manifestieren« stelle ich mir immer so vor wie den Moment, in dem man mit dem Flieger in einem Land ankommt, in ein Taxi steigt und die Zieladresse nennt. Man weiß nicht, wie der Weg dahin aussehen wird, man war ja noch nie dort, aber man kennt sein Endziel und vertraut dann einfach, dass das Leben – der Taxifahrer – einen dort heil hinbringt.

Diese Klarheit und das Fokussieren auf das Kommende, auf das noch Mögliche, bringt eine Leichtigkeit in alles, was man noch nicht hat. Und genauso eine Dankbarkeit für alles, was längst da ist. Selbst wenn man nicht an »selbsterfüllende Prophezeiungen« glaubt, hat man trotzdem seinen Abend mit schönen Gedanken statt Schwarzmalerei verbracht und schläft mit einem guten Gefühl ein. Kann ja auch nicht schaden.

Meine Freundin traf zwei Jahre nach dieser Trennung einen neuen Mann, in den sie sich verliebte, und war nur ein paar Monate später schwanger. »Wir wussten das einfach, dass wir das wollen. Es war einfach … so … klar.«

*

Ich sitze wieder dort im Grunewald inmitten von Schnee. Keine Wolke ist am Himmel zu sehen. Der Himmel ist hellblau, alles um mich herum weiß von Schnee. Die Luft riecht so rein, als wäre sie einmal durch den Wäschetrockner geschleudert wurden. Tannen ächzen unter der Last schneebedeckter Spitzen. Er schmilzt kein bisschen dahin. Ich puste weiße Atemwolken in die klare Winterluft. Wenn ich genau weiß, wie die Dinge für mich sein sollen, dann gibt es keine Fragezeichen. Innere Klarheit macht auch eine äußere Veränderung der Umstände ganz … *leicht*.

29

Will nicht viel, nur 'n bisschen 'ne gute Zeit

Das Leben nicht so ernst nehmen

Schneegestöber vor dem Fenster des Hotels.

»Einchecken, nennen Sie mir doch gern einmal Ihren Nachnamen«, soufflіert mir der Rezeptionist an der Rezeption einer großen Hotelkette und sucht parallel bereits in seinen Unterlagen.

»Ritter«, entgegne ich und schiebe meinen Personalausweis und den meiner Begleitung über die Theke. Wir sind in Mecklenburg-Vorpommern nahe der Ostsee und wollen die ersten Wintertage bei einem Wochenende in einem kleinen Spa zelebrieren.

»Und Sie reisen in Begleitung von einem kleinen Hund?«, fragt er rhetorisch und versucht, einen Blick auf das kleine eingerollte Croissant zu meinen Füßen zu erhaschen.

»Unter uns gesagt«, ich senke meine Stimme und beuge mich näher zu ihm ran. Er tut es mir gleich und zieht eine Augenbraue hoch. Meine Miene ist bitterernst, und ich lege eine Hand an meinen Mund, als würde ich dahinter zu ihm flüstern wollen. »Unter uns gesagt: Das ist gar kein Hund. Das ist einfach ein sehr, sehr klein geratener Mensch. Aber das sage ich lieber nicht so laut, Sie wissen schon«, ich pausiere und verziehe entschuldigend mein Gesicht und blicke zu Penny, »ich will ihre Gefühle da einfach nicht verletzen.«

»Na ja, wenn das so ist …« Es braucht den Bruchteil einer Sekunde, aber erstaunlicherweise steigt er ein. »Dann berechne ich Ihnen natürlich keinen Aufpreis, sondern verbuche das als kostenlose Zusatzperson. Ich will ihre Gefühle ja auch nicht verletzen.« Er nickt mit ebenso ernster Miene und reicht uns unsere Zimmerkarten. »Einen schönen Aufenthalt Ihnen beiden und dem sehr klein geratenen Menschen.«

Als die Fahrstuhltüren vor uns schließen, fangen meine Begleitung und ich an zu kichern.

»Wie kommst du immer auf so einen Unsinn?«

»Weiß auch nicht. Der wächst da einfach vor sich hin.« Ich tippe gegen meine Stirn. Er muss unwillkürlich lachen.

*

Irgendwann im Sommer fand ich mich in einem Yogakurs wieder und stellte fest, dass ich die Beschreibung nicht genau gelesen hatte. Es war Lachyoga.

Wir saßen auf einer Dachterrasse in Friedrichshain, mit Blick über die Stadt bis zum Fernsehturm. Erste Übung: Kollektiv einatmen und dann gezwungen loslachen. Das war so albern, dass jede von uns schon nach wenigen Sekunden in echtes Lachen ausbrach. Wir sahen uns also um, lachten uns schlapp, konzentrierten uns wieder, atmeten tief ein, und alles von vorn. Nach der Stunde war ich erschöpfter als jemals zuvor nach einer Yogastunde, spürte bereits den Bauchmuskelkater und mein glühendes Gesicht. Lachen ist heilsam für unsere Psyche, es entspannt körperlich und macht gesünder. Gemeinsam lachen signalisiert der Psyche auch: Wir sind in dieser Situation sicher. Lachen bedeutet loszulassen. Wie schön ist es, dass wir lachen, weil wir Freude nicht in uns behalten können?

Humor, generell was uns zum Lachen bringt, ist individuell. Oft lachen wir über Situationskomik, einen Insiderwitz im Freundeskreis, der immer wieder aufkommt, ärgern uns gegenseitig, kennen die Schwachstellen der anderen, machen Scherze auf eigene Kosten. Wie als ich zuletzt in einem vietnamesischen Restaurant ein Curry *wenig scharf* bestellte, das eher extrascharf an meinem Platz ankam. Ich versuchte Bissen für Bissen in mich aufzunehmen, weinte Tränen, war das Gespött des ganzen Tisches und lag am Ende Tränen lachend auf dem Boden.

Als mein Vater und ich kurz nach meinem achtzehnten Geburtstag inmitten eines Schneesturms nebeneinander durch New York liefen, fand er es lustig, mich in jede an der Straßenseite aufgetürmte Schneewehe zu schubsen – und wir kriegten uns nicht mehr ein vor Lachen. Es ist noch heute unser Ritual, sobald der erste Schnee liegt. »Du musst dir genug Kindlichkeit in dein Erwachsensein rüberretten«, sagte er immer zu mir. Aber was heißt das überhaupt?

*

Ich sitze bei einem Interview zum letzten Buch in einem tiefen, gemütlichen Sessel. »Was ist dein großes Ziel im Leben?«, werde ich von Nora vom *FemMagazine* gefragt.

»Ich weiß nicht, glücklich sein?«, antworte ich vorsichtig, so, als würde die Antwort eigentlich gar nicht so richtig zählen. Als wäre es so eine Antwort, die Kinder geben, wenn sie gefragt werden, was sie werden wollen, wenn sie groß sind. Astronautin, Tierärztin. Glücklich.

Ich ermahne mich, noch etwas Richtiges, also etwas Besseres zu antworten. »Etwas auf der Welt zu hinterlassen«, sage ich also voller Ernsthaftigkeit, aber meine es eigentlich gar nicht. Es stimmt nur so halb. Tatsächlich will ich vor allem einfach nur glücklich sein, also eine gute Zeit haben. Meine Lebenszeit gut verbringen, Spaß haben. Mir, eben, genug »Kindlichkeit in mein Erwachsensein« rüberretten. Mich nicht so ernst zu nehmen – nicht immer zumindest.

Kinder sehen alles mit Leichtigkeit und durch naive Augen, sie glauben dir alles – sie sehen die Welt als gut und so, als könne ihnen nicht Schlimmes passieren. Wenn wir jung sind, dann denken wir, die Welt gehöre uns, wir trauen uns alles zu und überschätzen den eigenen Einfluss. Wir glauben, wir könnten alles werden, alles schaffen und alles sein. Die Welt in unserem Kopf ist unsere Realität und die einzige, die existiert.

Kinder haben oft mehr Leichtigkeit. Weil sie echter sind, unmittelbarer, ihre Gefühle sind intensiv: Sie drücken oft mehr Schmerz aus, aber eben auch mehr Freude. Nur wo Schatten ist, ist Licht. Und sie kennen die gesellschaftlichen Normen noch nicht.

Oft sind es gesellschaftliche Vorgaben, die uns antreiben, aber vielleicht auch ein bisschen die Leichtigkeit nehmen. »Du musst dieses und jenes, hier und da abliefern, Karriere, Kinder, Haus, Hof, Auto«, hören wir da fremde Stimmen in unserem Kopf. Und während wir uns abstrampeln, das zu erledigen, was wir theoretisch alles müssten, vergessen wir oft, uns zu fragen, was wir eigentlich wollen. Oder wann hast du zuletzt jemanden sagen hören: »Ich will nur das Nötigste arbeiten und mehr faul auf der Couch liegen«?

Im Leben eines Erwachsenen hat Spaß eher nicht die höchste Priorität. Schließlich haben unsere Großeltern schon früher immer »erst die Arbeit, dann das Vergnügen« gepredigt, und dieser Satz hat sich fest in unser Gedächtnis eingeschrieben. Aber entspricht das wirklich der Realität? – Wann »schaffen« wir das meiste, wann haben wir die besten Ideen, wann fließt es einfach nur so aus uns heraus? Meistens doch, wenn wir Spaß haben.

Wenn Firmenbosse in den Ruhestand gehen, sagen sie auf die Frage, was sie rückblickend anders machen würden, oft eine Sache: »Ich würde kleine Erfolge mehr feiern.« Oder: »Man soll die Feste feiern, wie sie fallen. Und sie sollten öfter fallen.« Nicht immer nach dem Nächsten streben, sondern zwischendurch innehalten und allen mehr auf die Schulter klopfen. Mehr Spaß haben, mehr Partys, mehr Wertschätzung. Mehr Hier und Jetzt. Ich finde, davon kann man sich ziemlich viel abgucken.

»Komm, Kissenschlacht«, rufe ich später, als wir auf dem Zimmer sind. Die Reservierung zum Abendessen ist in dreißig Minuten, wir beide sind noch nicht fertig gemacht. Er schaltet Musik an und tanzt dazu völlig unrhythmisch durchs Zimmer und macht mit seinem Körper Bewegungen und Figuren, die mich zum Lachen bringen sollen. Dann wirft er die Kissen in meine Richtung, ich wehre sie ab, ziehe mich nebenbei an, wackele wie eine Ente durchs Zimmer und gewinne dieses Duell natürlich haushoch. Der kleine Hund rennt fröhlich dazwischen durchs Zimmer und versucht, den durch die Luft fliegenden Gegenständen zu folgen.

Wir kommen keine Minute zu spät. Für eine Kissenschlacht ist eigentlich immer noch Zeit.

30

Du musst niemandem etwas beweisen

Warum es großartig ist, in etwas schlecht zu sein

Eine Sporthalle außerhalb Münchens, Wintereinbruch, es ist bereits dunkel.

Der Ball schmettert gegen die Wand und in Lichtgeschwindigkeit wieder auf mich zu. Automatisch ducke ich mich weg, um nicht von diesem Geschoss aus der Hölle halbiert zu werden.

»Nein, zurückschlagen!«, ruft er und sieht mich entgeistert an. »Wieso weichst du immer aus? So funktioniert Squash nicht.«

Wir spielen, augenscheinlich, Squash. Ich zum ersten Mal, und dass ich schlecht darin bin, wäre glatt untertrieben. Ich behaupte ja immer, dass ich alles locker kann, also habe ich auch bei Squash den Mund ziemlich voll genommen. Zusammen spielen gehen? Klar! Schaff ich mit links! Leider nein. Auch nicht mit rechts.

»Das Teil ist aber viel zu schnell«, murmele ich frustriert und klaube den Gummiball wieder vom Boden auf. Meine Laune droppt in Sekundenschnelle, so, wie ich es bislang selten bei mir erlebt habe. Ich bin nicht unsportlich, aber Bällen, die auf mich zugeflogen kommen, weiche ich instinktiv aus, das sagt doch schon der gesunde Menschenverstand. Ich wüsste auch nicht, warum man das anders handhaben sollte.

Egal in welchem Winkel der Ball in meine Richtung fliegt, mein

Schläger und ich treffen keinen einzigen. Ich kann mit meinem räumlichen Vorstellungsvermögen nicht einmal grob in die richtige Richtung anvisieren, in die er fliegen wird.

»Wieso ist die Wand eigentlich so schief? Und hier ist es wirklich kalt. Haben die keine Heizung?«, maule ich unproduktiv.

»Eigentlich wird einem dabei ja auch warm.« Er sieht mich an, anscheinend frustriert, dass es ihn auch nicht ins Schwitzen bringt, mit mir zu spielen.

»Wieso können wir nicht Spaß dabei haben, obwohl ich das nicht perfekt kann? Ich hab das noch nie gemacht«, meckere ich weiter. »Mit dir macht das alles keinen Spaß.«

Ich habe Lust, in Tränen auszubrechen. Gleichzeitig will ich mir die Blöße nicht geben, also verlasse ich den kleinen stinkenden Raum und feuere alternativ meinen Schläger draußen auf den Boden. Ich habe mich schon lange nicht mehr in etwas so ungeschickt angestellt.

»Du musst doch auch nicht alles perfekt können?«, kommt er hinter mir her. »Aber versuch es halt wenigstens mal?«

»Ich wollte eh lieber Tennis spielen.« Das würde ich bestimmt genauso wenig können, beinhaltet ja immerhin auch einen Ball, fällt mir in dem Moment ein, als ich es ausgesprochen habe. Er denkt sich mit Sicherheit das Gleiche und verzieht sein Gesicht zu einem schiefen Grinsen.

»Ich glaub, ich kann das einfach nicht.«

»Gut, dann lass uns aufhören.«

»Das ist frustrierend.« Wir waren immerhin extra in diese komische unterkühlte Halle aus der Stadt rausgefahren.

»Wieso? Du musst doch niemandem hier etwas beweisen. Du probierst es aus, und wenn es nichts für dich ist, weißt du darüber Bescheid. Beweisen musst du nichts. Dann machen wir heute Abend etwas anderes.« Er lacht und legt im Gehen seinen Arm um mich.

Mit gesenktem Kopf, frustriert von meiner eigenen Frustration, trotte ich hinter ihm her zum Auto. Es dauert eine Weile, bis ich mich aus meinem Tal der schlechten Laune wieder gefangen habe.

»So, wir holen uns jetzt eine Pizza. Und wir probieren eine Sportart nach der anderen gemeinsam aus.«

Die Squashschläger sind wieder abgegeben, wir steigen in sein Auto, das halb eingeschneit hinter der Halle auf uns wartet. Ich ziehe die Beifahrertür hinter mir zu. In etwas nicht gut zu sein ist frustrierend. Dieser Wunsch nach Perfektion ist der Grund dafür, dass Menschen oft etwas gar nicht erst anfangen oder ausprobieren oder bei Monopoly dem Bedürfnis widerstehen müssen, einfach das ganze Spielbrett vom Tisch zu fegen. Weil wir es nicht gut aushalten, etwas nicht gut zu können, und alles in unserem Inneren dagegen rebelliert. Warum haben wir überhaupt diesen Wunsch nach Perfektion?

»Vielleicht aber etwas ohne Bälle«, antworte ich. »Wandern kann ich ganz gut. Einen Fuß vor den anderen setzen. Ist echt ein Talent von mir.« Mit gespieltem Stolz sehe ich ihn von der Seite an.

»Okay, klingt aufregend.« Er lacht und startet den Wagen. »Mein Vater war vor ein paar Wochen in Österreich mit Freunden wandern. Und einer war in Flip-Flops dabei. Einfach nur, um zu zeigen, dass er auch so den Berg hochkommt. Dass es ein Klacks ist.«

»Aber … warum sollte er das tun?«, frage ich, als mein Lachen in Verwunderung übergeht.

»Na ja, um zu zeigen, dass er das sogar mit Flip-Flops kann. Weil er das irgendwann mal gesagt hat. ›Die Wanderung ist so leicht, auf den Berg würde ich sogar in Flip-Flops hochkommen.‹ Und dann wollte er es wirklich machen.«

»Aber wem wollte er das beweisen? Und was eigentlich?«

Er sieht mich an, als hätte er über diese Frage noch gar nicht nachgedacht.

»Dass er besser ist als alle anderen wohl. Vielleicht wollen wir das immer irgendwie. Richtig toll sein. Uns überlegen fühlen«, antwortet er dann, während das Auto durch die dunkle Nacht gleitet.

Merkwürdig, unser Bedürfnis, nach außen eine perfekte Version von uns kreieren zu wollen. Wir wollen andere denken lassen, dass wir etwas durchziehen können, dass wir gut in den Dingen sind, die wir anfangen, bestenfalls anderen überlegen, und dass wir zu unserem Wort in jedem Fall stehen, das wir gegeben haben, auch wenn es keinen Sinn mehr ergibt.

Ich glaube, dass Stolz und dieser Wunsch nach Perfektion und Stringenz etwas sind, womit man sich selbst das eigene Leben unnötig schwer macht. Es ist unser Ego, gegen das wir da ankämpfen.

Vielleicht ist es sogar viel hilfreicher, mal in etwas so richtig schlecht zu sein. Es schult unsere Resilienz, auch leichter mit anderen, wichtigen Sachen umzugehen, wenn wir es lernen, bei unwichtigen Sachen nicht perfekt zu sein. Maximal peinlich tanzen oder wirklich hässliche Tassen töpfern: Das Leben hat so viel mehr zu bieten als nur Talent. Scheitern ist auch eine Übung in Selbstmitgefühl. In etwas nicht gut zu sein oder schlechter als die anderen und es dennoch nicht aufzugeben. Nicht in Flip-Flops den Berg hoch, sondern, ganz im Gegenteil, als Langsamste. Zelebrieren, was wir alles nicht können.

»Ich glaube, dass das Glück darin besteht zu akzeptieren, was wir nicht können, und darin zu verweilen«, schreibt Karin Rinaldi in ihrem Buch *It is great to suck at something* über ihre talentfreie Surfleidenschaft. Sie schrieb es nach einer wirklich erfolgreichen Kolumne in der NY Times.[10] »Sich selbst zu erlauben, schlecht zu sein, gibt einem viel mehr Freiheit, als darauf zu bestehen, besser zu werden.«

Ich kann ziemlich vieles nicht. Ich habe nie gelernt, so richtig guten Kaffee an einer Maschine zu kochen, kann Weine nicht voneinander unterscheiden und bin in jeglichen Ballsportarten völlig unbrauchbar.

Vielleicht ist es wirklich gut, in etwas so richtig schlecht zu sein. Weil wir es dann nur aus Freude daran tun, aus reiner Selbstwirksamkeit. Weil in diesem Moment der Spaß an der Sache dem Zweck völlig genügt. Wertfrei von Leistung und Erfolg. Vielleicht kann man so besonders viel Spaß daran haben, weil man es leicht nehmen kann, weil man keine Leistung erreichen will und sich keinen Druck macht, besonders gut zu sein. Mit der eigenen Frustration umgehen lernen wie ich an diesem Abend beim Squash hilft mir, mir selbst gelassener zu begegnen. Es ist eine wahre Freiheit, sich wohlzufühlen, einen Abend zu genießen, egal, wie etwas gelingt.

Auch beim Wandern geht es ja nicht ums Höher-schneller-Weiter, sondern um einen schönen Ausblick, einen entspannten Nachmittag, die frische Luft, Zeit mit Freundinnen vielleicht. Im Surfen bin ich übrigens auch richtig schlecht, wie Karin Rinaldi. Ich tue es trotzdem unendlich gerne.

»Ich verstand plötzlich, wie wichtig das Surfen für mich geworden war«, sagt Karin Rinaldi. »Uns in den dunkelsten Momenten unseres Lebens spielerisch dem Scheitern hinzugeben kann helfen, eine neue Perspektive zu finden. Genau darum geht es beim Scheitern: Wir trainieren den Teil unserer Person, der ständigen Erfolg nicht braucht«, erzählt sie. »Dafür müssen wir lernen, unser Ego loszulassen.«[11]

*

Die Pizza dampft inzwischen auf meinem Schoß, ich wärme meine Hände am Boden der riesigen Packung. Heute ist es mir nicht gelungen, gelassen mit mir umzugehen, aber ich weiß, zumindest in der Theorie: Es kann großartig sein, in etwas schlecht zu sein. Vor allem erweitert es die eigene Frustrationstoleranz, wie meine am heutigen Tag. Es ist wie eine Challenge, der ich mich selbst stellen konnte. Das Gefühl der Leichtigkeit kann vielleicht erst dann entstehen, wenn wir diesen Perfektionismus ablegen. Als würden wir ihn über Bord ins Meer versenken. Und das eigene Ego gleich mit. Dahinter taucht dann etwas viel Wichtigeres auf: nämlich Spaß.

31

Und wenn ich kaputtgehe, sammele ich mich wieder auf

Meine Begegnung mit einer Mietnomadin

Wie fange ich an, diese Geschichte zu erzählen? Die, die mir den Boden unter den Füßen weggezogen hat? Ich atme tief durch, nippe an meinem Kaffee und ziehe den Laptop näher zu mir heran. Manche Herausforderungen sind größer, manche kleiner, andere hinterlassen einen mit einem Berg an Schulden und jeder Menge schlafloser Nächte.

»Ihre Augen tränen immer, wenn Sie etwas verbergen, das Sie eigentlich sehr mitgenommen hat«, hat meine Therapeutin irgendwann mal zu mir gesagt. In diesem Moment tun sie es. Ich lege den Kopf in den Nacken, blinzele und sehe in den Himmel. Mich wirklich verletzlich machen. Etwas, das mir gar nicht so leichtfällt.

Ich hatte mir überlegt, ein paar Monate in Spanien zu wohnen, und gab währenddessen meine Wohnungsschlüssel an eine Freundin aus der Schulzeit. Sie wollte meine Wohnung hüten, die Pflanzen gießen und sich währenddessen selbst auf Wohnungssuche in Berlin begeben. Als sie nach vier Monaten etwas gefunden hatte und ich zeitgleich beschloss, meine Zeit in Spanien zu verlängern, stellte sie meine Wohnung kurzerhand auf eBay Kleinanzeigen online. Drei Monate zur Untermiete. Irgendeine nette Person, die eine Unterkunft auf Zeit suchte, würde sich doch wohl finden lassen. So hatte ich es schon öfter mit vergangenen Wohnungen gehandhabt. Ich bekam viele Nachrichten, mehrere stachen heraus, vor allem die, in denen mir jemand von seinem Schicksal berichtete. Eher zufällig klickte ich eine davon an. Eine Frau, gerade frisch getrennt, ein paar Jahre älter als ich, müsse nach Trennung dringend aus der gemeinsamen Wohnung raus. Und ich verstand sie. Hatte Mitgefühl für diese Geschichte, die sie mir da erzählte.

Ich weiß nicht, was ihr bisher für Erfahrungen mit dem Untervermieten eurer Wohnungen gemacht habt. Ich hatte bei den ein, zwei Malen zuvor nur Gutes erlebt. Als ich in Spanien am Laptop saß, ahnte ich nicht, dass ich zehn Monate später vor den Trümmern meines Besitzes stehen würde. Aber beginnen wir von vorn.

Sie klingt nett. Sie hat auch schon einmal in Spanien gelebt, reicht mir unverzüglich Einkommensbescheide und Nachweise ein, ihren Personalausweis und schließlich den unterschriebenen Mietvertrag. Die Kaution hat sie bereits geschickt, die erste Miete noch nicht, also erinnere ich sie daran, als meine Freundin am letzten Morgen im Januar schreibt, dass sie gerade zusammenpackt und wann die Übergabe stattfinden soll. Ich bin im Stress, am nächsten Tag ist eine Deadline.

»Geld kommt!«, flötet die neue Untermieterin in viel zu langen und mir viel zu persönlich werdenden Sprachnachrichten, in denen sie erzählt, was für ein toller Fund die Wohnung sei, wie sehr sie sich freue. Dann erzählt sie ausführlich vier Minuten lang von ihrem anstrengenden vergangenen Jahr und der Trennung von ihrem Ex. Ich habe diese Frau noch nie gesehen und kann ihre privaten Details nicht ganz verarbeiten, mein Interesse beschränkt sich, auch zeitlich, auf eben dieses Untermietverhältnis.

»Lass uns die Konversation gern professionell halten«, schreibe ich ihr also. Sie schickt einen Teil der Miete.

Ich habe kein gutes Gefühl, aber wegen der Abgabe auch keine

Zeit, mich mit meinem Bauchgefühl intensiver zu beschäftigen oder groß am Handy zu hängen. Ich bete mir vor: Sie wird das Geld schon noch schicken. Mein Bauchgefühl wehrt sich, mir dreht sich der Magen um. Einen Rückzieher zu machen erscheint mir an der Stelle als das größere Übel. Meine Freundin ist am selben letzten Tag im Januar nicht mehr in der Wohnung, und ich bin nicht im Land, also müsste ich jemanden mit der Übergabe beauftragen. Es wäre, weiß ich heute, das kleinere Übel gewesen.

Ab dem Moment, in dem sie den Schlüssel zu meiner Bleibe hat, fängt sie an, mich mit unzähligen Nachrichten zu bedrängen, was sie in meiner Wohnung umgestalten und anbohren will. Ich bin irritiert, erinnere sie knapp, aber bestimmt an die Klausel im Untermietvertrag, dass die Wohnung im Originalzustand zu belassen sei, denn etwas anderes kann ich für den Moment nicht tun. Ich schalte sie stumm.

Mehrmals frage ich sie nach dem Geld. Als mein Vater eine Woche später zur Wohnung fährt, um zu klingeln und das Geld oder das Verlassen der Wohnung einzufordern, eskaliert die Situation. Er wird körperlich von ihr angegriffen. Ich befinde mich in einem diffusen Zustand zwischen Schock und Überforderung. Ein paar Tage lang weiß ich nicht, was ich tun soll. Ich bin so weit weg. Auf meinem Handy tauchen zeitgleich die ersten Nachrichten auf, in denen sie mir droht.

Die Ungewissheit, was da gerade in meiner Wohnung, die voll mit meinen Erinnerungen ist, passiert, bringt mich völlig um den Verstand. Ich kündige ihr die Untermiete und kontaktiere einen Anwalt.

»Die Polizei ist gerade wieder da wegen Ruhestörung«, schreibt mir meine Nachbarin gegen 00:56 eine Woche später. »Die schreit die ganze Zeit.« Ich lese es nachts, als ich kurz aufwache, und kann anschließend nicht wieder einschlafen.

Die folgenden Nächte wache ich immer wieder schweißgebadet auf und habe anonyme, verpasste Anrufe und Drohnachrichten von ihr auf meinem Telefon. Ich blockiere die Nummern nacheinander, aber der Strom an Anrufen reißt nicht ab. Mein Herz rast so sehr, dass ich nicht in den Schlaf finde. Es geht viele Wochen so. Manchmal geht es mir mit der Ungeklärtheit dieser Situation besser, manchmal schlechter.

Ich bin so machtlos. Da ist jemand in meiner Wohnung, in all meinen Sachen. Klar, meine wichtigsten Dinge habe ich mit nach Mallorca genommen. Meine Fotoalben aus der Kindheit sind bei meinen Eltern. Meine Kleidung für die Untermiete entfernt. Aber dennoch: Das sind meine Möbel, meine Bilder an den Wänden, meine Pflanzen. Zusammengesammeltes Geschirr von meinen Reisen, meine Bücher. Vor allem kann ich mir keinen Reim darauf machen, warum diese Person so etwas tut.

Es ist ein Kontrollverlust, wie ich ihn noch nie erlebt habe. Ich bin sonst immer geplant, organisiert, hier weiß ich nicht, was passieren wird. Ob ich je wieder an meine Sachen rankomme und in welchem Zustand sie sein werden. Ich gehe im Kopf durch, was ich zurückgelassen habe. Mache eine Liste, was am meisten wehtut. Ganz oben meine alte Schreibmaschine vom Flohmarkt, viele Jahrzehnte alt. Ich habe sie mir gekauft, als mein erstes Buch rauskam, direkt am Sonntag danach. Sie hat für mich vor allem emotionalen Wert.

Ich habe im Laufe dieses Jahres zwei, drei neue Panikattacken, die ich seit Long Covid überwunden geglaubt hatte. Ich habe ein dauerhaftes Herzrasen, eine Angst, die in meiner Brust klopft, bis hoch in meinen Hals, und mich nicht zur Ruhe kommen lässt. Ich schlafe schlecht, wälze mich nur herum, mache meine Arbeit nicht gut, weil mich diese eine Sache so sehr einnimmt, dass ich nicht aus diesem Gefühl der Angst herauskomme. »Ich steh gerade total neben mir, sorry«, erkläre ich über Monate hinweg und vertröste Freunde und vereinbarte Treffen.

»Also, man kriegt die da jetzt nicht raus«, erklärt mein Anwalt mir geduldig am Telefon. »Unser Mietgesetz schützt immer den Schwächeren, also den Mieter. Wenn jemand sich in einer Wohnung befindet, dann hat der Wohnrecht. Da kann man nichts machen. Außer rausklagen. Wir müssen jetzt eine Räumungsklage fertig machen, das kann mehrere Monate dauern.«

»Mehrere … Monate?«, stammele ich fassungslos. Wie kann unser Rechtssystem das zulassen? Ich will die Untermieterin am Kragen aus der Wohnung ziehen. Es ist eine ganz neue Erfahrung: Nur weil ich recht habe, heißt das nicht, dass ich auch recht bekomme.

»Die schreit nachts nach Hilfe, ständig ist die Polizei da«, textet mir meine Nachbarin. »Da gehen Tag und Nacht Männer in deiner Wohnung ein und aus. Es klingt, als würde sie die ganze Zeit randalieren oder durchdrehen. Und, na ja … Ich denke, die betreibt da ein Sexgewerbe …« Ich schlucke.

Eine Woche später erhalte ich wegen anhaltender Ruhestörung von meiner Vermieterin die Kündigung meiner Wohnung. Bis dato bin ich in meiner Vorstellung, nachdem sie raus war, wieder in meine Wohnung in Berlin zurückgekehrt. Diese Vorstellung ist nun zerschmettert. Sofortige Kündigung wegen Ruhestörung. Nur: Wie gibt man eine Wohnung ab, in der eine Person lebt, die sich offensichtlich weigert zu gehen? Dann flattert wieder Post in meinen Briefkasten: Meine Vermieterin verklagt mich wegen Nichtabgabe der Wohnung. Aber ich kann die Wohnung ja nicht abgeben. Weil die Untermieterin sich weigert zu gehen. Ich fühle mich wie bei wirklich schlimmem Liebeskummer, bei dem man Tag und Nacht an nichts anderes denken kann. Wir einigen uns darauf, dass sie die Klage aussetzt, solange ich die Miete für die Wohnung weiterzahle.

*

»Ehrlich gesagt habe ich so eine Geschichte noch nie von irgendwem gehört«, sagt meine Freundin zu mir, als ich mit Augenringen vor einem Kaffee sitze und ihr davon erzähle.

»Ich auch nicht. Mein Kopf kreist den ganzen Tag um diese Scheiße, weißt du?«

»Vielleicht erlaubst du dir ab jetzt nur noch, dich jeden Tag zehn Minuten darüber zu ärgern oder traurig zu sein? Und dann so richtig, und den restlichen Tag lässt du es dann gut sein, weil du gerade halt nichts machen kannst? Du hast einen Anwalt eingeschaltet und alle rechtlichen Mittel ergriffen, die gerade möglich sind. Jetzt musst du abwarten. Alles ab jetzt liegt nicht mehr in deiner Macht.«

Sie hat recht. Ich kann mich nicht den ganzen Tag mit diesem Problem aufhalten. Ich mache meine Arbeit schlecht, stehe neben mir, funktioniere nicht. Wie bewahrt man sich seine Gelassenheit, auch in schweren Zeiten? Wie bewahrt man sie sich, wenn einem jemand etwas Böses will?

Ich verlebe also mein Jahr, kehre aus Mallorca zurück, ziehe wieder bei meinen Eltern ein und suche mir anschließend eine möblierte Zwischenmiete in Berlin, lebe woanders, fühle mich unwohl, aber genieße bestmöglich meine Zeit. Die Sache geht mir ordentlich an die Psyche. In diesem Sommer nehme ich ungewollt über acht Kilo ab, weil ich kaum einen Bissen runterbekomme. Ich erkenne mein Gesicht im Spiegel nicht wieder, so faltig, fahl und eingefallen sieht es mir entgegen.

Aber ich rücke auch nah mit meiner Familie zusammen. Wir haben jeden Tag Kontakt und sprechen über die Situation. Und ich merke, sie sind für mich da und wir packen zusammen an. Ich erfahre viel Hilfe, alle sind mir wohlgesonnen, der Gerichtsvollzieher gibt mir sogar seine private Nummer. Unsere gemeinsame Waffe ist Humor.

»Sollen wir sie dann auch zu Weihnachten einladen?«, scherzt mein Vater. »Sie gehört ja quasi inzwischen zur Familie.« *Immerhin bezahle ich für sie.*

Immer wieder verstreichen Wochen und Fristen, die Mühlen unserer Bürokratie mahlen langsam. Das Urteil, das mir recht gibt, folgt im Juli. Die gerichtliche Räumung der Wohnung durch einen Gerichtsvollzieher wird auf September datiert. Mein Herz klopft mir bis zum Hals, als ich neben dem Gerichtsvollzieher vor meiner aufgebrochenen Wohnungstür stehe, ein Schlosser das Schloss wechselt und mir einen neuen Schlüssel reicht. Sie ist nicht da, aber die Frage nach dem Zustand der Wohnung kriege ich an diesem Morgen nach neun Monaten endlich beantwortet: Ich stehe im Flur zwischen meinem ehemaligen Hab und Gut, das angezündet, auseinandergebrochen, voller Essensreste, Fliegen und Müll ist. Den Großteil der Wohnfläche kann ich vor schimmelnden Müllbergen nicht betreten. Ich taumele aus meinem ehemaligen Zuhause und überlege, was ich mit diesen Bildern jetzt machen soll. Draußen wähle ich die Nummer eines Entrümpelungsunternehmens.

Am nächsten Morgen legt sie beim Amtsgericht per Eilantrag einen Meineid ab, das Gericht prüft den Fall nicht weiter und gibt ihr eine einstweilige Verfügung mit, die ihr den Besitz meiner Wohnung bescheinigt. Mit der bricht sie dann wieder in die Wohnung ein, durch meine Nachbarin erfahre ich das erst. Nicht einmal die Polizei, die ich anschließend mit klopfendem Herzen rufe, kann etwas gegen einen Eilbeschluss vom Gericht machen. Das Verfahren muss neu aufgerollt werden, und als ich in Marseille gerade im Kurzurlaub ankomme, werde ich für den Montag darauf zu einer mündlichen Verhandlung vorgeladen, zu der sie glücklicherweise nicht erscheint. Also folgt die nächste Räumung, diesmal im November. Meine einzige Lösung ist, diesmal direkt mit einem Räumungsteam anzurücken und am gleichen Tag noch die leere Wohnung der Vermieterin zu übergeben, damit die ehemalige Untermieterin keine weiteren Tricks aus dem Ärmel zaubern kann.

Am Ende sind es zehn Monate. Zehn Monate, in denen ich doppelt Miete bezahle, für zwei Wohnungen in der Großstadt, dafür an meine Ersparnisse und meine Altersvorsorge gehe. Doppelte Miete, das Entrümpelungsunternehmen, den Gerichtsvollzieher und Schlüsseldienst zu bezahlen: Die Kosten summieren sich. Eine mir wildfremde Frau hat mich am Ende dieses Jahres nicht nur über fünfzehntausend Euro meiner Ersparnisse, sondern mein eingerichtetes Zuhause mit allem darin gekostet.

Ich betrete bei der zweiten Räumung, diesmal nach einem Polizeieinsatz und dem gewalttätigen Entfernen der Frau aus der Wohnung, die zugemüllte und abgefackelte Bude und klemme mir zwischen all dem Chaos meine Schreibmaschine unter den Arm. Die Couch, die ich seit über sechs Jahren besitze und mir damals lange zusammengespart habe, ist verbrannt und in ihre Einzelteile zerlegt. Der weiße Ofen ist komplett braun und verkohlt, mein teures Ceranfeld zertrümmert, Schränke aus den Wänden gerissen und umgeworfen. Dazwischen Pizzastücke, Fliegen, Schimmel und eingetrocknete, klebrige Getränke, die sich auf allem verteilen. Die Wände sind voll abgestorbener Fliegen. Eigentlich ist meine Wohnung eine große Müllhalde.

Wie erstarrt stopfe ich Müllsäcke mit meinen eigenen Sachen voll. Den schönen Couchtisch, den ich mir von meinem ersten selbstständig erarbeiteten Geld gekauft habe, zerstört. Meine Buchsammlung, die ich mir über Jahre hinweg angesammelt habe, verklebt von Alkohol und Essensresten. Ich pule auf Knien Hunderte Zigarettenstummel und Drogentüten aus den Fugen der Holzdielen und versuche, Wachs- und Blutflecken von den Wänden abzukratzen, putze Seite an Seite mit meinem Vater die ganze Wohnung und streiche am Ende alles weiß über. Es ist bereits dunkel, als wir fertig werden. Die ganze Zeit stehe ich dabei wie unter Schock. Und dann – ist es endlich vorbei. Die Schlüssel sind abgegeben. Ich sitze in meinem Auto, fahre meinen Vater noch zum Bahnhof und überlege seither, wie ich mich jemals bei ihm für diese Hilfe bedanken kann. Ich weiß es nicht. Aber es ist endlich vorbei.

Als ich am nächsten Tag mit Freundinnen aus bin, noch immer unter Schock, stehe ich in der *Odessa Bar* auf der Torstraße, und mich überkommt plötzlich eine Welle an Trauer in so einer Heftigkeit, dass ich keine Luft mehr bekomme. Ich stolpere raus, ohne mich zu verabschieden, schon auf dem fünfminütigen Heimweg in meine Zwischenmietwohnung laufen mir unaufhörlich Tränen von meinem Gesicht, aber erst als ich in den Flur sinke, brechen alle Dämme. Ich kann nicht mehr aufhören zu schluchzen. Ich habe alles verloren.

Es ist wirklich vorbei. Und vielleicht spüre ich erst jetzt, wie viel Anspannung ich die letzten zehn Monate in mir hatte. Als würde ich konstant die Luft anhalten. In einem *Fight-or-Flight*-Modus, in dem mein Nervensystem dauerhaft unter Stress stand. Immer unter Anspannung, was als Nächstes passieren würde. Es ist vorbei. Ich habe keine Möbel, kein Zuhause. Ich habe nichts mehr. Aber es ist vorbei.

Es ist nicht, dass sich in diesem Moment der riesige Stein auf meiner Brust auflöst. Es ist, dass mir in diesem Moment erst klar wird, wie groß er wirklich war. Ich lasse Luft an dieses System, das mich seit Monaten zu erdrücken scheint, und wie sie in meinen Körper eintritt, fange ich an zu hyperventilieren, schluchze, wische meine Nase an den Ärmeln meiner Lederjacke ab, die ich immer noch anhabe, und kann mich erst eine Stunde später wieder beruhigen. Da war ich nun. Offiziell obdachlos.

Wie ich da in diesem fremden Flur sitze, vollkommen leer geweint, vollkommen ausgetrocknet und wieder ganz nüchtern, frage ich mich: Hätte ich das vielleicht besser regeln können?

So ein Scheiß kann einem immer passieren. Es kann immer passieren, dass unerwartet das eigene Zuhause einem Brand zum Opfer fällt, dass man durch Trennung allerhand Besitz verliert oder irgendeine andere Katastrophe einen überrollt, bei der man wochenlang wach liegt, weil man einfach nicht mehr weiterweiß. Doch ist es nicht meine Aufgabe, so in mir sicher zu sein, dass ich mich dagegen abschirmen kann? Dass es mich nicht so trifft, wie es mich getroffen hatte?

Mich hat die Sache dieses Jahr extrem belastet. Mir meine Lebensfreude genommen, mir Panik und durchwachte Nächte bereitet. Aber jetzt ist alles geklärt und vorbei. Und dennoch hat mich dieses Erlebnis fast ein Jahr meines Leben gekostet. Hätte ich es aushalten und trotzdem nebenbei leicht nehmen können?

Vielleicht hätte ich das, wenn ich mich auf das Schlimmstmögliche eingestellt und es damit ad acta gelegt hätte. Damit, dass ich keine Kontrolle darüber habe. Nach dem Motto: Egal, was passiert, wenn ich jetzt alles verliere, ich habe mich, ich werde immer wieder alles regeln können, und ich erlaube nicht, dass mir das meine Freude am Leben kostet.

Vielleicht hätte ich mich in meinem Kopf schon in die Zukunft beamen können: Irgendwann wird auch das wieder vorbei und geklärt sein. Ich hätte in das Gefühl gehen können, das einfach schon so zu fühlen, als wäre es genau so. Also meinen Geist austricksen. Ich konnte es nicht. Aber ich hätte es gerne gekonnt. Meine goldene Bubble hat Risse bekommen. Sie wurde an ihre Belastungsgrenze gebracht. Verlust ist einer der größten Lehrmeister im Leben, ein Wachrüttler, an dem wir wachsen können.

*

»Heißt das, du wirst nie wieder eine Wohnung untervermieten? Oder besser, niemandem jemals wieder vertrauen?«, fragt Lotta mich an diesem Weihnachten, als ich zurück in unserer Heimatstadt bin.

»Hm«, überlege ich. »Nee. Vielleicht prüfe ich besser oder höre auf mein Bauchgefühl. Das war jetzt das Lehrgeld dafür. Aber alles andere, Menschen vertrauen und ihnen so begegnen, daran werde ich niemals etwas ändern.«

Ich glaube, Menschen machen das oft. Sich von einer Erfahrung so brechen lassen, dass sie alles, was in Zukunft geschieht, daran bewerten. Und natürlich müssen wir aus Dingen lernen. Aber das Learning ist nicht, niemanden mehr zu vertrauen. Nicht jemandem zukünftig etwas übel zu nehmen, was ein anderer getan hat. Man kann die Schuld dort belassen, wo sie hingehört. Und ich glaube weiterhin: Menschen sind gut. Die meisten. Das ist die Ausnahme, nicht die Regel. Und mit meiner ehemaligen Untermieterin habe ich eher Mitleid. Wie schlimm muss ihr Leben sein, wenn so etwas das Mittel ist, mit dem sie sich zu helfen weiß.

»Diese Macht über mein Leben will ich ihr nicht geben, weißt du?«

Ich mag zwar mein Zuhause und alles, was ich besaß, verloren haben, aber ich habe mich, meine Fähigkeiten und die Möglichkeit, mir alles neu aufzubauen. Vielleicht ist es wirklich so: Der Erfolg eines Menschen wird an der Bereitschaft zu scheitern gemessen.

In *Der Alchimist* von Paulo Coelho steht der Satz: »Die dunkelste Stunde ist die vor Sonnenaufgang.« Der Moment der größten Verzweiflung ist manchmal der kurz vor dem Durchbruch.

Vielleicht muss das Leben nicht immer leicht sein. Vielleicht ist es okay, es einfach zu nehmen, wie es kommt, und es so leicht wie möglich zu versuchen. Manchmal ist es auch vielleicht einfach *scheiße-bedrückend-schwer.*

»Das Leben ist nicht immer nur leicht. Man muss nicht alles leicht nehmen. Aber vielleicht kann man selbst entscheiden, wie schwer man etwas nimmt und wie lange es einen beschäftigt«, denke ich an die Worte meiner Therapeutin. Und dann nehme ich den Wind, der da ist, und blicke nach vorn. Ich packe meine Sachen und beschließe: Das ist, nach all dem Ärger, eine gute Zeit, um temporär noch einmal auszuwandern.

32

Über den Luxus und die Freiheit zu denken, was man will

Es ist doch eigentlich alles scheißegal

Langsam rollt mein Auto um die Rechtskurve, bis sich das Mittelmeer vor mir ausbreitet. Der Verkehr trottet nur langsam voran, also hat der glitzernde Teppich genug Gelegenheit, sich in meine Netzhaut einzubrennen.

»Hach«, seufze ich laut, und der Hund erhebt sich auf dem Beifahrersitz aus dem Schlaf und streckt die Füße aus. Die Sonne heizt das Auto auf, wir waren die ganze Nacht unterwegs, durch den Schnee und das Eis in den Schweizer Alpen, durch italienisches Hinterland bis nach Südfrankreich, ans Meer.

Ich wollte noch einmal länger im Ausland leben. Das Leben schubst mich, jetzt, da ich kein eigenes Zuhause mehr habe, unbeholfen in diese Richtung. Dann mache ich das also. Und mache den Traum wahr, vielleicht meinen letzten verbleibenden in dieser Hinsicht, einmal eine Weile in Frankreich zu wohnen, an der Côte d'Azur oder in Paris. Diesmal ohne doppelten Boden. Als ersten Stopp habe ich mir für zwei Monate ein kleines und im Winter bezahlbares möbliertes Apartment in Nizza am Hafen genommen.

Vorab war ich auf Unverständnis gestoßen, weswegen ich die Reise überhaupt antreten wollte.

»... und dann musst du das Auto packen und alles nach Frankreich fahren, gute Güte.« Er rollte mit den Augen.

»Ja, ist doch super, das macht Spaß«, klatschte ich in die Hände.

»Neun Stunden Fahrt?«

»Wegen mir auch fünfzehn.«

Es ist für mich wahre Freiheit, eine mehrstündige Autofahrt mit einem völlig eigenen Filter belegen zu können. Sie zu bewerten, wie ich möchte.

»Nervig.«

Oder: »Zeit, mit alten Freundinnen zu telefonieren.«

»Anstrengend.«

Oder: »Viel mehr Zeit, mich auf das, was kommt, mental vorzubereiten.«

Wie unterschiedlich wir Aufgaben und Herausforderungen wahrnehmen können. Und ich brauchte dringend einen Tapetenwechsel. Neun oder fünfzehn Stunden Autofahrt, ganz egal, ich freute mich darauf.

Oben in den Hügeln von Cimiez stelle ich mein Auto ab und betrachte die Stadt, die mir zu Füßen liegt. Trotz Winter umspielt eine milde Brise meine Nase. Ich fühle sofort eine ganz besondere Leichtigkeit, die in der sonnengewärmten Luft liegt. Mit dem Kopf voran tauche ich ein in dieses unbekannte Gewässer neuer Möglichkeiten und spaziere runter in die Altstadt zu meinem Apartment.

»Merci beaucoup«, bedanke ich mich später an diesem Nachmittag beim Vermieter und nicke, den kalten Schlüssel in meiner linken Faust umklammert. Vorsichtig schließe ich die Tür des Apartments auf. Sie ist rot gestrichen, aus Holz und hängt schief in der Verankerung. Ich brauche Kraft, um sie aufzudrücken. Sonne fällt dahinter auf den weißen Holzboden, der leicht knarzt, während ich über ihn zu den Fenstern laufe, um mir die Aussicht anzusehen. Wir befinden uns direkt am Hafen, in einem vierten Stock ohne Aufzug. Ich seufze und drücke die leicht verwitterten hellgrünen Fensterläden komplett zur Straße hin auf und betrachte die

Stadt und den Trubel zu meinen Füßen. Was für ein schöner Flecken Erde.

Drei Tage vor Silvester in einer Stadt ankommen, in der ich niemanden kenne, bedeutet zwangsläufig auch: Ich würde Silvester zum ersten Mal allein verbringen. Eigentlich ist das mein Lieblingstag. Ich liebe die Aufregung, das Neue, Glitzer und Gold, Feuerwerk und gemeinsames Anstoßen, sich in den Armen zu liegen und sich zu beteuern, was man alles noch gemeinsam erleben wollte. Dieses Jahr würde es das nicht geben. Ich kenne keine Menschenseele hier, habe keinerlei Pläne. Die letzten drei Tage des Jahres verbringe ich zwischen Eiscafés, Strandspaziergängen und meinen Büchern.

Das letzte bezahlbare Apartment, was mir auch gefiel, war nur für genau diesen Zeitraum frei. Auf die mögliche Einsamkeit an Silvester musste ich mich also einlassen, wenn ich einen ganzen Monat hier in Südfrankreich verbringen wollte. Ich hatte überlegt, ob das dann das Richtige war. Ich konnte gut allein sein, aber Silvester ist eben ein besonderer Anlass, den ich auch auf irgendeine Art besonders verbringen möchte.

Als ich ankomme und auspacke, hadere ich zum ersten Mal auch damit. Die folgenden zwei Tage »zwischen den Jahren« fühlen sich so magisch an, so leer, so nach Umbruch, dass es merkwürdig unvollständig wirkt, sie mit niemandem teilen zu können. Ich war inzwischen gern allein und wusste immer etwas mit mir anzufangen. Silvester ist jedoch ein besonderer Abend. Schon im Sommer wird man gefragt, was man an Silvester dieses Jahr vorhat – kein Tag ist mit so viel Erwartungen und Planungsdruck aufgeladen wie dieser. Ich versuche mich abzulenken und greife zu meinem Handy.

»Es ist ganz allein meine Entscheidung, was ich an so einem Tag mache, und wenn ich Lust habe zu schlafen, während es um mich herum böllert und leuchtet, ist das der größte Luxus überhaupt«, lese ich am Nachmittag des 31., Florian David Fitz schreibt online über den Silvesterabend.[12] Wie passend.

Vielleicht ist das die wahre Freiheit, überlege ich. Frei zu sein, vor allem im eigenen Kopf. Zu denken und zu fühlen, was ich möchte. Alles ist nur ein Teil, und dieses eine Silvester allein ist doch gar nicht so wichtig, wenn ich es mal aufs ganze Leben beziehe und mich nicht zu sehr in den Details verliere, mich nicht reinsteigere. Ich bin eigentlich fein damit, heute nichts zu machen, vielleicht mit meinem Hund zum Strand zu gehen und dort im Kies zu sitzen und in den Himmel zu schauen. Dieses Silvester bin ich hier, nächstes dafür wieder unter Freunden, irgendwann auch mal wieder allein, jedes Jahr ein anderes Spektakel. Je länger ich alles auf mich wirken lasse, desto mehr denke ich auch: Mir ist es, egal wie, gleich.

*

Irgendwo allein zu sein, keine Gesellschaft zu haben, schlechtes Wetter auszuhalten, alles das, was man gerade nicht hat oder wenn nicht alles rund ist: Dem gelassen zu begegnen, egal was passiert, es leicht zu nehmen, auch wenn man mal alleine ist, gibt uns eine wahre Freiheit. *Na ja und, dann ist das eben gerade so.* Nicht alles zu zerdenken oder im Kopf zu einem Problem zu machen. Denn die Frage ist immer: Worauf liegt unsere Perspektive?

Die sogenannte *Red-Car-Theorie* bezieht sich genau darauf. Wenn du zur Arbeit fährst und danach gefragt wirst, »wie viele rote Autos hast du gesehen?«, wüsstest du bestimmt die Antwort nicht, weil du nicht aktiv danach Ausschau gehalten hast. Aber wenn dir vorher gesagt worden wäre, dass du für jedes rote Auto etwas bekommst, hättest du penibel hingesehen. Das kann man auf alles anwenden: Wenn du dich reinsteigerst, zum Beispiel keinen Partner zu haben, siehst du nur noch verliebte Pärchen. Man sieht eben das, wonach man aktiv sucht, wo man wirklich hinsieht. Am Ende ist alles nur eine Frage der Perspektive und worauf dein Fokus liegt.

Ich kann mich hier in meine Einsamkeit reinsteigern, in das, was ich nicht habe. Oder in das, was ich habe: Die Möglichkeit, mir ein Apartment im Süden zu nehmen, in dem ich einen Monat schreiben kann. Unsere Perspektive kann sich verändern.

Wieso erlauben wir überhaupt, externe Faktoren über unseren Grad der Zufriedenheit bestimmen zu lassen, wie eine Jahreszeit (ja, eklig, kalt), das Wetter, den meckernden Nachbarn? Wir haben immer die Wahl: »Was für ein ekliges Wetter« oder »Schönster Tag meines Lebens bisher«, »Wie sehe ich heute wieder aus« oder »Meine Güte, wie schön kann man sein«, »Ich kann nicht, weil«, oder »Ich kann, obwohl …«. Mental abbiegen, mühelos, kostet nicht mehr als einen Bruchteil an Aufmerksamkeit. Glaub das, was du glauben möchtest. Deine Gedanken sind eine Autobahn, und du entscheidest, welche du befährst. Welche Realität für dich wahr ist, bestimmst immer noch du. Worauf du dich fokussierst, auch: Die Sonne dahinter oder die Flecken auf der Fensterscheibe.

Ich glaube ganz fest daran: Der *Cheat-Code* zum Leben ist dein Fokus. Das, worauf du dich fokussierst, bestimmt, was für einen Tag du hast, was für eine Woche du hast, was für ein Jahr du hast. Fokus ist alles. Es gibt so viele Dinge, die um unseren Fokus konkurrieren. Manche Dramen im Leben beanspruchen tagelang unseren Hyperfokus. Entscheide deinen Fokus selbst: Worauf habe ich mich in letzter Zeit fokussiert? Kann oder sollte ich mich auf etwas anderes fokussieren? Es gibt diesen Spruch: So, wie du deinen Tag verbringst, verbringst du dein Leben. Uns das klarzumachen hilft auch, den Fokus zu verändern und freier im Kopf zu sein.

Die Freiheit im eigenen Kopf: Das ist vor allem etwas, was man als kinderloser Single Ü30 unfreiwillig lernen muss. Sich nicht einsperren zu lassen in gesellschaftliche Korsette in »mit 30 müsste ich mal« und Zukunftsdruck. Ich nenne es das »Ankommen-müssen-Dilemma«.

Da hört man regelmäßig Sätze wie: »Irgendwann muss man doch auch mal erwachsen werden, also ernst und sesshaft.« Muss man das wirklich? Weiß ich gar nicht. Angekommen im Leben sind wir alle ja schon, Leben ist alles das, was jetzt gerade passiert, und bekommt nicht dann einen neuen Wert, wenn ich mich für einen Ort entschieden habe, an dem ich für immer bleiben möchte, für einen Menschen, mit dem ich mein Leben teile, oder einen Job, in dem ich mich hocharbeiten kann.

Es sind konstruierte Formulierungen, die auch eine konstruierte Realität ergeben, irgendwo anzukommen, sich zu finden oder wahlweise die eigene innere Mitte. Ich muss mich nicht finden, ich bin kein vergessener Geldschein in einer Jackentasche. Mir ist klar, dass das nur Metaphern sind – aber sie hinterlassen eine Vorstellung von etwas, was sein müsste, aber nicht real ist. Es sind konstruierte Formulierungen, die alles und nichts sagen und eine bedeutungsvolle Schwere in etwas reinlegen, das eigentlich gar keine hat.

*

Es gibt einen Sound, eigentlich ist es nur ein kleiner Schnipsel, ein Satz aus dem Podcast von *Niklas und David*, der vor ein paar Jahren viral ging: »Es ist doch eigentlich alles scheißegal.« Der Klang dieser Worte wird wahrscheinlich für immer mietfrei in meinem Kopf leben. »Es ist doch eigentlich alles scheißegal. Es ist wirklich alles egal. Wenn dir jetzt gerade nach irgendwas ist, was du gerne tun möchtest, es gibt nichts und niemanden, der einen dabei aufhalten sollte. Weil, du führst dein Leben, und irgendwann kippst du tot um. Es passieren so viele Sachen, es ist 'ne Pandemie, dann ist da 'n Krieg. Du weißt überhaupt nicht, was als Nächstes passiert, vielleicht wirst du morgen vom Bus überrollt. Und heute machst du dir Gedanken, was du übermorgen vielleicht blöd finden könntest, was du heute für 'ne Entscheidung triffst, wo du morgen sein wirst, soll ich hierfür Geld ausgeben, soll ich vielleicht sparen, muss ich in meine Rente einzahlen, es ist doch alles scheißegal.«[13]

Daran denke ich ständig. Ob nun ein Zug Verspätung hat, dich jemand nicht mag, einer der Nachbarn wieder lästert oder man ein Silvester eben mal allein verbringt: Ich höre diese Stimme seither ständig in meinem Kopf: Es ist doch eigentlich alles scheißegal.

Vielleicht ist das das ultimative Werkzeug für den eigenen Koffer: Sich anzugewöhnen, die Perspektive auf etwas selbst zu wählen. Die eigene Freiheit im Kopf zu begreifen und ausgiebig zu zelebrieren.

Es muss einem deswegen natürlich nicht alles egal sein – aber der Satz zeigt mir: Ich darf über etwas fühlen und denken, was ich möchte. Und aufs große Ganze, aufs Leben betrachtet, ist es dann doch vielleicht gar nicht so wichtig.

Der Sonnenuntergang über dem Meer ist jeden Tag anders, mal diesig, mal mit Nebelschwaden wie durch einen Scheinwerfer, mal ganz klar und orange, fast greifbar nah dran. Als würde er sich meiner Stimmung anpassen und mitschwingen, jeden Tag anders, keinen je gleich. Der letzte in diesem Jahr heute ist tiefrot, jede Farbe des Spektrums, wie ein Abschied, ein leises Tschüss. Ich denke an meine Freundinnen und meine Familie, die alle verstreut an anderen Orten sind, werde kurz melancholisch und schreibe in kurzen Nachrichten, wie sehr ich alle liebe.

Zwei Stunden vor Mitternacht schreibe ich mit einer Frau auf *Bumble For Friends*, die mich fragt, ob wir spontan ausgehen wollen, sie sei auch neu hier. Ich denke mir: »Warum eigentlich nicht?«, und sage, ohne weiter nachzudenken, zu. Es ist schon nach zehn, als ich mir die Wimpern tusche, die Tasche schnappe und mich mit ihr am Pier treffe, dort, wo die vielen kleinen Bars mit Balkons im ersten Stock zum Meer hin offen sind. Zusammen sehen wir ein Feuerwerk unter Palmen und tanzen danach in einer der Bars, in der ich Rosé über mein ganzes Outfit schütte, als jemand mich ungelenk anrempelt. Ich proste ihr mit meinem nur noch halb vollen Glas zu. Die richtige Perspektive ist alles. Es ist eigentlich wirklich alles egal. Mein Kopf ist völlig frei.

33

Wie ist die Frau, die ich sein will?

Über Vorbilder

Es gibt eine Frage, die ich mir inzwischen sehr oft stelle, wenn ich in einer misslichen Situation bin, jemand mich unfair behandelt oder ich aus welchen Gründen auch immer nicht weiterweiß. Sie lautet: »Wie ist die Frau, die ich sein will?« Wie würde sie handeln? Auf Instagram stieß ich, passend dazu, mal auf ein paar Slides, die mit diesem Zitat begannen: »I never knew a relaxed woman.«[14]

Wir brauchen Vorbilder, um zu der Person zu werden, die wir sind oder sein wollen. Wer wir werden, ist weniger unsere aktive eigene Entscheidung als vielmehr die Prägung unseres Umfelds. Es trifft auch auf mich zu und ist eher Tatsache als Kritik: Als Kind kannte ich nie eine entspannte Frau. Ich kannte gestresste Frauen. Hektische Frauen. Frauen, die dachten, sie wären nicht schön genug. Frauen, die über ihr Aussehen meckerten, irgendetwas gab es immer, was verbesserungswürdig war, lernte ich. Frauen die von der Arbeit gestresst waren oder von der Kindererziehung, meistens beides und absolut zu Recht. Aber ich kannte nie eine entspannte Frau.

*

Ich halte zum Samstagmittag in einem kleinen südfranzösischen Dorf und stelle den Motor ab. Hier blühen gerade die Mimosen, rund um mich ist leuchtendes Gelb. Ich bin für den Markttag hier rausgefahren.

In einem neuen Land leben, zügig dort anzukommen und mich heimisch fühlen, das hieß für mich, schnell neue Routinen zu etablieren. Ich hatte mir meine Rituale gebaut, egal, wo ich war: mich zum Sport anmelden, eine Bar raussuchen, die ich zu meiner Stammbar küre und in die ich so oft wie möglich gehe, weil ich dort immer wieder die gleichen Menschen treffe. Mein Gemüse immer frisch auf dem Markt zu kaufen, Menschen ansprechen und sie nach dem Weg oder nach einem Tipp zu fragen. Und so schnell wie möglich ein paar Orte und Dinge finden, die sich wie ein Zuhause anfühlen. Das mag die Bank vor einem Café sein. Ein wirklich gutes Croissant. Eine Strecke, die ich jeden Abend verlässlich entlangspaziere.

Auch hier in Nizza mache ich mich auf die Suche nach dem besten Pain au chocolat. Außerdem habe ich mir für jeden Samstag einen Ausflug vorgenommen. Heute ist das Menton in der Provence. Die ganze Stadt ist voller großer und kleiner Figuren, die aus Zitronen und Orangen zusammengebastelt sind. Für ein paar Wochen findet hier die *Fête du Citron* statt.

Mit dem Korb voller Gemüse zu meinen Füßen bestelle ich einen Americano in einem Café am Straßenrand, an dem später die Parade vorbeiziehen soll. Ich bekomme den letzten freien Tisch, an dem nur noch ein Stuhl steht, alle anderen verteilen sich kreuz und quer schon mit größeren Gruppen, die nah zusammenrücken. Manchmal hat es seine Vorteile, allein zu sein.

Außer mir ist da auch eine andere Frau, die halb abgewandt am Nachbartisch sitzt. Ein großer gekrempelter Hut, als würde sie gleich auf eine Safari losziehen. Eine khakifarbene Uniform, braun gebrannte und gegerbte Arme. Sie sitzt da, völlig entspannt, nippt an ihrem Cappuccino und blättert in einer Zeitung. Sie könnte vierzig sein oder fast fünfzig, so richtig kann ich das nicht einschätzen. Ihr Lächeln lässt sie jung und frisch strahlen, macht sie wahrscheinlich um einiges jünger, als sie eigentlich ist.

Ich höre zu, wie sie sich mit den vier Rentnern, anscheinend zwei Pärchen, am Nachbartisch unterhält. Sie tauschen Anekdoten darüber aus, was sie hier in den letzten Tagen erlebt haben, und ihr Lachen verbreitet gute Stimmung im ganzen Café. Ich höre, wie sie sich vorstellt: Mathilde. Ihrem Akzent zufolge müsste sie Amerikanerin sein. Sie strahlt so eine tiefe, entspannte Vollständigkeit aus. Sie scheint komplett unbeeindruckt von allem, was um sie herum passiert, als sei sie ganz bei sich selbst. Eine Aura umgibt sie, emphatisch, warm. Selbst ihre Stimme ist warm, tief und einladend, wie ein Weihnachtsabend, an dem das Feuer im Kamin vor sich hin knistert. Ich fühle mich wohl, nur weil sie auch hier ist. Ich habe das nicht oft, aber an dieser Stelle schon: Ich wünschte, ich würde Teil dieser Unterhaltung, dieser Runde sein.

Es sieht tänzerisch aus, wie sie später allein das Café verlässt und in ein kleines Auto steigt. Vielleicht ist sie mal Ballerina gewesen, male ich mir die passende Geschichte dazu aus.

»Ihre Rechnung wurde schon beglichen, von der Frau eben«, nickt der Kellner, als einer der Älteren seine Hand hebt, und stellt nur einen Teller mit Bonbons auf dem Tisch ab.

»Wie?«, fragt dieser.

»Die junge Dame eben, sie hat alles übernommen.«

Verblüffte Gesichter, die sich umsehen. Mathilde ist längst weg. Sie beeindruckt mich nachhaltig mit ihrer Erscheinung und ihrer Ausstrahlung, auch mit dieser netten Geste.

Wie bewegen wir uns durch die Welt, frage ich mich an diesem Nachmittag. Kann ich so sein? Warum ist meine Ausstrahlung nicht so easy und gelassen? Warm, leicht, tänzerisch. Es ist diese ganz grundsätzliche Frage, die mir Mathilde mitgibt: Wie ist die Frau, die ich sein will?

*

Aber wenn mein Charakter nicht so ist, muss ich mich doch nicht verändern?, mag man sich jetzt fragen. Nein, natürlich nicht. Aber es lohnt sich, dennoch hinzuschauen: Bin ich die Person, die ich sein will? Ich halte auch so etwas wie Charakter oder Persönlichkeit nicht für unveränderlich, nicht für ein festes Konstrukt, in dem wir für immer ausharren müssen. Zum Beispiel wenn ich in der Kindheit einen gewissen Geiz beigebracht bekommen habe, kann ich mich doch durchaus irgendwann mal fragen: Will ich eine geizige Person sein?

Einerseits sind wir die Person, die wir schon immer sind, mit unseren Eigenheiten, Merkmalen und Besonderheiten. Andererseits möchte ich aber auch glauben, dass wir uns und unser Selbst, das, was wir über uns glauben und ausstrahlen, zu jeder Zeit neu erschaffen können. Dass es möglich ist, Glaubenssätze aus der eigenen Kindheit aufzuräumen, sich eigene zu erschaffen, sich seinen immer wiederkehrenden Mustern zu stellen und sie zu durchbrechen.

Ich kann mich das ja für jede Eigenschaft fragen: Will ich jemand sein, der missgünstig ist? Eine Frau, die anderen ihr Glück nicht gönnt? Die lästert? Oder will ich jemand sein, der über den Dingen steht? Leicht damit umgehen kann? Genießen und entspannen kann?

Eine nachhaltige Veränderung und sofortige Motivation lösen bei mir stets zwei Fragen aus: »Wie lebe ich gerade?« Und: »Würde ich wollen, dass jemand, den ich aufrichtig liebe, so lebt?«

*

Eine der schönsten Formulierungen, auf die ich je gestoßen bin, ist die, sein eigenes »Leben zu romantisieren«. Nicht nur so vor sich hinzuleben, sondern mit einer liebevollen, aufmerksamen, fast romantischen Intention: Alles kann ein Date mit mir selbst sein. Nicht schnell etwas kochen, sondern ein Dinnerdate mit mir selbst ausmachen. Nicht die blöden Steuerunterlagen mit Kopfschmerzen durchzugehen, sondern mit Leichtigkeit Ordnung ins eigene Leben zu bringen. Die Formulierung unserer anstehenden Aufgaben macht für mich einen großen Teil ihrer Schwere oder Leichtigkeit aus. Sich das Leben schön zu machen, weil man es sich wert ist. Sich den Alltag schön machen. Frische Blumen ins Zimmer. Sich Zeit nehmen, für sich selbst ein schönes Frühstück zu machen, frisch gepresster Orangensaft und Brötchen vom Bäcker. Schönes Geschirr, an dem ich mich nicht sattsehen kann, mit dem ich mich selbst beschenke und bei dem ich mich jeden Morgen freue, wenn ich es aus dem Schrank hole. Hat doch etwas mit Selbstwertschätzung zu tun.

Die können wir auch auf die Wichtigkeit der Verabredungen mit uns selbst anwenden: Nimm dich ernst, triff Vereinbarungen mit dir selbst. »Luise in meinem Kalender«, als ein wichtiger Termin, den ich auf jeden Fall einhalten darf. Verbindlichkeit, als wären wir selbst ein anderer Mensch. Es lohnt sich sowieso, das Ich von sich selbst ab und an mal zu trennen. Zum Beispiel hör zu, wie du mit dir sprichst – würdest du das auch anderen erlauben, so mit dir zu sprechen? Was würdest du sagen, wenn eine Freundin so mit sich reden würde?

Das kleine Wörtchen namens: Selbstrespekt. Ich glaube ja, dass andere einen nur so sehr respektieren, wie man sich selbst respektiert. Zum Beispiel übergangen werden auf Familienfeiern. Merkwürdig ausgeliefert sein. Eine Oma kann dir nicht sagen, dass du noch mehr essen sollst, wenn du genügend Selbstrespekt für dich ausstrahlst. Andere respektvoll behandeln und selbst so behandelt werden. Die Frau, die ich sein will, ist großzügig, genießt jeden Tag, ruht in sich, romantisiert ihr Leben und respektiert sich vor allem selbst.

*

Ich atme durch und denke an Mathilde. Vielleicht kann man so mit absolut jeder Herausforderung umgehen: Wie ist die Frau, die ich sein will? Was würde sie jetzt tun?

Ich schlendere an diesem Nachmittag und frühen Abend durch Menton und zwischen den vielen Skulpturen von Zitronen und Orangen entlang, bis es dunkel wird. Ich bin nicht sie, und das werde ich auch nie sein. Ich ahme sie nicht nach, sondern sie regt mich an zu überlegen, wie ich sein will. Ausgeglichen, warm, liebevoll, gutmütig, freundlich, herzlich.

Ich wünschte, ich hätte sie angesprochen. Stattdessen bin ich dankbar für das, was sie in mir hinterlassen hat. Als würde ich sie einpacken, als eigenes kleines Werkzeug, und mit mir mitnehmen. Die entspannte Frau, die ich in meiner Kindheit nicht kannte. Mathilde sitzt jetzt in meinem Rucksack. Sorry, Mathilde. Du musst mit.

34

Wem nützt das schlechte Leben?

Älter werden

Es war rund um meinen 23. Geburtstag, als ich an einem sonnigen Morgen im Mai mein erstes graues Haar entdeckte. Genau mittig spross es als erstes Anzeichen meiner eigenen Vergänglichkeit aus meinem Scheitel in den Himmel. Ich trat ein bisschen näher an den Spiegel heran, um es unter die Lupe zu nehmen. Ziemlich früh. Es muss einfach keine Farbpigmente gehabt haben. Hat sich wohl verirrt. Ich rupfte es raus und dachte mir nichts weiter dabei.

Es gibt diesen Spruch: Wenn man ein graues Haar rausreißt, kommen sieben zur Beerdigung. Das haben die Haare auf meinem Kopf wörtlich genommen. Und sie vermehrten sich seither wild, als hätten sie sonst nichts zu tun, und ich begann, sie regelmäßig zu färben.

Die Falten zwischen meinen Augenbrauen waren auch schon eine Weile da. Ich investierte in teure Skincare, nach deren Nutzung ich eigentlich genauso aussah wie davor, und hatte so schon vor meinem 28. Geburtstag eine mittelschwere Lebenskrise zum Thema Älterwerden. Akzeptanz? Fehlanzeige.

Die Angst vor dem Älterwerden ist ein generelles Phänomen und eine Herausforderung an sich. Viele Menschen mögen deswegen ihre Geburtstage nicht und begehen diesen Tag jedes Jahr mit einer gewissen Schwere. Meist haben unsere Vorbehalte und Probleme mit dem Älterwerden und das Romantisieren der eigenen Jugend damit zu tun, dass wir ein negatives Bild vom Alter haben. Wir sehen das Alter als eine Bedrohung und als eine Qual an. Wir verknüpfen Älterwerden und Altsein mit Krankheit, Vergesslichkeit, Schmerzen, Einsamkeit, grauen Haaren oder Glatzen, Falten, nachlassender Fitness, Gebrechlichkeit oder gar Pflegebedürftigkeit.

Es ist die Angst vor dem Verlust der eigenen Jugendlichkeit und Schönheit, bei Männern wie Frauen. Eine riesige Industrie tischt vor allem uns Frauen Tausende Cremes und Tiegelchen auf, mit denen wir angeblich bestmöglich unsere Jugendlichkeit bewahren können und sollten.

Als Frauen sollen wir ganz schön viel: uns schminken, aber nicht zu stark, in Würde altern, aber gleichzeitig auf uns Acht geben, uns ansprechend kleiden, aber keine zu kurzen Röcke tragen oder zu viel nackte Haut zeigen. Altern ist bei George Clooney nämlich sexy, Frauen sollten es bitte bestmöglich vermeiden.

Als die Kultserie *Sex and The City* vor einiger Zeit einen zwanzig Jahre später stattfindenden Nachfolger namens *And Just Like That* bekam, waren die Hauptdarstellerinnen Spott und Häme über ihren fortgeschrittenen Alterungsprozess ausgesetzt. Protagonistin Sarah Jessica Parker sagte in einem Interview zur amerikanischen *Vogue*: »Viele Menschen empfanden eine Freude daran zu suggerieren, dass wir beschämt darüber sein müssten, wer wir sind. Ganz gleich, ob wir uns nun dazu entschlossen hatten, natürlich zu altern und nicht perfekt auszusehen, oder nachgeholfen hatten, um uns besser zu fühlen.«[15] Es wird meine heilsame Komfortserie, diesen Frauen in ihren Fünfzigern beim Daten und Leben in der Großstadt zuzusehen.

Frauen sind immensem Druck ausgesetzt, möglichst jugendlich auszusehen – und vor allem haben alle eine Meinung dazu. Frauen in der Medienlandschaft werden gebeten, doch lieber in Würde zu altern, was oft nichts anderes ist als die Bemerkung, doch bitte in den Hintergrund zu treten und nicht weiter aufzufallen. Paris, 8. Arrondissement, 12 Avenue Montaigne, Apartment 4 G 2, ist berühmt dafür, dass Marlene Dietrich dort die letzten dreizehn Jahre ihres Lebens verbrachte, ohne die Wohnung zu verlassen.[16] Sie wollte nicht, dass die Öffentlichkeit eine gealterte Version ihrer Selbst zu Gesicht bekam, wollte nicht mehr fotografiert oder gefilmt werden. Sie wollte, dass die Menschen sie als die frühere Schönheit in Erinnerung behielten. Wollte den Mythos, den sie selbst kreiert hatte, nicht zerstören. Sie saß ihr Alter nur noch ab.

Noch dazu haben wir heute zu jeder Zeit digitale Beweise unseres früheren Selbst in der Hosentasche griffbereit. Meist ist es nur dieser Vergleich, der den Ärger ausmacht. Wie oft ich schon vor einem Spiegel stand und mir dachte: Mann, bin ich alt geworden. Und mir dann, zwei Jahre später, wenn ich Fotos ansah, dachte: Wie jung ich doch da war! Altern ist eine Frage der Perspektive. Des Vergleichs. Unglücklich sein und an sich herummäkeln, das können wir in jedem Alter – glücklich sein und alles einfach gelassen so annehmen, wie es ist, wohl auch.

Für alle, die nicht Marlene Dietrich sind und es nicht als Option sehen, sich einen großen Teil des eigenen Lebens im Bett zu verstecken, hilft da wahrscheinlich nur, das Älterwerden als natürlichen Teil des Lebens zu akzeptieren. Viel mehr als unser Außen aufzupolieren sollten wir wohl eher an unserer inneren Einstellung dazu arbeiten.

*

»Manchmal mache ich mir Gedanken darüber. Also übers Älterwerden«, sage ich zu Hera. Wir waren mal Nachbarinnen. Heute bin ich in Hamburg und besuche sie kurzerhand auf ein kaltes Getränk. Sie müsste jetzt vierundsiebzig sein. So genau weiß ich das nicht.

»Worüber genau?«, fragt sie.

Ich denke nach.

»Ich weiß gar nicht, was alle immer für ein Problem damit haben«, sagt sie währenddessen und bläst Rauch aus ihrer Zigarette. »Ich finde es großartig.« Nächster Zug, inhalierend.

»Ich glaube, weil ich Angst habe, irgendwann nicht mehr alles machen zu können, was ich machen will. Irgendwann nicht mehr so frei in meinen Möglichkeiten zu sein.«

»Wie was zum Beispiel?«

»Wie … mit dem Rucksack Südamerika zu bereisen«, sage ich, weil es das Erste ist, was mir einfällt.

»Ach. Südamerika? Ich bin stolz auf meine Entwicklung statt auf gemachte Erlebnisse«, erzählt sie weiter. »Stolz, was aus mir geworden ist, statt dass ich mal Südamerika bereist habe. So etwas habe ich nie gemacht. Das ist mir heute eigentlich völlig egal. Aber dass ich mehr bei mir bin, mein Leben mag, davon habe ich jeden Tag etwas. Daran denke ich auch jeden Tag.«

»Du machst ja andere Sachen. Alleine nach Polen an die Ostsee fahren zum Beispiel.«

»Ja, und selbst das halten manche für verrückt. ›Du in deinem Alter willst noch dies oder jenes tun?‹, fragen mich manchmal die Leute. Wenn man so etwas gefragt wird, dann weiß man doch, dass man alles richtig macht. Man ist eben so alt, wie man sich fühlt. Und wie man sich fühlt, vielleicht kann man das mitentscheiden. Ich bin in meinem Herzen jung geblieben«, sagt sie zu mir. »Ich kann mich jetzt ständig darüber ärgern, dass ich alt bin, aber … Wem nützt das schlechte Leben?« Hera lacht und gießt uns Rhababerschorle nach. »Ich kann mich jeden Tag darüber ärgern, aber davon ändert sich nichts. Und dann bin ich nicht nur alt, sondern alt und schlecht gelaunt.«

Das stimmt – egal, wie wir dazu stehen, davon ändert sich nichts.

»Und ich glaube, wenn man weiterhin Freundschaften pflegt, Kontakt zur eigenen Familie hat, sein Leben aktiv gestaltet, solange es einem gut geht, dann macht es das irgendwie erträglicher. Weil man immer wieder etwas hat, auf das man sich freut.«

Ich glaube, die Akzeptanz des Alters bringt Zufriedenheit. Oder vielleicht ist es eher genau andersherum? Wenn wir zufrieden mit unserem Leben sind, fällt es uns auch leichter zu altern. Weil wir dann weniger Angst davor haben, dass es zu Ende geht, ohne dass wir je wirklich gelebt haben.

Vielleicht kann man das Altern leichter nehmen, wenn man sich klarmacht, dass man es nicht ändern kann. Und dass es viel Schönes hat. Weil wir gelassener, selbstsicherer, lebenserfahrener werden. Anti-Aging beginnt wohl nicht in meinen teuren Cremes. Sondern zuallererst im Kopf.

Gerade die grundsätzliche Vergänglichkeit unseres Seins macht die Besonderheit einzelner Jahre aus. Viel mehr als damit zu hadern, können wir sie als Motivation sehen, keine Zeit zu vergeuden. Wenn ich mich manchmal zu etwas nicht durchringen kann, dann denke ich mir oft: Du wirst nie wieder so jung sein wie jetzt gerade – und heute in zwanzig Jahren wirst du dir diese Kraft und Stärke zurückwünschen, wie du sie jetzt gerade hast. Welches stärkere Argument könnte es geben, aus deinem Jetzt das Beste zu machen?

*

Abends mache ich es mir zurück in meiner Wohnung gemütlich und klicke mit einem Karottenstab zwischen den Zähnen und der offenen Crackertüte neben mir (mit Tzaziki, himmlisch) die Netflix-Startseite an. »Wie wird man 100 Jahre alt?«[17] leuchtet mir ganz oben entgegen. Das Gespräch mit Hera hat mich noch nicht losgelassen. Ja, wie eigentlich?

»Wir sollten nicht versuchen, den Tod abzuwenden. Wir sollten lernen zu leben«, beginnt Dan Buettner die Dokumentation über die ältesten Menschen der Welt. Er streift darin über Inseln, durch abgelegene Orte und urbane Metropolen, um die Orte mit den meisten Hundertjährigen ausfindig zu machen. Okinawa ist der bekannteste, ein bisschen wie das japanische Hawaii. Eine Insel, heiß, tropisch und sehr grün. Die Kurzfassung, wie man in Okinawa hundert Jahre alt wird: Lila Süßkartoffeln sollen für die Gesundheit der Älteren dort maßgeblich sein, genauso wie Gartenarbeit und das tägliche Aufstehen und Hinhocken dabei (alle weiteren Infos überlasse ich mal der Doku, um hier nicht zu viel vorwegzunehmen). Ich weiß nicht, ob ich wirklich hundert Jahre alt sein wollen würde, aber gelassen alt werden und so lange wie möglich fit und gesund bleiben, das wäre ein schönes Ziel. Japan mit seinem Morgensport, mit turnenden Rentnern im Park ist da ja ein Paradebeispiel, auf das die ganze Welt hinsieht. Die Japaner scheinen das Thema Altern mit Leichtigkeit zu nehmen, da scheint es etwas Erstrebens- nichts Vermeidenswertes zu sein. Während wir mit Skincare vermeiden wollen, Zeichen der Zeit mit uns zu tragen, geht es dort darum, extra so alt wie möglich zu werden. Vielleicht müssen wir keine hundert Jahre alt werden. Aber so lange wie möglich so jung wie möglich bleiben. Im Herzen wie im Kopf.

Es bringt recht wenig, schlecht gelaunt wegen drei neuen Falten durch den Tag zu schreiten. Das kann man natürlich machen, wenn man absolut gar nichts zu tun hat, aber es ist nicht sonderlich produktiv, denn davon gehen sie nicht weg. Das Gleiche gilt dafür, an den alten Zeiten festzuhängen. Kann man tun, aber davon kommen sie nicht wieder zurück. Ja, es ist beschissen, nicht für immer vierundzwanzig zu sein, seine Steuererklärung jedes Jahr machen zu müssen und generell, die körperlichen Veränderungen müssten auch nicht sein. Aber man kann nichts daran ändern, und – da hat Hera recht – wem nützt dann das schlechte Leben? Wer sagt, dass alles schwer oder schwierig sein muss?

*

Am Pier von Nizza lerne ich Gustav kennen. Ich würde ihn auf etwa achtzig schätzen, er könnte auch viel älter sein. Seine Haut ist gegerbt von der Sonne, sie sieht aus wie eine reife Orange.

Selig sitzt er da und beobachtet das Meer, und nachdem ich es ihm eine Stunde gleichgetan habe, nickt er mir zu und fragt: »Ça va?«

»Ça va«, antworte ich und nicke. Auf Französisch schon ein ganzes Gespräch.

Ich betrachte ihn. Ältere Menschen geben einem immer einen Ausblick darauf, wie unser eigenes Leben irgendwann aussehen könnte, als wären sie ein Beispiel unserer eigenen Zukunft.

Er spricht weiter auf Englisch. »Ich betrachte den Tag. Ein schöner, oder?«

Ich nicke. Das Gespräch macht mir so ein wohlig warmes Gefühl im Bauch. Jeden Tag immer neu zu betrachten. Also: neugierig zu bleiben. Uns zu interessieren, für die Welt, die uns umgibt.

Wenn wir immer etwas haben, worauf wir uns hinfreuen können, wenn wir neugierig bleiben, dann werden wir nicht alt. Das Gehirn altert nur dort, wo uns etwas nicht interessiert. Und das Schönste, was man tragen kann, sind wohl Zufriedenheit und Lebensfreude. Die beste Zeit ist immer genau jetzt.

35

Zoom mal raus

Die Vogelperspektive

»Wir fliegen nur einmal gerade hoch und wieder runter, das kriegst du hin.« Er drückt mir die Steuerung in die Hand und lächelt vertrauensvoll, während die Drohne schon nach oben gleitet. Wir stehen an einem leeren Strand, mit den nackten Füßen im matschig nasskalten Sand. Eine Gänsehaut breitet sich wie ein Teppich auf meinen Armen aus.

»O Gott, nein, ich lasse das Ding nur abstürzen«, wehre ich ab, da habe ich die Steuerung schon in meinen Händen. Ich sehe hoch in den Himmel, wie das silberne Ding immer kleiner wird, dann runter auf das Display. Das Bild der Drohne zeigt mich selbst von oben, die umliegenden Straßenzüge, bis sie die ganze Stadt erfasst und ich nur noch ein winzig kleiner Punkt bin. Die angrenzenden Berge, die kleinen Städtchen, alles kann ich plötzlich sehen. Wir mittendrin, winzig klein und nicht mehr erkennbar.

»Wir sind winzig«, kommentiere ich fasziniert.

»Und da ist so viel um uns herum.«

Langsam landet die Drohne wieder vor uns. Ich sehe mir auf dem Display noch einmal an, wie ich dort stehe und zu einem kleinen Punkt werde, und schirme es dafür von der Sonne ab. Während ich dastehe und mich betrachte, sehe ich mich in dieser

Stadt in einem ganz anderen Kontext. Eingebettet in alles, was mich umgibt.

Den ganzen Nachmittag bin ich damit beschäftigt, die Drohne über den Strandabschnitt gleiten zu lassen und mir nachträglich die Aufnahmen anzusehen. Als es dämmert, schließen wir sie im Auto ein und rennen, in Ermangelung von Badesachen, noch einmal in Unterwäsche ins Meer. Es ist eiskalt, der Frühling hat auch hier noch nicht richtig angefangen. Als ich in mein Handtuch eingewickelt dasitze und den letzten Rest Sonne am Himmel klebend beobachte, fällt mir auf, wie gut das tat, so auf einer Metaebene: Mal aus dem eigenen Leben rauszuzoomen. Und mir klarzumachen, was sich alles drumherum befindet. Zu verstehen, was uns umgibt.

Das Leben wirklich zu verstehen ist schwierig, während wir mittendrin stecken. Es ist, als wollten wir herausfinden, wie groß der Ozean ist, während wir darin schwimmen. Meistens sind wir nur damit beschäftigt, uns über Wasser zu halten. Einen Zug nach dem anderen durch das kalte Wasser, gerade so genug verdienen, dass wir über die Runden kommen, allen Freunden rechtzeitig antworten, die Deadline einhalten – ohne wirklich Weitblick darüber zu haben und das große Ganze zu sehen oder zu verstehen. Es ist gar nicht so einfach, herauszufinden, was wir mit unserem Leben machen und wie wir unsere Ziele setzen wollen. Man kann das Leben schon irgendwie rumbringen, habe ich mal jemanden sagen hören. Aber wollen wir das?[18]

Und wer sagt, dass wir immer noch ein »Später« haben, um das Leben zu genießen? Theoretisch können wir in jedem einzelnen Moment von der Welt gehen. Mit acht. Mit 26. Mit 43. Wir haben es nicht in der Hand, können noch weniger davon kontrollieren. Wie ich da am Strand sitze, denke ich an diese Metapher, die ich schon öfter gebraucht habe: Das Leben ist dieser Ozean, wir sind mittendrin. Wir denken nicht groß nach, denn das Leben nimmt uns vollständig ein, die Zukunft ist nur eine vage Idee. Ich glaube, es hilft, immer mal wieder anzuhalten, um uns genau das klarzumachen. Um uns in Erinnerung zu rufen, dass wir die Zeit, die wir heute nicht nutzen, morgen vielleicht nicht mehr bekommen. Rauszoomen auf das ganze eigene Leben, wie ich an diesem Strand, rückt Sachen in Perspektive. Als würden wir alles auf Weitwinkel stellen. Müde, aber aufgekratzt buddele ich meine Füße im Sand ein.

Manchmal fällt das schwer, dieses Rauszoomen. Es gibt Momente, da stecken wir zu tief in etwas drin, sind zu erschöpft, um die Schönheit, die eine Phase gleichzeitig hat, auch sehen zu können. Ich denke an meine Schwester, die sich in einem Strudel aus Windelnwechseln und schlaflosen Nächten gefangen sah, der einfach nicht vorübergehen wollte. Dass diese schönen Jahre mit einem Baby bald der Vergangenheit angehören und nie wiederkommen werden – das gleichzeitig auch zu sehen, dafür gab es kaum Möglichkeit. Die Ambivalenz des Seins.

Wir verstricken uns in Banalitäten des Alltags, und vielleicht ist das auch gar nicht so schlimm, sondern ganz normal. Aber dass wir in diesem »Und dann hat er das geschrieben« und »Dann habe ich das geantwortet« total vergessen, dass wir nur einmal zweiunddreißig sind und die Möglichkeit haben, das Leben, das wir führen, frei zu wählen, gerät dann in Vergessenheit. Deswegen, ich glaube, dass wir alles viel mehr genießen können, wenn wir immer mal wieder aktiv rauszoomen. Das größere Ganze sehen und dann diese Dankbarkeit fühlen, die sich sofort einstellt, weil das hier vielleicht doch ein Traum ist, nach dem man sich mal gesehnt hatte. So wie mit mir hier, in diesem kleinen Dorf an der Französischen Riviera, die gerade meinen Alltag ausmacht, aber gleichzeitig so besonders ist. Die Grundfrage ist ja: Was ist wirklich wichtig in meinem Leben – und wie finde ich das für mich heraus?

Während ich mittendrin bin, habe ich mal Unsicherheit, ob danach nach Paris zu ziehen der richtige Schritt ist, ob die übergangsweise gemieteten Wohnungen mich heimisch fühlen lassen, ob ich mich nicht mal zwischendurch nach mehr Stabilität sehne.

Oder vielleicht bei dir: ob es richtig ist, für den neuen, lukrativen Job so viel aufzugeben, oder sich nach sieben Jahren, die in eine Partnerschaft investiert wurden, »doch noch« zu trennen.

Manchmal sind die Dinge nur kompliziert oder unlösbar, während wir in ihnen stecken. Also stell dir vor, du wärst mit allem längst durch. Und alles hätte sich zum Guten verändert. Welches Gefühl hinterlässt das in dir? Und wenn ich dann zurückblicke, fühlt sich das nach einer Entscheidung an, die für dieses Gefühl gerade richtig ist?

Ich bin unsicher wegen Paris, also zoome ich raus, sehe, wie ich das schönste Jahr in Paris bereits verbracht habe, ja, fühlt sich richtig an und kann ich ja immer wieder ändern, okay, dann wieder zurück und im Jetzt die richtigen Schritte treffen. Vielleicht werde ich an meinem vierzigsten Geburtstag erzählen, dass ich meine Dreißiger in Spanien und Frankreich verbracht habe. Jetzt ist all das noch nicht so passiert. Aber wenn ich mich mal rauszoome und dann an anderer Stelle wieder einsteige, mir einfach vorstelle, diese Version von mir, die vierzig oder achtzig ist, die gibt es schon: Was hat die erlebt? Was sagt die dazu, wo ich jetzt gerade bin? Wenn Zeit nur ein Konstrukt ist, dann gibt es diese Person ja wirklich schon – und das bin ich selbst.

*

Rauszoomen hilft auch, Dingen Perspektive zu verleihen. Als Kind verbringst du jeden Tag mit deinen Eltern. Das wird immer weniger, und sobald du ausziehst, ist die meiste gemeinsame Zeit, die du je mit deinen Eltern verbringen wirst, bereits vorbei. Vieles in unserem Leben ist bereits vorbei. Mit vielen Menschen hast du die gemeinsame Endphase bereits erreicht. Eines Tages wirst du sie zum letzten Mal gesehen haben. Und dennoch vertrösten wir sie. »Weil das Leben dazwischenkommt.« Kennst du diesen Satz? Rauszoomen hilft zu erkennen, was gerade wichtig ist: Diesen Pitch fertig machen – oder ein paar Minuten für deine Großeltern rausziehen?[19]

Wenn es stimmt, dass die meiste Zeit mit Menschen, die wir lieben, bereits vergangen ist, könnte man sich auch fragen: Wie begegne ich ihnen da, wie nehme ich sie wahr? Wie anwesend bin ich – oder wie abwesend und bei meinen eigenen Problemen? Wie kann ich ihnen besser begegnen? Wenn ich meinen Eltern nach meinem Auszug noch vielleicht hundertmal begegne – will ich dann am Handy hängen? Es sind banale Fragen, die kleinen Gewohnheiten durch einen Weitwinkel eine ganz neue Perspektive einhauchen.

Wenn man Krebspatienten im Endstadium fragt, was sie in ihrem Leben hätten anders machen wollen, antworten sie oft: mehr Zeit für Familie und Freunde nehmen, mehr genießen, aber auch, sich mehr erlauben, glücklich zu sein. Egal, wie die Umstände gerade sind. Niemand dagegen sagt: »Ich wünschte, ich hätte mehr gearbeitet.« Davon erzählt Bronnie Ware im Buch *5 Dinge, die Sterbende am meisten bereuen*. Der wahre Luxus des Lebens ist Zeit.

Rauszoomen hilft auch zu erkennen, was für ein Zufall das eigene Leben ist. Aller Erfolg, den ich im Leben habe, ist am Ende eigentlich null Prozent Eigenleistung und hundert Prozent Zufall. Eizellenlotterie wird das auch genannt. Weil es Zufall ist, wo ich geboren wurde, in welche Familie, mit welchen Werten und mit welchem Aussehen. Ich kann mir darauf nichts einbilden. Eigentlich ist alles, was ich erlebe, Zufall. Macht auf jeden Fall bescheiden und dankbar, oder? Mir hilft es sehr, mit dem Leben zufrieden zu sein, wie es ist.

Vielleicht ist aus dem eigenen Leben rauszuzoomen das wichtigste und effektivste Werkzeug, um sich selbst sofort eine gewisse Leichtigkeit zu verschaffen. Wenn ich in eine Waschanlage fahre, eine Mietnomadin meine Wohnung verwüstet oder ich in einer Schreibblockade stecke und den Wald vor lauter Bäumen nicht mehr sehe. Alles macht nur einen Bruchteil meines Lebens, einer Aufgabe aus. Und stellt im Kontext eines jeden Tages nur einen Teil meiner Zeit dar. Ich kann mir dafür ein inneres Bild wie einen riesigen Zeitstrahl bauen. Wie weit ich reinzoomen muss, um das

Ereignis überhaupt zu erkennen. Und dann eben wieder raus. Es ist nur eine Kleinigkeit.

Es ist inzwischen ganz dunkel geworden. Ich sitze eingewickelt in ein riesiges Handtuch im klammen Sand und beobachte die Sterne über mir. Diesmal nur von hier unten und ohne Drohne. Ich kann die einzelnen Sterne nicht auseinanderhalten. In der Stadt ist es meistens diesig, hier draußen sehe ich sie ganz klar. Der Himmel, der sich über mir ausbreitet, ist endlos weit. Wie schön es ist zu wissen, dass wir, egal wo auf der Welt, in den gleichen Himmel schauen. Und alles möglich ist, wenn wir die Weite über uns begreifen.

36

Wenn ich esse, esse ich. Wenn ich lese, lese ich. Wenn ich schlafe, schlafe ich.

Im Moment sein

Ich sitze auf der Mauer der Promenade und bin so gefangen vom Sonnenuntergang, der sich leicht diesig über dem brandenden Meer abzeichnet, dass ich nicht bemerke, was um mich herum passiert, nicht, dass mir Tränen über das Gesicht laufen oder was die Menschen unter mir am Strand treiben. Erst als sich ein Franzose ein bisschen zu nah neben mir fallen lässt, mich anspricht und dabei bestürzt auf mein Gesicht zeigt, schrecke ich auf.

Irritiert schüttele ich meinen Kopf und sehe wieder aufs Meer. Er nickt und setzt sich ein bisschen weiter weg, wofür ich ihm sehr dankbar bin. Ich weiß nicht, warum hier in letzter Zeit so viele Tränen aus meinen Augen laufen. Das Leben hier berührt mich. Es fühlt sich fast an, als seien dieser Moment, dieser Sonnenuntergang und ich eins. Als sei ich in einer Meditation, die ich nicht unterbrechen kann. Gefühle nicht festzuhalten, weil sie sich sonst immer wieder hinten anstellen, das habe ich mir angewöhnt. Sie stattdessen rauslassen und durchfühlen. Nichts um mich herum schafft es, meine Aufmerksamkeit auf sich zu lenken. Es ist vielleicht das schönste Geschenk für einen Moment: Irgendwo abwesend zu sein, weil man woanders so richtig anwesend ist.

Ich finde, es hat etwas sehr Tröstliches, in der Öffentlichkeit und in der Gegenwart von Fremden, die wir nie wieder sehen werden, zu weinen. »The ability of being vulnerable in front of perfect strangers is oddly comforting«, habe ich letztens in einem Artikel über New York gelesen. In der Öffentlichkeit verletzlich zu sein, Gefühle zuzulassen vor einer Welt, die so scheinbar perfekt und durchgetaktet wirkt, in der jeder weiß, wo er hinmuss, gerade und im Leben generell, ist seltsam beruhigend, das stimmt. Man ist Teil einer Gruppe, ohne es in diesem Moment zu sein, man verschmilzt mit der Umwelt um sich herum, man wird gesehen, aber gleichzeitig auch nicht. Es ist ein Geschenk an sich selbst, sich nicht davon ablenken zu lassen, dass alle einen sehen könnten. Davon, einen Moment voll auszukosten. Zu erleben, mit allen Sinnen.

In diesem Augenblick, dort in Nizza, war ich so vollkommen im Moment, dass ich komplett mit ihm verbunden gewesen bin und einfach meine Tränen laufen gelassen habe. Ich bin sehr nah am Wasser gebaut.

Ich habe mich schon oft dabei ertappt, in Momenten abwesend zu sein. Die meiste Zeit eigentlich bin ich nicht im Hier und Jetzt, sondern in meinem Kopf in der Vergangenheit oder Planung der Zukunft unterwegs. Während eine Freundin erzählt, gehe ich im Kopf meine To-do-Listen durch, statt mit voller Aufmerksamkeit zuzuhören, gebe mich innerem Stress hin. Auch mein Telefon trägt einen Teil dazu bei, nicht immer im Moment zu sein. Schon einfach nur, wenn ich Anschlusspläne habe, für die ich noch einmal kurz etwas am Handy besprechen oder abklären muss, merke ich, wie es mir definitiv »Momentkapazität« nimmt. (Das Wort gibt es nicht, aber wir können es ja etablieren.) Welchen Unterschied es macht, eine Situation nur zu erleben oder noch jemanden am Handy upzudaten, was man gerade macht oder wo man ist, ist immens.

Manchmal stehe ich dann im Supermarkt und habe vergessen, was ich wollte. Auf je mehr Dinge wir gleichzeitig konzentriert sind, desto weniger konzentriert sind wir wohl wirklich. Vielleicht ist Multitasking etwas, was uns vor allem eins nimmt: Achtsamkeit. Die Ruhe, Aufgaben eine nach der anderen zu bestreiten.

Schnell noch nebenbei am Handy zu sein oder im Kopf Listen durchzugehen, bewirkt bei mir vor allem, dass ich nichts erlebe. Nicht so richtig eben. Als würde ich Zeit eigentlich nur verpassen und wäre überall, aber nirgendwo so wirklich. Frustrierend fühlt sich das an. Im Gepäck das Gefühl, dem eigenen Leben immer einen Schritt hinterher zu sein. Etwas zu verpassen.

Vielleicht müssen wir okay damit sein, nicht alles gleichzeitig erleben zu können. Dass wir irgendwo abwesend sein müssen, um woanders so richtig anwesend zu sein. Dann verpassen wir zwar manches. Aber sonst verpassen wir alles.

Auch wenn man nicht nur erlebt, sondern sich gleichzeitig Gedanken über seine eigene Außenwirkung macht, fällt man raus aus der Gefühlsebene des reinen Erlebens hin auf eine Metaebene und in die Spirale aus Analysieren und Bewertung. Das bringt Schwere in Begegnungen rein. Wenn ich mir gleichzeitig überlege, wie mich jemanden findet, generell einfach in dieser Metaebene bin, in der ich nicht einfach handele und alles fließen lasse, sondern darüber nachdenke. Also vielleicht ist im Moment zu sein auf viele verschiedene Arten, den Kopf auszuschalten und mir keine Gedanken zu machen.

Wenn wir nicht so richtig im Moment sind, egal aus welchem der oben genannten Gründe, entsteht oft das Gefühl, dass ein Tag an mir vorbeirauscht, ohne dass ich ihn überhaupt so wirklich mitgekriegt habe. Also, wie lernt man das, mehr im Moment zu sein, Augenblicke intensiver zu erleben?

*

Es gibt dieses Phänomen, dass die Zeit mit zunehmendem Alter gefühlt immer schneller vergeht, dass uns Zeit wie Sand durch die Finger rinnt. Als Kinder haben wir täglich Neues erlebt und etwas zum ersten Mal gemacht. Je älter wir werden, desto weniger neue

Dinge erleben wir und desto mehr Aufgaben und Abläufe im Alltag werden uns zur Gewohnheit oder Routine. Alles, was Routine ist, nehmen wir nicht mehr bewusst wahr. Dadurch gewinnen wir den Eindruck, die Zeit vergehe immer schneller.

Die Zeit rast gefühlt auch dann, wenn wir tausend Dinge gleichzeitig tun, aber bei nichts wirklich präsent sind. Je mehr du auf der Agenda hast, je mehr du vorausplanst und einfach nur »abarbeitest«, je mehr du Zielen hinterherrennst, desto weniger erlebst du wirklich. Leichtigkeit ist vielleicht auch hier, die Kontrolle über alles loszulassen. Keine Routine, keinen Plan zu haben ist vielleicht keine Lösung, aber es hilft, sich immer wieder klarzumachen: Der Weg ergibt sich beim Gehen. Eigentlich müssen wir nur lernen, die Welt wieder durch Kinderaugen zu sehen. Und uns vorstellen, wir würden alles zum ersten Mal erleben.

Im Moment sein heißt für mich, dass Zeit zähflüssig langsam ist, als würde alles stillstehen. Und gleichzeitig ist sie vorbei, ohne dass wir es bemerkt haben. Das Erleben farbenfroher, leichter, echter, intensiver.

John Irving schreibt in seinem neuesten Buch *Der letzte Sessellift*: »Der erste Verlust eines geliebten Menschen, der erste Tod von jemandem, der einem nahesteht – ab da fließt die Zeit anders.«[20] Dieser Satz hat mich sehr berührt, und ich glaube, er stimmt. Plötzlich entwickelt man ein Gefühl der Vergänglichkeit. Auch der eigenen.

Warum bin ich oft so abgelenkt? Und wie fühlt sich genau das Gegenteil an, wie dieser Moment am Meer? Immer wenn ich mich dabei ertappe, bei diesem Gefühl, nicht ganz anwesend und gerade »Hier« zu sein, versuche ich mir ganz genau vorzustellen, wie sich das anfühlt. Mich hineinzuversetzen, da zu sein.

Mit einem Tee setze ich mich an diesem Nachmittag auf den Balkon und schaue zehn Minuten die Wolken an. Beobachte ihre sich verändernden Formen, die Kugeln und Beulen, die sie bilden. Langsam ziehen sie vor meinem Auge über den Hausdächern vorbei. Danach fühle ich mich erfrischt und klar wie nach einem Spa-Besuch.

Ich glaube, man kann üben, achtsamer und präsenter zu sein. Zum Beispiel, indem wir uns ein paarmal am Tag einen Wecker stellen, der daran erinnert, sich kurz auf den Moment zu fokussieren: Was mache ich gerade? Verbringe ich meine Zeit sinnvoll? Wie anwesend bin ich dabei? Es kann auch helfen, morgens noch kurz liegen zu bleiben und sich bewusst zu machen, wofür man gerade dankbar ist, als würde man Leichtigkeit trainieren. Leerlauf im Kalender. Seine Aufmerksamkeit schärfen. Achtsamkeit ist das Schlüsselwort. Immer nur eine Sache gleichzeitig machen. Beobachten, wohin die eigenen Gedanken nebenbei abschweifen. Vielleicht ist präsent sein auch das Gegenteil von Overthinking.

Wenn du dich mit jemandem triffst, dann nimm dir das nächste Mal vor, bewusst und achtsam zuzuhören. Konzentriere dich auch hier auf deinen Atem und auf dein Gegenüber. Höre aktiv zu, wiederhole, was die Person gesagt hat, und versuche, bewusst zu verstehen und deine Gedanken, die bestimmt trotzdem kommen werden, einfach mal zu beobachten.

*

Mit einem zugekniffenen Auge blicke ich durch den Sucher und stelle das Motiv vor mir scharf. Ich glaube, analoges Fotografieren bedeutet genau dieses »im Moment leben« für mich. Ich liebe daran, dass man einen Moment eben nur genau einmal festhält. Ohne direkt zu sehen, ob die Aufnahme etwas geworden ist, und irgendwie ist das auch zweitrangig. Als würden wir einen Moment erleben, aber ihn auch einfach so sein lassen, wie er ist. Ohne Erwartungen. Es hält mich dazu an, langsam zu sein, sparsam mit meinen Aufnahmen umzugehen, mir ganz genau zu überlegen, wohin ich das Objektiv richte und auslöse. Und für den Moment loszulassen. Wochen später werde ich dann erst in dieses Gefühl zurückkatapultiert, wenn ich die entwickelten Bilder runterlade, und das ist dann wie Weihnachten und Geburtstag zusammen. Vielleicht fünf oder sechs analoge Filme habe ich im letzten Jahr vollgeschossen. Und diese Fotos gucke ich mir wirklich regelmäßig an, weil sie sich so besonders anfühlen. Für mich ist das Fotografieren dann mehr das Erlebnis dahinter und weniger das Bild an sich und vielleicht auch eine Erinnerung: die schönsten Momente werden nur von meinem Kopf eingefangen.

Vollkommen in einem Flow zu sein ist auch so ein Im-Moment-Sein für mich. Wenn einfach alles läuft, wenn alles sich ergibt, ohne dass ich groß danach suchen muss. Im richtigen Moment auf den genau passenden Song stoßen, wie einen Soundtrack, der alles untermalt, zum Beispiel. Arbeit, die leicht von der Hand geht, weil sie Spaß macht. Das Gefühl, meine Zeit sinnvoll und produktiv zu investieren. Für etwas Leidenschaft zu haben. Bei mir ist das auch, in einen richtigen Schreibflow zu kommen und ein ganzes Kapitel in einer halben Stunde fertig zu schreiben. Dann fühlt sich Zeit so richtig sinnvoll und gut genutzt an. Dann bemerke ich kaum, wie schnell sie vergeht. Zeit vergeht eben immer unterschiedlich schnell.

Wir haben nur begrenzt viel, die wir mit schönen Momenten füllen können. Man nimmt Zeit immer nur selbstverständlich, während sie verstreicht, aber nie, wenn sie bereits vergangen ist. Es ist die Vergänglichkeit des Seins. Alles vergeht wieder. Alles ist flüchtig.

Jeder Moment hat seine Schönheit, und gerade dass Momente wieder vorbeigehen, macht sie umso besonderer. Auf Festivals im Staub auf den Boden sitzen und Pommes essen, die Käsespätzle am Ende einer langen Nacht. Genauso jetzt hier in Frankreich zu schreiben. Die Urlaube mit Freunden als Jugendliche am Balaton. Das erste Verliebtsein. Der letzte runde Geburtstag. Das erste Lachen meiner kleinen Nichte, als sie ein paar Wochen alt war. Sie das erste Mal, einen Tag nach ihrer Geburt, in meinen Armen zu halten. Es sind Erinnerungen, die ich am intensivsten erlebt habe und die sich in mein Gehirn eingebrannt haben, als würde die

Zeit stillstehen. Vielleicht genau deswegen: Weil ich komplett im Moment war.

Ich fahre über die umliegenden Berge bis ins Bergmassiv vor Monaco. Sonne, Musik laut und Fenster auf, mein Kopf, der sich ganz frei und duselig anfühlt. Der Gedanke übers »Im Moment leben« kommt mir in den Sinn. Das gelingt mir manchmal richtig gut und dann wiederum überhaupt nicht. Hier fühle ich den Unterschied umso intensiver: diesen Kontrast aus erleben und Zeit nur verstreichen zu lassen. Ich parke, stelle den Motor ab. Vielleicht fühlt sich im Moment zu sein an, wie alles in Schnipseln wahrzunehmen:

Später am Hafen. Die Frau im Restaurant, die meinen Hund Lulu nennt. Italian Spritz avec Limoncello. Das blaue Wasser, auf dem die Boote schippern, sieht unwirklich aus, als würde mein Kopf nicht glauben, wo ich mich befinde. Die riesige Sonnenbrille, die ich mir hoch in die Haare schiebe. Neue Sommersprossen auf der Nasenspitze. Warme Croissants, die im Mund zerfallen. Wie es klingt, wenn die Franzosen »Antibes« aussprechen. Ravioli in Salbeisauce. Orange und Fenchel, Mimosas in meiner Armbeuge, Stimmengewirr. Zitronenfest in Menton.

*

Wir verknoten unsere Beine am nächsten Morgen auf dem weißen Laken.

»Was wünschst du dir für dieses Jahr?«

»Die Zeit anzuhalten«, sagt er und sieht mich an. »Das alles so vergeht, als würde es ewig andauern.« Ich nicke.

Die Zeit anhalten ist vielleicht die schönste Formulierung fürs Im-Moment-Sein, die ich je gehört habe.

Will ich auch.

37

Das Leben passiert für mich, nicht gegen mich

Das Leben nehmen, wie es kommt

»Das Leben ist ein Spiel«, sagt Gustav zu mir, »lustig, dieser Gedanke, oder?«

Er sitzt wieder auf den blauen Metallstühlen, die in die Hafenpromenade eingelassen sind, und wirkt für mich inzwischen, als würde er zum Inventar gehören. Ich habe mich ein paar Stühle weiter hingesetzt, ihm freundlich zugenickt und dann mein Buch aufgeschlagen. Ich sitze gerne hier in der Ruhe, die er ausstrahlt.

Es ist ein Sonntagmorgen und noch ziemlich früh, gerade so sieben Uhr. Ein paar Läufer und Frühaufsteher sind schon unterwegs, Menschen, die dick eingepackt neben uns den Sonnenaufgang auf sich wirken lassen, und wir. Gustav trägt wie immer seine dunkelblaue Cap und ausgetretene Lederschuhe. Inzwischen verstehe ich schon ein wenig von seinem Französisch, das er immer wieder in die englischen Sätze einstreut. Er sagt etwas, und dann schweigt er die nächsten dreißig Minuten.

Es spielerisch sehen. Dieser Gedanke war mir auch schon gekommen.

»Sieh es mal so. Du steigst ein paar Level auf, und dann fällst du zurück«, wirft er ein paar Minuten später hinterher.

»Wie bei Tetris also«, lache ich und sehe auf. Wobei ich da ähnlich talentiert bin wie im Squash.

»Ja. In welchem Level bist du?«, fragt er und sieht mich dabei an.

Ich überlege. »Noch ganz am Anfang«, sage ich dann.

Die kleinen Momente mit Gustav geben mir Zuversicht. In dem Buch, das aufgeschlagen auf meinen Beinen liegt, lese ich den Satz: »Das Leben passiert für mich, nicht gegen mich.«

Meine Gedanken schweifen instinktiv zu meiner verlorenen Wohnung. Vielleicht sollte das so passieren, damit ich hierhin finde. Es wird schon für etwas gut sein, dass alles so gekommen ist. Etwas spirituell, aber es wäre eine schöne Erklärung. Ja, sonst wäre ich jetzt nicht hier. Irgendwie tröstlich, es so zu sehen. Der Gedanke verleiht der ganzen Sache einen Sinn. Vielleicht wird das Leben wirklich leichter, wenn wir an etwas glauben. Egal ob an Gott, das Universum, Schicksal oder Vorbestimmung. Ich habe mich damit bislang schwergetan, aber in diesem Moment macht mir der Gedanke, dass es so kommen sollte, die Erfahrungen des letzten Jahres erträglicher.

Vielleicht ist das der Sinn, vielleicht ist es heilsam, an etwas zu glauben. Ein bisschen die Kontrolle abzugeben. Loszulassen. Das Leben einfach so passieren zu lassen. Vielleicht zeigt mir das Leben meinen Weg. Hätte ich meine Wohnung nicht verloren, wäre ich heute nicht hier, ich würde nicht diesen Winter an der südfranzösischen Küste verbringen. In einem Apartment, ich habe diesmal extra nach einem mit Heizung gesucht. Aus manchen Fehlern lernt man eben doch.

Andererseits: Einen Sinn in allem finden zu wollen kann zermürbend sein. Der auf Postkarten und Tassen gedruckte Satz »Everything happens for a reason« quält mich schon lange. Ist das so? Ich denke nicht. Das Leben ergibt nicht immer Sinn. Was ich tue, muss für andere nicht sinnvoll sein, meine Entscheidungen müssen es nicht. Und ich muss nicht verstehen, was andere tun. Sie belehren und erziehen wollen. Menschen handeln so, wie sie es tun. Du brauchst keine Antworten, warum. Du darfst die Dinge gut sein lassen. Vielleicht muss nicht alles einen Sinn haben, aber wir können manchen Dingen einen Sinn geben.

»Denkst du, jeder muss einen Sinn für sein Leben haben?«, frage ich Gustav deswegen.

»Auf keinen Fall!« Er gluckst. »Ist es nicht toll: Wenn es keinen Sinn gibt, muss man nichts erfüllen, man kann einfach leben?«

»Stimmt.«

»Leben ist jetzt gerade und alles um dich herum.«

Ich schweige.

»Überleg mal, wenn du einen Sinn hast und ihn erfüllt hast, was machst du dann danach? Selbst wenn du das Leben eine Million Jahre lang betrachtest, wirst du es trotzdem nicht verstehen, so ist es einfach. Also was der Sinn ist? Ist wahrscheinlich, dass es keinen Sinn gibt. Es gibt keinen Grund dafür, dass alles einen Sinn ergeben muss. Du bist ein Stück Leben. Das ist alles. Es passiert so viel, du musst nur hinsehen.«

Vielleicht ist das mit dem Sinn wieder wie mit den konstruierten Formulierungen übers Ankommen – am Ende ist das Leben einfach, es zu leben. Vielleicht geht es nicht darum, überall einen Sinn zu finden, sondern einfach nur, ein guter Mensch zu sein.

»Das ist doch einfach alles egal«, sagt er noch, und ich muss lachen. Ja, denke ich. Irgendwie schon. Auf so eine gute, schöne, genügsame, zufriedenstellende Art.

Je älter ich werde, desto unwichtiger werden Kleinigkeiten. In diesem Moment freue ich mich so richtig darauf, was das Leben noch für mich bereithalten wird.

*

Wenn ich mir die Geschichten, die ich in diesem Buch erzählt habe, noch einmal ansehe, denke ich: Oft nehmen wir das Leben schwer, weil wir uns über Dinge und vor allem über andere Menschen ärgern, die wir eh nicht ändern können. Wir sind mit unseren Gedanken in der Vergangenheit oder der Zukunft, anstatt im

Hier und Jetzt zu leben. Und lassen uns davon aus dem Takt bringen.

Das Gefühl von Leichtigkeit ist dabei für mich nicht die Abwesenheit von Problemen, sondern manchmal eine aktive Entscheidung, mich in etwas nicht weiter reinzusteigern. Das Leben zu entdramatisieren. Mich auf das Schöne zu fokussieren. Mich von äußeren Vorstellungen abschotten zu können, sie mit einem Schulterzucken hinzunehmen. Ein Lächeln auf den Lippen zu haben.

Es hilft, dir ein inneres Bild von Leichtigkeit zu gestalten und es dir immer wieder in Erinnerung zu rufen. Vielleicht wie bei mir: eine Landstraße, die Fenster runterkurbeln, ein schöner Sommertag und ein Eis in der Hand. Vielleicht liegst du an einem Strand und hörst die Möwen über dir kreischen, das leichte Rauschen des Wassers. Vielleicht ist es eine Erinnerung, etwas aus deiner Kindheit.

Meine schönsten Kindheitserinnerungen sind leicht. Ich malte mit Kreide auf den Asphalt. Die Autofahrten in den Urlaub, rote Autos auf der Autobahn zu zählen, mir beim Fahrradfahren die Knie aufzuschürfen, die Wiese hinter dem Haus und das Klettergerüst davor, jedes Wochenende einen dicken Wälzer vor meiner giftgrünen und orangefarbenen Tapete zu lesen, manchmal abends auf der Couch fernsehen zu dürfen, Nudeln zu bestellen und die Plastikverpackung auf meinem Bauch abzustellen.

Im Ostsee-Urlaub im Kiosk der Ferienanlage genau eine Zeitschrift kaufen zu dürfen und den hellblauen Lidschatten darin auszuprobieren, die neuen Freundinnen, die man dann nie wiedersah, aber sich noch jahrelang Briefe schrieb, auf ein neues rotes Fahrrad zu sparen, bei Freundinnen einfach so an der Tür zu klingeln, der Geruch von Grillen und die Geräusche lachender Erwachsener im Garten, die ich durch mein Dachfenster höre.

Schöne Erinnerungen geben mir Leichtigkeit. Sie sind wie eine Blase, in die ich für einen Moment zurückkehren kann. Als Kind habe ich jeden Tag gelebt, als gäbe es nur diesen, denn so war es auch. Und so ist es eigentlich immer noch.

Vielleicht ist Leichtigkeit etwas, das wir trainieren können, wie einen Muskel. Indem wir immer wieder dieses innere Bild aufrufen. Und damit so eins werden, dass wir dieses Bild sind, dass es immer bei uns ist. Leichtigkeit bedeutet für mich, mir das Leben schön zu machen. Alles zu genießen, was ich habe, und mich auf das zu freuen, was noch kommt.

Vielleicht können wir uns jeden einzelnen Teil unseres Lebens einmal ansehen, ihn umkrempeln und uns fragen: Wie kann ich das hier leichter nehmen, mir jenes leichter machen? Beziehungen, eine berufliche Situation, das Zusammenleben mit meiner Familie. Wo kann ich mich weniger ärgern, weniger nachdenken, weniger stressen und sorgen, wo kann ich mehr vertrauen?

Vielleicht können wir das Leben leichter nehmen, wenn wir akzeptieren, was ist und kommt. Wenn wir okay damit sind, egal was passiert, und dennoch maximal alles Schöne genießen, die guten Dinge in unserem Herzen abspeichern und uns von innen heraus so stärken und um uns kümmern, dass es uns leichtfällt, Herausforderungen zu begegnen. Eine Herausforderung nach der anderen als Möglichkeit, uns zu sagen: Gut, jetzt werde ich noch stärker. Und ihnen dabei so gelassen wie möglich entgegenzusehen.

Das Leben leicht nehmen, Leichtigkeit fühlen, wie gelingt einem das also?, kritzele ich mit Kuli auf die leere Rückseite eines Briefes, der als Lesezeichen hinten im Buch steckt, und schreibe darunter drauflos. Alles, was mir in den Kopf schießt, als würde ich durchgehen, was sich in diesem Werkzeugkasten nun befindet. Wenn wir eine gestärkte Basis haben, dann fällt es leichter, alles anzugehen, was kommt. Wenn wir Vertrauen in uns selbst aufbauen, gelingt es außerdem, sich von äußeren Umständen nicht aus der Ruhe bringen zu lassen. Der Mann in der Waschanlage, der Ladenbesitzer vor meiner Haustür, die Verkäuferin auf dem Markt in Mallorca, Otto, nicht zuletzt Mathilde und Gustav, sie alle haben mich inspiriert. Man muss das Leben schon anfassen, um davon berührt zu werden.

Nach ein paar Minuten halte ich inne und überlege. *Weniger nachdenken. Sich weniger Sorgen machen. Vertrauen. Genießen*, unterstreiche ich ganz unten auf der vollgeschriebenen Seite.

Ich glaube, wenn wir das Leben leicht nehmen, haben wir nicht nur eine schönere Zeit, wir sind auch offener für Ungeplantes. Wir können uns über Kleinigkeiten ärgern oder es lassen, eigentlich entscheiden wir das selbst. Das ist nicht eine Egal-Haltung zu allem, sondern die bewusste Entscheidung, wo und vor allem wie, mit welchem Grundgefühl, wir unsere Lebenszeit verbringen möchten. Ob man dadurch auch gesünder lebt? Ich denke schon.

*

Ich habe im Laufe dieses Buches an verschiedenen Orten Zeit verbracht und mich mit unterschiedlichen Menschen über genau dieses Thema, die Dinge leicht zu nehmen, unterhalten. Ich habe immer wieder die gleichen abschmetternden Gespräche darüber geführt, dass man nicht alles leicht nehmen kann, dass das Leben eben hart sei und auch so sein müsse. Aber genauso habe ich immer wieder Menschen gehört, wie sie von etwas geschwärmt haben, von diesem Gefühl, das man gar nicht so richtig in Worte fassen kann. Von Sommerromanzen und Spontanität, von der letzten Wanderung und der Faszination, wenn man es bis auf den Gipfel geschafft hat, von der Freiheit, sein Leben jederzeit in eine neue Richtung zu bewegen. Von Schmetterlingen im Bauch, tiefen Freundschaften und dem Gefühl, gerade am richtigen Ort zu sein.

Alle Erzählungen strotzten nur so vor Energie und Gefühlen und waren überaus ansteckend. Manchmal denke ich, wenn wir mehr in dem Gefühl wären und weniger in dem anderen, wenn wir uns mehr überlegen könnten, was alles möglich ist und wie sich das anfühlen könnte, statt Argumente dagegen zu finden, würden wir uns das Leben immens viel leichter machen. Am Ende ist es eine freiwillige Entscheidung – auf welcher Seite willst du sein? Meine

Therapeutin hat letztens zu mir gesagt: Man muss sich auch erlauben, glücklich sein zu dürfen. Daran denke ich jeden Tag.

Auf dem Heimweg von meinem Samstagsausflug spaziere ich an beigen Häusern mit mintfarbenen Fensterläden vorbei, vor denen Zitronenbäume sich füllig durch die Zäune arbeiten. Grün-weiße Markisen, die an den Fassaden wehen. Mein Korb vom Markt ist voll mit Orangen und Fenchel, in meiner Armbeuge klemmt ein Strauß Mimosen, die gerade Saison haben. Leuchtend gelbe Blüten, die aussehen wie tausend kleine Wintersonnen.

Am Abend höre ich aus der Nachbarwohnung laut deutsche Songtexte. *Wenn sie tanzt* von Max Giesinger schallt durch die Wände. Ich mache mir das gleiche Lied an und tanze dazu durch meine Wohnung. Stimmengewirr arbeitet sich von der Straße unten zu mir hoch, trägt sich, mich, und mit der Musik fühlt sich das an, als würde ich durch die Wohnung schweben. Das Leben male ich mir in den buntesten Farben. Leben im Süden Europas kommt mir immer ähnlich vor. Mehr Sonne, hellhörigere Häuser, buntere Farben. Alles hier fühlt sich leicht an. Ich schaue nach oben in den Himmel. Irgendwie ist Hellblau eine warme Farbe.

Ist es nun eine Kunst, das Leben leicht zu nehmen? Eigentlich nicht, wenn man darauf vertraut, dass man immer dort, wo man ist, genau richtig ist, und dass alles sich zum Besten ergeben wird. Weil man weiß, dass man alles schaffen und dabei das Leben genießen kann.

Also, dann haben wir es doch schon beantwortet, wie man Leichtigkeit fühlen und das Leben leichter nehmen kann. Hat auch nur ein ganzes Buch lang gedauert.

Anmerkungen

1 Rosengren, 2004; Segerstrom & Miller, 2004; Veenhoven, 1984
2 https://magazin.dak.de/darum-tut-uns-der-wald-so-gut/
3 Ebd.
4 https://innn.it/breakthestigma
5 Dobelli, Rolf: Die Kunst des guten Lebens. 52 überraschende Wege zum Glück. Piper, 2019.
6 Frei nach https://www.spiegel.de/deinspiegel/schoenheitsideale-was-ist-eigentlich-schoen-a-a36f7915-90fd-4873-80ac-b9d246e04170
7 https://www.planet-wissen.de/gesellschaft/mode/schoenheit/index.html
8 https://www.refinery29.com/de-de/decision-fatigue
9 https://www.melrobbins.com/podcasts/episode-70
10 https://www.nytimes.com/2017/04/28/opinion/its-great-to-suck-at-surfing.html
11 Ebd.
12 https://www.sueddeutsche.de/bayern/leute-hamburg-florian-david-fitz-silvester-allein-auch-ganz-schoen-dpa.urn-newsml-dpa-com-20090101-221208-99-827312
13 https://www.tiktok.com/@niklasunddavid/video/7122389168856255749
14 https://www.instagram.com/p/CikyDKUt2UV//@nicolejanehobbs
15 https://www.berliner-zeitung.de/kultur-vergnuegen/altern-in-wuerde-warum-so-viele-frauen-ab-40-unsichtbar-werden-li.286894
16 https://www.tagesspiegel.de/kultur/um-den-schlaf-gebracht-1275019.html

17 »Wie wird man 100 Jahre alt? – Die Geheimnisse der Blauen Zonen«, Netflix 2023

18 Frei zitiert nach: Kurzgesagt: Was machst du mit deinem Leben?, https://www.youtube.com/watch?v=w9J6D4r30HY

19 Ebd.

20 Irving, John: Der letzte Sessellift. Diogenes, 2023.

Alle Links zuletzt abgerufen am 16. 04. 2024

Vom Unterschied zwischen Alleinsein und Einsamkeit

Coverabbildungen vorbehalten

Marie Luise Ritter
Vom Glück, allein zu sein
Wie wir die Zeit mit uns selbst genießen können

Piper Paperback, 240 Seiten
ISBN 978-3-492-06467-5

Fast alles, was wir zu zweit machen, können wir auch allein: die Welt bereisen, aufwendig kochen, frische Blumen kaufen. Warum fühlt es sich dann oft komisch an? Leben wir etwa nur für andere? Oder macht es unsere Erlebnisse wertvoller, wenn wir sie mit jemandem teilen können?
Marie Luise Ritter nimmt ihre Leser:innen mit an verlassene Strände und in belebte Straßen, erzählt von fernen Orten und einsamen Abenden in ihrer Wohnung. Und vom Glück, ganz bei sich selbst zu Hause zu sein. Dieses Buch ist ein Ausbruch aus gesellschaftlichen Rastern, ein großes »Ja« zu Mut und Eigenständigkeit.

PIPER